Viagem Gastronômica através do Brasil

Viagem Gastronômica
através do Brasil

CALOCA FERNANDES

DESIGN SYLVIA MONTEIRO

11ª EDIÇÃO

Projeto e criação EDITORA ESTÚDIO SONIA ROBATTO
Coordenação editorial ZITO SANNA
Pesquisa RICARDO MARANHÃO, ARLETE LOURDES ALONSO
Consultoria culinária ZULMIRA FÁTIMA DOS SANTOS
Projeto gráfico, capa, edição de imagens e design SYLVIA MONTEIRO
Repórter TÂNIA CARVALHO
Elaboração técnica do projeto CONSPIRADORIA PROJETOS E PRODUÇÕES LTDA.
Versão para o inglês DORIS HEFTI

ADMINISTRAÇÃO REGIONAL DO SENAC NO ESTADO DE SÃO PAULO

Presidente do Conselho Regional: Abram Szajman
Diretor do Departamento Regional: Luiz Francisco de A. Salgado
Superintendente Universitário e de Desenvolvimento: Luiz Carlos Dourado

EDITORA SENAC SÃO PAULO

Conselho Editorial: Luiz Francisco de A. Salgado
Luiz Carlos Dourado
Darcio Sayad Maia
Lucila Mara Sbrana Sciotti
Jeane Passos de Souza

Gerente/Publisher: Jeane Passos de Souza (jpassos@sp.senac.br)
Coordenação Editorial/Prospecção: Luís Américo Tousi Botelho (luis.tbotelho@sp.senac.br)
Márcia Cavalheiro Rodrigues de Almeida (mcavalhe@sp.senac.br)
Administrativo: João Almeida Santos (joao.santos@sp.senac.br)
Comercial: Marcos Telmo da Costa (mtcosta@sp.senac.br)

Revisão de Texto: Adriana Cristina Bairrada, Katia Miaciro, Lucila Barreiros Facchini, Luiz Carlos Cardoso, Luiza Elena Luchini, Márcio Della Rosa, Maristela S. da Nóbrega, Regina Di Stasi, Sandra Fernandes, Silvana Vieira, Luciana Lima
Editoração Eletrônica: Antonio Carlos De Angelis, Fabiana Fernandes
Impressão e Acabamento: Finaliza Indústria Gráfica Ltda.

Proibida a reprodução sem autorização expressa.
Todos os direitos desta edição reservados à
Editora Senac São Paulo
Rua 24 de Maio, 208 – 3º andar – Centro – CEP 01041-000
Caixa Postal 1120 – CEP 01032-970 – São Paulo – SP
Tel. (11) 2187-4450 – Fax (11) 2187-4486
E-mail: editora@sp.senac.br
Home page: http://www.editorasenacsp.com.br

© Caloca Fernandes, 2000, representado pela Editora Estúdio Sonia Robatto Ltda.

Dados Internacionais de Catalogação na Publicação (CIP)
Jeane Passos de Souza – CRB 8ª/6189

Fernandes, Caloca
    Viagem gastronômica através do Brasil / Caloca Fernandes ; design Sylvia Monteiro. – 11ª ed. – São Paulo : Editora Senac São Paulo : Editora Estúdio Sonia Robatto, 2017.

    Bibliografia.
    ISBN 978-85-396-1256-7 (capa brochura)

    1. Culinária brasileira 2. Gastronomia I. Monteiro, Sylvia. II. Título.

17-531s   CDD-641.0130981
                           BISAC CKB099000

Índice para catálogo sistemático:
1. Brasil : Gastronomia : Alimentos e bebidas
641.0130981

A primeira edição contou com o apoio de:

SUMÁRIO

NOTA DOS EDITORES	7
TEMPERO BRASIL	9
A ALIMENTAÇÃO INDÍGENA *Antonio José Souto Loureiro*	13
A CONTRIBUIÇÃO PORTUGUESA *Carlos Consiglieri e Marília Abel*	16
AS DIETAS AFRICANAS *Vivaldo da Costa Lima*	20
O ENCONTRO	25
NOSSA HERANÇA	32
A VIAGEM	45

REGIÃO NORTE — 48
REGIÃO NORDESTE — 82
REGIÃO CENTRO-OESTE — 134
REGIÃO SUDESTE — 156
REGIÃO SUL — 192

Medidas	206
Pontos de calda	206
Obras consultadas	207
Restaurantes visitados	208
Créditos iconográficos	208
Agradecimentos	209
Índices	211

NOTA DOS EDITORES

Em quase todos os aspectos da sociedade suscetíveis de aprimoramento pode-se encontrar atualmente uma contribuição do Senac São Paulo. Essa é dada, por exemplo, no seu Centro de Educação em Turismo e Hotelaria, o maior complexo educacional do gênero na América Latina, com cursos de níveis médio e superior. A gastronomia tem a judiciosa atenção que merece nos hotéis-escola desse Centro (Grande Hotel São Pedro e Grande Hotel Campos do Jordão) e a ela se prestou em 1999 a homenagem de um livro da Editora Senac São Paulo, A culinária paulista tradicional nos hotéis Senac São Paulo, de Caloca Fernandes. Nessa obra buscou-se recuperar as características mais autênticas da cozinha de São Paulo.

Agora, com intenções iguais, é lançada esta Viagem gastronômica através do Brasil em parceria com a Editora Estúdio Sonia Robatto. A obra busca um resgate ainda mais abrangente – o da culinária de todas as regiões do país. Seu autor é o mesmo mestre da pesquisa e fino escritor Caloca Fernandes. De grande envergadura, o empreendimento contou com o apoio e o estímulo decisivos da Nestlé Brasil.

Com este livro, de cuja beleza e bom gosto o leitor se dará conta imediatamente, o Senac São Paulo honra-se de apresentar mais um título em condições de figurar ao lado da brilhante série sobre a culinária brasileira lançada em anos recentes pela Editora Senac Nacional.

Luiz Francisco de A. Salgado
Diretor Regional do Senac São Paulo

Sonia Robatto
Editora Estúdio Sonia Robatto

TEMPERO BRASIL

A mesa do brasileiro é uma obra de arte: uma gastronomia ao mesmo tempo simples e exótica. Uma explosão de cores, sabores, história e temperos, no temperamento de uma nação miscigenada. Se da mistura de origens resultou um país de rica cultura, essa riqueza estendeu-se também à mesa, como uma toalha feita por rendeira, tecida com receitas tradicionais adicionadas à nossa característica primeira: a criatividade.

A Fundação Nestlé Brasil, ciente da importância do alimento como fonte de energia e de prazer, tem o orgulho de apresentar nesta obra o percurso de uma pesquisa primorosa de resgate da gastronomia tipicamente brasileira. São receitas, curiosidades e história: *flashes* de um ramo da cultura tão essencial quanto esquecido em homenagens, reconhecimento e divulgação.

Viagem gastronômica através do Brasil traz justamente o reconhecimento, a divulgação e uma homenagem aos apreciadores e *gourmets* do dia a dia. Um guia indispensável para entender nossa eterna alegria de viver.

E a Nestlé entende, como ninguém, de alimentação e nutrição. Atuando no mercado nacional há mais de oitenta anos, a empresa faz parte da culinária brasileira, oferecendo produtos da mais alta qualidade para a elaboração da mais simples à mais sofisticada receita.

O prazer em poder participar, diariamente, do cardápio dos seus consumidores não tem tamanho. Qualquer que seja a refeição, há sempre uma opção de produto Nestlé para elaborá-la ou incrementá-la, acompanhando o paladar regional.

É uma satisfação poder dividir cada receita com você, caro leitor, e saber que esta obra poderá servir de inspiração para a criação de tantos outros pratos com a cara do Brasil.

Boa leitura e bom apetite!

Ivan F. Zurita
Presidente do Conselho Curador
Fundação Nestlé Brasil

Préparation du Caouin.

Zubereitung des Cauin.

"As raízes de aipim e mandioca, que servem de principal alimento aos selvagens, são também utilizadas no preparo de sua bebida usual. Depois de as cortarem em rodelas finas, como fazemos com os rabanetes, as mulheres as fervem em grandes vasilhas de barro cheias de água, até que amoleçam; tiram-nas então do fogo e as deixam esfriar. Feito isso acocoram-se em torno das vasilhas e mastigam as rodelas jogando-as depois em outra vasilha, em vez de as engolir, para uma nova fervura, mexendo-as com um pau até que esteja tudo muito bem cozido. Feito isso, tiram do fogo a pasta e a põem a fermentar em vasos de barro de capacidade igual a uma maia pipa de vinho de Borgonha. Quando tudo fermenta e espuma, cobrem os vasos e fica a bebida pronta para o uso" [...]
"Os selvagens chamam a essa bebida cauim; é turva e espessa como borra e tem como que o gosto do leite azedo. Há cauim branco e tinto tal qual o vinho"...
Jean de Léry in Viagem à Terra do Brasil (escrita de 1556 a 1558).

Een Brasiliaen

A ALIMENTAÇÃO INDÍGENA

É difícil tarefa escrever generalisticamente sobre alimentação indígena, ao sabermos que somente na Amazônia, aí por volta de 1650, existiam mais de seiscentas nações, sendo tal a diversidade de culturas, tipos raciais e línguas, que o padre Antônio Vieira comparou-o à confusão gerada pela soberba de Nemrod, ao levantar a grande torre de Babel, depois destruída pela Divina ira. E os alimentos, o modo de prepará-los e comê-los, os ingredientes e os temperos, os acompanhamentos e as misturas, as proibições e as liberações, o reimoso e o não reimoso, o kocher e o não kocher, o cru e o moqueado, o azedo e o doce, o pitiú e o aromático e as bebidas, são tão característicos de cada cultura, que, além do condicionamento pelas disponibilidades naturais do hábitat onde se instalaram, deve haver um tipo de paladar grupal, a explicar essa extraordinária quantidade de comidas típicas, não triviais, hoje importantíssima para o chamado turismo gastronômico, incentivado em todos os lugares, acompanhando todos os pacotes. Sem estabelecermos as particularidades de cada etnia, vamos tentar fazer um quadro geral da culinária ameríndia, que influenciou a do mundo inteiro através das novidades adicionadas após os descobrimentos, como os tomates, as batatas, a mandioca, o abacate, as pimentas, os pimentões, o chocolate, o guaraná, entre outras.

Na Amazônia e nas baías da costa brasileira ecologicamente a ela similares, como a de São Luís, a de Todos os Santos, a de Vitória, a da Guanabara, a de Angra dos Reis, a de Cananeia, a de Paranaguá e as das ilhas de Santa Catarina, agrupavam-se grandes contingentes populacionais, com a alimentação básica suprida pela mandioca, planta especializada em produzir sete toneladas de amido, por hectare, por ano, em solos tropicais e sem maiores trabalhos, e pelo peixe de suas piscosas águas, o que ocorre até hoje. E havia comida para todos, por três anos consecutivos, garantidos pelos mandiocais: um em plantio, outro em crescimento e outro em produção, determinando uma economia autossuficiente, que congelou o modo de vida dessas populações, a uma data equivalente a 5000 a.C.

A agricultura da mandioca, uma verdadeira horticultura, tem mais ou menos dez mil anos de especialização e tecnologia de processamento, pois é um vegetal extremamente venenoso, e durante esse tempo desenvolveram-se centenas de variedades, cada qual com uma finalidade determinada: as doces, não venenosas, as macaxeiras, do Norte, ou aipins, do Rio de Janeiro, comidas cozidas, como farinhas brancas ou em bolos, e as amargas, bravas, as mandiocas propriamente ditas, mortais, pois necessitam de preparo, para evaporar o terrível ácido cianídrico que possuem, embora sejam mais ricas em amido. E na botânica silvícola são classificadas, pela cor de suas massas comparadas com as gemas dos ovos, em tartarugas (amarelas), lagartos e aves, ou pela cor de seus talos, ou ainda pela tonalidade e número de expansões de suas folhas.

Os diferentes produtos retirados, depois de raladas e espremidas, originavam os alimentos básicos das primitivas populações brasileiras.

Do líquido venenoso resultante do prensamento, no tipiti, fermentado ao sol e fervido longamente, obtinha-se a manicuera ou o tucupi, usados no caxiri, ou como caldo, com batata-doce, cará-roxo ou branco ou frutas, carnes e peixes, com ou sem pimenta, e no nosso tacacá.

Da massa prensada faziam-se os beijus comuns assados no forno de argila, semelhantes aos pães ázimos, os de mandioca fresca, os de mandioca puba, o beiju com goma ou tapioca, os beijus cicas bem torradinhos e os pés de moleque. Do amido puro decantado no tucupi, fazia a goma ou polvilho, para as tapioquinhas e o tacacá, e as farinhas de tapioca, para mingaus. Da massa com tucupi, o arubé, um molho apetitoso. Da massa torrada e esfarelada, as farinhas de todas as cores, secas e d'água, finas e grossas, para serem degustadas e não mastigadas, outrora usadas apenas nos tempos de guerra, como ração fácil de carregar, que misturada com água e piracuí transforma-se em um pirão rápido e alimentício. Também quando se mudavam de lugar, pelo cansaço das terras, ou pela proximidade de inimigos, todo o mandiocal era transformado em farinha, o que ocorreu maciçamente com a chegada dos portugueses, sendo então o único alimento encontrado em quantidade, tornando-se, a partir dessa época, um mantimento comum entre os neobrasileiros e os índios. Essa farinha dos guerreiros é a matéria-prima, a origem das saborosas farofas, dos gostosos pirões, dos beijus cicas e dos simplórios xibés, neste último caso misturada a água pura, com ou sem pedaços de peixe, e daí a jacuba, quando chegaram os limões, até os caldos de caridade, para os doentes.

Os peixes das mais diversas qualidades, pescados por vários métodos, constituíam o segundo alimento básico da brasílica gente, geralmente consumido moqueado, isto é, assado e defumado numa trempe de madeira, o moquém, cujo uso difundiu-se entre os piratas, em geral franceses, que passaram a chamar o moquém de *bouquen*, e, pela facilidade, adotaram-no nas praias onde desembarcaram, sendo então conhecidos por *boucaniers*, ou bucaneiros. Um pouco mais torrado, o peixe era pilado e transformado em outra ração de grande durabilidade, o piracuí.

Com os peixes ou o piracuí cozidos na pimenta faziam a quinhapira, alimento comum em cujo caldo eram molhados os beijus, e se nela acrescentavam folhas de mandioca, as manivas, transformava-se na maniçoba, hoje um prato totalmente sincretizado.

A carne de caça sempre foi um alimento secundário, sendo ingerida assada, e a sua obtenção atribuída às tribos das terras centrais. A mais abundante era a dos porcos-do-mato, caitituts e queixadas, que em grandes varas juntavam-se em determinadas épocas. Da carne pilada com farinha produziam as paçocas. Na Amazônia comiam-se ainda lagartos, cobras, jacarés e todos os tipos de quelônios e seus ovos, preparados de formas diversas.

Outra fonte proteica eram os insetos: cupins-amarelos vivos ou assados, tanajuras cruas com farinha ou sob a forma torrada de paçoca, besouros e gafanhotos tostados, larvas de cabas e os tapurus dos troncos podres.

Costume feroz para os tempos atuais era a antropofagia, praticada tanto após rituais como por simples gula. No primeiro caso baseava-se na crença de que após a morte, todos, ao chegarem do outro lado, eram devorados pelos espíritos denominados mãe, e em seguida ressurgiam também como mãe. Para impedir esse fato, todo inimigo deveria ser devorado na terra. Nesses terríveis rituais era necessário fraturar sua cabeça ao contrário com o tacape, em seguida esquartejá-lo e servi-lo moqueado ou no tucupi.

Existiam inúmeros outros alimentos secundários e complementares, como o milho – das tribos tupis – consumido em mingaus, assado, cozido ou sob a forma do cauim, bebida com diversos graus de fermentação – as batatas-doces, os carás-roxos e brancos, os feijões, as batatas-ariás e os jurumuns-de-leite e o caboclo, hoje chamados de morangas, no sul.

As frutas eram abundantes conforme o seu tempo: abacaxi, ananás, biribá, abacate, matapi, cucura, cumã ou sorva, abiu, ingá, jatobá, piquiá, pupunha, tucumã, inajá, ucuqui, umari, comidas ao natural, e açaí, bacaba, patauá, japurá, frutos de palmeiras, cujas polpas eram dissolvidas em água, transformando-se nos chamados vinhos, misturados com farinha ou tapioca. Sem falar das bananas e pacovas, cruas, assadas ou sob a forma de mingaus, e dos cajus, cujo fruto e as castanhas eram disputados em guerras anuais, em todas as praias do Nordeste.

Entre as bebidas fermentadas, muitas pela saliva, depois dos componentes serem mastigados pelas velhas, destacavam-se os caxiris de mandioca, de beiju mofado, de pupunha, de cará, e o cauim de milho, ingeridos até o vômito e produzindo terríveis ressacas. Sem deixarmos de registrar o chocolate, produzido com as sementes de cacau torradas, piladas e transformadas em pães, depois raladas e tomado com água, amargo, da mesma forma como é consumido o estimulante guaraná, já que o açúcar é uma descoberta recente.

Os seus temperos prediletos sempre foram as pimentas de todas as cores, sabores e cheiros, umas mais, outras menos ardidas, que dão maravilhosos toques aos peixes e mariscos, embora faltasse o sal aos grupos do interior, que utilizavam as cinzas do caruru das cachoeiras ou dos palmitos de algumas palmeiras.

Rude, pesada, rápida, estranha, mas variada e equilibrada, foi essa comida indígena, sem grandes predicados, que alimentou uma cultura guerreira, migrante e instável, que sobrevivia acantonada em acampamentos semifixos, pronta para qualquer eventualidade bélica.

Antonio José Souto Loureiro
Membro do Instituto Geográfico e Histórico do Amazonas
Cadeira Marechal Cândido Rondon

A CONTRIBUIÇÃO PORTUGUESA

Na roda do mundo entrou o português. Consequência das condições objetivas e subjetivas de um povo, meteu corpo às vagas oceânicas e o poeta disse: "Cumpriu-se o mar".

Certo é que o português influenciou decididamente a gastronomia do Brasil. É fácil encontrar essa herança mesmo após os contributos (alguns muito fortes) que outras culturas deram e as mudanças que se recriaram com toda a naturalidade.

Pode-se afirmar que a participação do português iniciou-se com a usufruição dos produtos e a revelação das potencialidades para além de lhes atribuir "valor de troca".

Porém, de apetência para o uso dos alimentos que encontrava nas paragens onde chegava, o maior contributo foi o sentido universalista que deu à mobilidade das espécies entre continentes e ao reconhecimento de saberes e de sabores, num comportamento desinibido de se apropriar dos modos de fazer.

É evidente que o português era portador de conhecimentos antigos e de práticas de cozinha enriquecida pelos produtos atlânticos e índicos que manipulou por séculos, através de entrepostos, feitorias e ilhas – entre outras, Madeira, Açores e Cabo Verde. Esse arquipélago terá sido a plataforma de insuspeitas experiências econômicas, humanas e alimentares.

Lisboa de Quinhentos tornara-se o centro da Europa. Na cidade havia formas de viver e de pensar que surpreendiam viajantes cultos. Comia-se de variados modos, com gostos exóticos. Mas a alimentação do povo continuava no respeito das tradições árabes e dos preconceitos religiosos. Comia-se peixe, mais do que carne – alimento para privilegiados –, acompanhado de arroz e cuscuz. Nas ruas frigia-se peixe: sardinhas e pescadas. Consumia-se aletria e fava-rica, tripas e tutanos, mariscos, pão, mel e queijos. Os doces e as guloseimas tinham apreciadores entre os cem mil habitantes. Milhares de escravos confeccionavam e vendiam alimentos.

No século XVII refina-se a cozinha, para o que contribui a ligação à Espanha. A exuberância das receitas, a riqueza dos cardápios, a decoração das iguarias, como é comprovado por Domingos Rodrigues, no seu livro A *arte de cozinha*, que veio a lume em 1693, faz a antevisão promissora do que seria a mesa barroca – a conventual e a palaciana.

Ora, o português trouxe para o Brasil modos de explorar a cozinha: de preparar, dosear, confeccionar, temperar e conservar os alimentos.

Levou consigo os utensílios, as horas de refeição, a ordem dos pratos, os pesos e as medidas (as proporções dos alimentos), as contenções religiosas e, com certeza, muitos preconceitos.

O "diálogo alimentar" entre o português e o ameríndio deu todas as vantagens ao primeiro, numa troca desigual. Mas esse contato espevitou o espírito sagaz e um certo atrevimento cosmopolita. Mesmo assim ficou surpreso com o que viu, cheirou e saboreou – do manancial alimentar de que se assenhoreou.

O relato de Vaz de Caminha é, neste particular, elucidativo. E é muito provável que a permuta primeira tenha sido entre os "fartes" (com que se alimentava a bordo) e os exóticos e inesperados frutos. A certeza é que trouxe várias dessas novidades, como a mandioca, e não tardou em espalhá-las para as experimentar e observar.

A periodização da colonização do Brasil demonstra a revolução alimentar operada. Depois do período de reconhecimento (aliás curto) de comércio esporádico, o português lança-se na inventariação do que lhe podia ser útil, aproveitando as indicações do ameríndio, numa assimilação sensorial e gustativa.

Será a partir de 1570 que se abre o território aos colonos, principalmente nas regiões de Pernambuco. Com estes, chegarão os escravos negros que se tornarão fator dinâmico de transformação da natureza. Rapidamente os povoados se assumem em portos e cidades. Estas implantadas à imagem de outras: edifícios de administração, casas senhoriais, conventos e igrejas, onde conviviam hábitos e crenças, apetências e apetites.

Renovam-se os costumes alimentares com os novos produtos sempre franqueados à transmissão de experiências longínquas trazidas por viajantes com sotaques orientais, particularmente da Índia, numa repetição de gostos e de refinamentos. Era corrente o uso e abuso de especiarias, de óleos, da malagueta e muitas outras "coisas e drogas exóticas", reutilizadas por métodos e processos adaptados a inéditas receitas culinárias. Persistiram no receituário brasileiro receitas com essas reminiscências: vatapá, xinxim de galinha, acarajé, sarapatel, entre outras.

A ocupação territorial dá-se de forma desarmoniosa e em termos diferentes. A cidade tinha um território como termo que a abastecia de alimentos e frescos, mas também, onde se ensaiavam sementes e transplantes e se "apuravam" espécies, na base do trabalho de lavradores e escravos.

Não devemos esquecer que os negros eram portadores de saberes ancestrais, que não deixavam de aplicar nas chácaras (hortas) que o português tanto apreciava: alfaces, chicória, favas, abóbora, feijões, batata-doce e outros.

É ainda, de referir que a maior parte dos cozinheiros eram serviçais europeus, no que eram ajudados por escravos e que estas relações revelaram muitos conhecimentos e práticas que se transmitiram por gerações sucessivas.

À medida que se desenvolvia a sociedade brasileira, as exigências de melhor cozinha acompanhavam esse crescimento, sobretudo a partir do século XVIII. Registre-se, também, a elevação do nível social da profissão de cozinheiros e da criadagem.

O papel desempenhado pelos conventos (com as suas tradições doceiras: sonhos, pão de ló, farófias, manjar-branco, etc.), pelas aldeias dos jesuítas com as suas culturas e regras alimentares, pelos quartéis com as suas cozinhas de "rancho" e pela fixação de novos núcleos populacionais junto dos engenhos, das minas e nas populações são fatores de diversificação através da apropriação de tipologias de cozinha. Novas fórmulas aparecem: os caldos, as caldeiradas, os ensopados, com uso de sal, de pimenta e de outros condimentos previamente estabelecidos.

O processo de assimilação vinha-se consolidando, no evoluir da assimilação desses fenômenos. Bastará referenciar algumas delas para se poder aquilatar do significado e importância.

Identifica-se a mandioca sob forma de beijus, a farinha de carimã (com que se faz pão e bolos) dos aipins, da massa de carás, de mangarás, das folhas de taiobas – quanto basta.

Conhece-se e sabe-se cozinhar os peixes do rio, os mariscos (os caranguejos, desde logo), diversificam-se as utilizações do milho e do arroz, do feijão e de outras leguminosas, da castanha-de-caju na doçaria. Transplanta-se mamão de Pernambuco para a Bahia – num só exemplo, entre tantos outros.

Hoje é possível ver essa complexa caminhada de transformação cultural nos livros de cozinha brasileira. A grande evolução dera-se com a introdução das culturas intensivas, um processo que se iniciou com a cana-de-açúcar.

O engenho criava um ciclo produtivo com vários tipos de açúcar e de mel, de aguardentes e subprodutos que alimentariam rebanhos e animais domésticos que o português levara e que tanto apreciava: a canja e o cabrito assado.

A pecuária sustenta a indústria de salga e secagem de carnes, técnicas que os portugueses conheciam.

A gastronomia, porém, está ligada à mineração como vimos, com a particularidade de esta ter desenvolvido o comércio de importação e de comercialização de alimentos, alguns deles em grande escala, que criarão novos hábitos alimentares: o paio, o presunto, o azeite, os queijos, as marmeladas, os vinhos, o vinagre e as aguardentes vinícolas.

O português sempre que podia praticava a sua cozinha. O gosto pelo tomate e mais tarde pela batata, base de sopas e companheira indispensável do bacalhau cozido, assado, guisado ou em pastelinhos (bolinhos como se diz na Bahia), fazia as suas delícias.

As medidas econômicas que Pombal introduziu favoreceram o reforço da classe dos comerciantes, dos transportadores e distribuidores, a óptica da importação e exploração. Do Reino chegariam os produtos manufatureiros e os alimentos prediletos de muitos. No entanto, as medidas pombalinas também incrementaram certas culturas, como a do arroz.

A culinária irá patentear formas específicas em cada uma das zonas do Brasil: nas roças e nas áreas de mineração. Numas, preparar-se-iam novos alimentos, como a canjica fria e grossa para os brancos e outra para os negros, assim como cuscuz e pipocas, bolos e biscoitos. Noutras, a base da alimentação assentaria nos produtos importados, que, deste modo, criarão novos gostos e diferentes maneiras de fazer cozinha.

Nos fins do século XVIII alarga-se consideravelmente o cultivo do café, que fora introduzido há algumas décadas, criando-se plantações importantes em Minas Gerais, São Paulo e Espírito Santo, o que teve grande peso econômico no Brasil oitocentista.

Com o estabelecimento da Corte Portuguesa no Brasil, a culinária vai europeizar-se, o que se acentuará com a Independência.

Essa tendência vinha já de trás, desde que chegara ao Rio de Janeiro o cozinheiro francês, naturalizado português, Lucas Rigaud, chefe de cozinha do vice-rei d. Antônio Álvares da Cunha. Apesar de só permanecer de 1763 a 1767, a sua influência foi notória na culinária de então. A Corte Portuguesa instalar-se-ia com os seus hábitos e segredos gastronômicos, que rapidamente se difundiram pelas camadas superiores.

Contudo, nas cidades, os botequins cozinhavam os pratos e as iguarias que o brasileiro recolhera desse longo processo de adaptação e de recriação. Poder-se-á mesmo chamar: "a cozinha de botequins".

A última palavra será para a incógnita emigrante que, na viagem do século passado, viera portador de hábitos e gostos regionalistas para este imenso mundo que é o Brasil.

Nesta viagem se cumpriu a palavra do poeta.

CARLOS CONSIGLIERI E MARÍLIA ABEL

Investigadores na área de Gastronomia Patrimonial Portuguesa

AS DIETAS AFRICANAS

Do amplo espectro do sistema alimentar brasileiro – que hesito chamar de cozinha nacional –, diferenciado regionalmente num país de mais de oito milhões de quilômetros quadrados, que abrange zonas climáticas as mais diversas –, vamos tratar aqui de uma cozinha regional. Cozinha que se formou no Nordeste brasileiro, mais precisamente na sub-região chamada de Recôncavo Baiano – e, como bem esclarece Kátia Matoso, "abrange todas as terras adjacentes, ilhas e ilhotas, bem para além das praias, várzeas e planaltos próximos ao mar, uma orla de quase trezentos quilômetros torna fácil a circulação, até porque numerosos rios se lançam na baía – na baía de Todos os Santos – por amplos braços navegáveis". E nessa região – do mar às portas do sertão – foi se formando uma cozinha, a "cozinha baiana" – também chamada de "comida de azeite", numa referência ao azeite de dendê, um de seus ingredientes básicos, o óleo extraído da polpa do fruto da palmácea E*laeis guineensis*. O termo dendê provém do nome que tem a palmeira no idioma quimbundo, um dos falares de Angola. Existe uma vasta bibliografia botânica e histórica sobre essa palmeira de origem africana e sua introdução no Brasil, nos começos do século XVII – logo se aclimatando em todo o Nordeste do país. Foi o azeite dessa palmeira – da polpa, não da semente, que esta tem outros usos e outro nome – que deu a cor e o gosto às comidas afro-brasileiras e definiu, iconicamente, a participação africana no sistema alimentar brasileiro.

Podemos, então, falar em "cozinha de azeite" – ou "comida de azeite", ou "de dendê" – e entender que nos referimos a toda uma série de comidas, de uma segura origem "africana", pelo elemento tipificador, identificador de suas origens. Certo não será apenas o dendê que define a comida afro-brasileira. Não apenas um ingrediente básico identifica a origem de uma comida num país pluriétnico como o Brasil, mas também as técnicas do preparo; as situações sociais, portanto culturais, em que a comida é servida; a frequência e outras circunstâncias indicadoras de sua proveniência; e a goma auxiliar dos condimentos, do uso prescritivo dos temperos, e, naturalmente, a nomenclatura dos ingredientes e dos pratos elaborados. Outra constante icônica da "cozinha de azeite" são as pimentas, que têm provocado entre os especialistas acaloradas controvérsias quanto à sua origem botânica – americana ou africana. Se hoje não há mais dúvidas sobre a origem do dendezeiro, as pimentas usadas na comida de origem africana no Brasil são, indiscutivelmente, nativas notícias das Américas. Não posso nem mesmo resumir os diversos pontos de vista de fitogeógrafos, etnobotânicos e historiadores e mesmo linguistas sobre as pimentas usadas em nossa cozinha. Prefiro aceitar uma espécie de compromisso antropológico e dizer que as variedades – e são muitas – de pimentas utilizadas na chamada "cozinha baiana" e na cozinha brasileira em geral são, efetivamente, de origem americana, pré-colombiana e, na sua grande maioria, pertencem ao gênero *Capsicum* da família das solanáceas. Os índios brasileiros as empregavam largamente em suas comidas. Mas foi com a codificação, por assim dizer, das cozinhas africanas no Brasil que o uso dessas pimentas se cristalizou em receitas e prescrições definitivas. O uso das pimentas dessa dupla influência – indígena e africana – se estendeu, já no século XVIII, para a mesa das classes dominantes num hábito gastronômico generalizado e marcante. Gilberto Freyre nos conta, a propósito, em *Casa-grande & senzala*, que um senhor de engenho de Pernambuco, o barão de Nazaré, gostava tanto de pimenta a ponto de, quando ia almoçar em casa de seus amigos no Recife, levar sempre no bolso da casaca frutos de pimenta, com receio – de resto bem justificado – de que seu anfitrião, europeizado nos costumes da mesa, não lhe oferecesse o molho de pimenta considerado pouco elegante, mas, para ele, indispensável.

A participação da cozinha – ou das cozinhas – africanas no processo do sistema alimentar brasileiro apresenta um aspecto particular. Ela se vem fixando na dieta do povo desde o século XVIII. Por esse tempo, muitos dos pratos africanos já eram correntes na alimentação popular, vendidos nas ruas da cidade negra da Bahia, por "escravos de ganho".

Um cronista da época, Luís dos Santos Vilhena, que foi professor de grego na Bahia no fim do século XVIII, dali escreveu uma série de cartas a um amigo em Portugal, publicadas em livro, com o título ainda barroco de *Recopilações de notícias soteropolitanas e brasílicas* (1ª edição: 1802). Dizia, então, Vilhena, na Carta Terceira: "Não deixa de ser digno de reparo ver que das casas mais opulentas desta cidade, onde andam os contratos e negociações de maior porte, saem oito, dez e mais negros a vender pelas ruas, a pregão, as coisas mais insignificantes e vis; como sejam, mocotós, isto é mãos de vaca, carurus, vatapás, mingaus, pamonhas, canjicas, isto é, papas de milho, acassás, acarajés, abarás, arroz de coco, feijão de coco, angus, pão de ló de arroz, o mesmo de milho, roletes de cana, queimados, isto é, rebuçados a oito por um vintém e doces de infinitas qualidades, ótimos, muitos pelo seu aceio, para tomar por vomitórios; o que mais escandaliza é uma água suja feita com mel e certas misturas que chamam de aluá que faz por vezes de limonada para os negros".

Essa por acaso longa citação mereceria uma análise demorada – que não posso sequer tentar aqui. Quero apenas ressaltar que nesse elenco de comidas vendidas nas ruas da Bahia, no fim do século XVIII, em meio de alimentos basicamente indígenas, da doçaria de origem portuguesa e de pratos já então "brasileiros", está uma mostra considerável de pratos africanos, tipicamente africanos, como o acarajé, o acassá, o vatapá e o abará, que hoje, duzentos anos depois, continuam a ser vendidos nas ruas da Bahia e por outras cidades do Brasil.

Por aquela época, a população negra de escravos e libertos se entregava a diversas atividades, ofícios e profissões. O surto de desenvolvimento econômico da cidade – apoiado, é preciso não esquecer, na mão de obra escrava – desde o fim do século XVII e o começo do século XVIII; a constituição das categorias de trabalho, dos mencionados escravos de ganho, da emergência dos libertos; e também a presença dos brancos marginalizados; dos escravos velhos – muitos reduzidos à mendicância (em proveito, é claro, dos senhores); dos subempregados e soldados – essa era a gente que comia a comida "vendida a pregão", mais barata e acessível.

Mas, por esse tempo – fins do século XVIII –, começava a se organizar, em comunidades estruturadas, na Bahia, o sistema religioso dos escravos de origem fon e iorubá – dos últimos a ser introduzidos no país pelo tráfico escravista. Há referências documentais de grupos religiosos anteriores, formados de escravos de origem banto, tanto na Bahia como nas áreas de mineração das Minas Gerais.

Mas, na Bahia, no fim do século XVIII, esse processo de organização das comunidades religiosas se inicia para além das devoções individuais e domésticas dos escravos e libertos. Ali surgiam – entre escravos e libertos – as lideranças religiosas, as classes sacerdotais, que criavam em seu redor um novo modelo de organização social – a família de santo, os terreiros, as comunidades religiosas dos candomblés. Grupos religiosos iniciáticos, que agregavam escravos, libertos e crioulos (como eram chamados os negros nascidos já no Brasil) de diferentes origens étnicas, reunidos sob um modelo ideológico bem definido e marcantemente etnocêntrico, em que predominavam os valores simbólicos expressivos e doutrinários dos grupos fon e iorubá, chamados na Bahia, de jejes e nagôs. Esses grupos se reuniam, e assim se estruturavam, no próprio centro urbano da cidade, nas lojas dos grandes sobrados em que moravam seus senhores e nas pequenas casas da vizinhança compacta, moradia, na sua maior parte, de africanos libertos e brasileiros negros.

O processo se reproduzia nas antigas cidades do Recôncavo, Santo Amaro, Cachoeira, São Francisco do Conde.

Os sacerdotes africanos, conhecedores dos mitos e dos ritos de seu povo, ali restabeleciam, reconstruíam, por assim dizer, suas igrejas – os templos, os santuários que congregavam a comunidade de fiéis iniciados. E com o culto e tudo o mais que envolve uma religião grandemente ritualizada, vieram os sacrifícios e as oferendas, na forma do que Roger Bastide viria a chamar de "cozinha dos deuses". Recriavam, dessa maneira, os negros urbanos, os seus espaços simbólicos, suas religiões até então limitadas no exercício pleno de sua ritualística – a dança, a música, os cânticos, a iniciação conventual, os sacrifícios e as oferendas.

Nesse tempo foram recriadas muitas das comidas cotidianas dos homens e dos santos. Pois que os santos comem o que os homens comem. E as comidas mais elaboradas das festas, das celebrações votivas. Esse foi o tempo do cozinheiro e da cozinheira escravos, que reproduziam o cardápio basicamente português, mas já substituindo, trocando ingredientes, colorindo os ensopados com o vermelho do dendê, inventando variedades de moquecas; usando o inhame, a banana cozida ou frita no azeite; recriando o caruru, o vatapá. Pratos novos com um sabor antigo – que era o deles – e um gosto novo – que eles aprendiam.

Não pretendo discutir aqui a história desse processo. Desejo apenas lembrar que a invenção, a adaptação, a substituição de ingredientes, tudo isso foi contemporâneo da tradição, que era – é até hoje –, tanto quanto possível, cuidadosamente conservada na dieta das divindades africanas incorporadas às religiões chamadas de afro-brasileiras. Os santos africanos – os orixás nagôs, os voduns jejes, os inquices congos e angolas – puderam, outra vez, comer suas comidas no Brasil.

Elaboradas, requintadas na forma, no ordenamento do preparo, ou na simplicidade aparente de um despojamento prescrito pelo mito. Vez que atrás de cada oferenda alimentar está o mito que a prescreve pelas práticas divinatórias. Como ilustração, uma comida chamada *ebô*, que é um prato específico oferecido ao orixá – nagô Oxalá e à sua grande família de santos "de branco", isto é, que usam obrigatoriamente roupas brancas, por isso chamados, no candomblé, de "orixá fun-fun", de fun-fun (branco, em iorubá-nagô). Esse prato é apenas e tão somente feito de milho branco, descorticado, cozido sem sal! Oferecido a Oxalá e, em dias de festas, aos membros da comunidade e aos visitantes episódicos, servido sobre uma folha e comido, naturalmente, sem talher. Branco o ebô, e sem sal nem azeite de dendê, porque os mitos de Oxalá e de sua corte remetem à interdição desses temperos. Não posso, infelizmente, referir com pormenores esses mitos, bem conhecidos pelo povo de santo e aqui apenas lembrados para associar a comida ao imaginário que ela simboliza.

Essa comida ritual dos candomblés da Bahia – e eles são, hoje, só na área metropolitana de Salvador, a capital do estado, 1.343, segundo os dados da Federação de Cultos Afro-Brasileiros (em todo o estado, 3.212) – é sempre reproduzida, conforme estritas prescrições rituais de cada nação de santo, por ocasião das festas de seus calendários e nas festas eventuais, motivadas pelas crises individuais ou de grupo, que implicam, necessariamente, sacrifícios e oferendas, portanto comida.

Fora do candomblé, essa cozinha marcadamente africana – tanto nos elementos constitutivos como nas técnicas do preparo e na terminologia correspondente – está presente não só na comida cotidiana do povo – por alguns de seus pratos mais "ligeiros", ou "secos" –, mas também nas celebrações e nas festas populares, na hospitalidade ocasional a visitantes "de fora", nos almoços e jantares comemorativos de aniversários e nos restaurantes turísticos da comida chamada curiosamente de "típica".

E ainda, apesar das recentes aberturas canônicas da Igreja Católica, no cardápio "magro" da Quaresma. Certo entenderemos "magros" como equivalente a "sem carne", mas nele ressalta a prevalência dos peixes e dos frutos do mar. Na Bahia, pela Semana Santa, a antiga tradição do catolicismo popular que coexiste, perfeitamente e sem restrições culposas ou ideológicas, com as religiões de origem africana faz dos almoços uma exibição espantosa de pratos de azeite. Por essa época – como também em setembro, pelas festas de São Cosme e São Damião, os santos gêmeos associados no Brasil ao orixá Ibeji –, em que o "caruru de São Cosme" é quase obrigatório em toda parte, veem-se, nos jornais, reportagens criticando o preço dos ingredientes necessários à feitura dos pratos daquela festa. Pois que é uma festa ruidosa, alegre, farta. Os preços sobem – do feijão-fradinho, do camarão seco, do quiabo, da galinha, do azeite de dendê – e essa comida fica, assim, uma comida dispendiosa e cada vez mais limitada às celebrações votivas, que são, afinal, festas sacrificiais. Mesmo nos restaurantes turísticos esses pratos são sempre os mais caros do cardápio.

Quero, ainda, acrescentar que essa cozinha tão marcadamente africana – que a ideologia de um sistema religioso ajudou a criar e de certa maneira ajuda a preservar – se encontra atualmente espalhada por todo o país. Do Pará, da Amazônia, de Porto Alegre, nos chegam, com frequência, publicações que documentam a crescente expansão do candomblé e, por consequência, da comida que não tenho dúvidas em chamar, ainda, de afro-brasileira.

Certo nem todas as comidas sacrificiais – e elas são mais de 80 pratos! – se acomodaram à comida cotidiana – ou episódica do povo. Mas o processo está aí. Os santos africanos comiam a comida dos homens. Hoje, os homens comem a comida estilizada dos santos.

VIVALDO DA COSTA LIMA

Professor Emérito da Universidade Federal da Bahia

O ENCONTRO

Onde se comentam as primeiras trocas gastronômicas realizadas entre os tripulantes das naus portuguesas e os habitantes da nova terra descoberta.

No dia 24 de abril de 1500, uma sexta-feira, dois índios, que naquele dia ainda não eram brasileiros, mas sim tupiniquins, experimentavam, pela primeira vez, um alimento estrangeiro. Pero Vaz de Caminha, cuja função na frota de Cabral era descrever a viagem ao monarca português, na sua célebre Carta a El Rei D. Manuel, assim narra esse acontecimento:

> E estando Afonso Lopes, nosso piloto, em um daqueles navios pequenos, por mandado do capitão, por ser homem vivo e destro para isso, meteu-se logo no esquife a sondar o porto dentro; e tomou dois daqueles homens da terra, mancebos e de bons corpos, que estavam numa almadia [...] Trouxe-os logo, já de noite, ao capitão, em cuja nau foram recebidos com muito prazer e festa [...] Mostram-lhes um carneiro: não fizeram caso. Mostraram-lhes uma galinha; quase tiveram medo dela: não lhe queriam por a mão; e depois a tomaram como que espantados.
>
> Deram-lhes ali de comer: pão e peixe cozido, confeitos, fartéis, mel e figos passados. Não quiseram comer quase nada; e, se alguma coisa provaram, logo a lançavam fora. Trouxeram-lhes vinho numa taça; mal lhe puseram a boca; não gostaram de nada, nem quiseram mais. Trouxeram-lhes a água em uma albarrada. Não beberam. Mal a tomaram na boca, que lavaram e logo a lançaram fora [...]

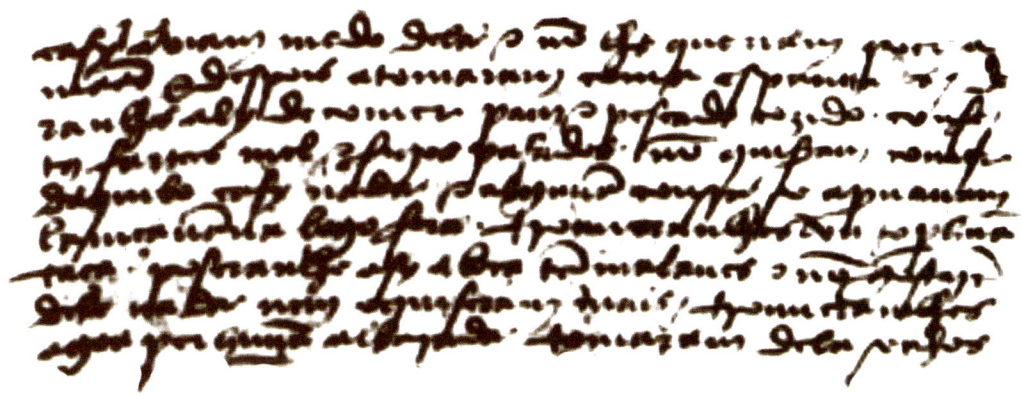

A recepção oferecida pelo capitão Cabral não teve lá muito êxito entre os nativos. Examinando-se os itens da ementa, o que mais nos chama a atenção, justamente por ser praticamente desconhecido por nós nos dias de hoje, são os fartéis.

Segundo os dicionários da língua portuguesa, são bolos que contêm amêndoas ou creme. Sendo que, por bolos, deve-se entender doces: o português chama de bolos também ao que nós designamos por doces ou docinhos. Consultando-se os livros que registram a doçaria portuguesa, encontram-se duas receitas de fartes (ou fartéis, ou ainda fartens) como são até hoje preparados: uma na ilha da Madeira (1), onde a batata-doce entra como um dos ingredientes do recheio, e outra no Alentejo (2), onde o grão-de-bico é que dá a liga do recheio desses pequenos biscoitos que poderiam ter o formato de meia-lua, de quadrados ou bolas.

Domingos Rodrigues na sua *Arte de cozinha*, de 1693, primeiro livro a registrar o receituário português, não faz nenhuma referência aos fartes, mas

O Monte Pascoal visto exatamente do ponto onde foi avistado pela primeira vez, a 22 de abril de 1500.

Lucas Rigaud, chefe de cozinha que veio ao Brasil em 1808 com a família real, registra-os no seu livro O *cozinheiro completo ou nova arte de cozinheiro e de copeiro em todos os seus géneros* (3). Nessa receita o recheio leva cidra. Mas, por ter sido redigida no século XIX, é quase impossível que tenha sido esse o sabor, de início não apreciado, dos fartes cabralinos. Felizmente, um manuscrito português do século XV (4), guardado até hoje na Biblioteca de Nápoles, Itália, contendo uma coletânea das receitas utilizadas pela infanta d. Maria de Portugal (5), registra a receita, muito possivelmente a utilizada para preparar os históricos biscoitos oferecidos naquela sexta-feira de abril de 1500.

> Tomarão meio alqueire de pó de farinha, e a este meio alqueire deitarão meio salamim de azeite (6). E farão duas presas, uma de água e outra de azeite; e a água será quente, e amassarão tudo muito bem. E a massa não será dura e nem mole, e sová-la-ão muito bem sovada. E farão bolos camanhos (7) e da grossura que quiserem, e picá-los-ão muito picados com um fuso, e cozê-los-ão de maneira que fiquem biscoutados, que se possam moer; e joerá-los-ão por uma

Reprodução da página do códice, de finais do século XV ou início do XVI, pertencente à Biblioteca de Nápoles onde se encontra a provável receita dos fartes trazidos nas naus cabralinas.

peneira rala muito, ou muito basta. E quando são por peneira, faz a espécia mais macia, para se poderem melhor lavrar. E este bolo é para o recheio dos fartes e para meio alqueire de mel e meio de pó para as capas de cima; assim que, para obra de meio alqueire de mel, é necessário meio alqueire de pó, para as capas de cima, e meio alqueire de bolo picado. Para este meio alqueire de mel há mister um arrátel de erva-doce e meia onça de cravo, e de gengibre e de pimenta o que cada um quiser; mas a minha têmpera é meia onça de gengibre e meia de pimenta. E o gengibre e cravo, depois de moído e peneirado, o misturarão, mas não o deitarão senão depois da especiaria já estar cozida no mesmo tacho. Então o revolverão muito bem, de maneira que não vá tudo numa parte, mas que se reparta pela espécia. E a pimenta será a primeira cousa que se deitará na fervura do mel; e depois que o mel ferver um pouco, lhe deitarão uma mão-cheia de bolo e outra de erva-doce, até que se acabe a erva-doce. E depois lhe deitarão o bolo que for necessário; e, para saber quando é cozida, pôr-lhe-ão a mão, e como se a espécia da mão despedir, é cozida. E então a terão muito bem abafada, até se fazerem os fartes. E a cousa de que se devem mais de guardar, que venham os fartes muito bem cozidos do forno, e não queimados. E os fartes de açúcar hão de levar a metade de mel e a metade de açúcar, e amêndoas ou pinhões, qual lhe queiram lançar. E a espécia que levar amêndoas, antes que acabe de cozerem pouco lhas hão de lançar. E a que houver de levar pinhões, hão de se meter, ao fazer dos fartes, a cada fartes dois pinhões. E esta espécia de açúcar não será tão cozida como a de mel, porque o mel revê e o açúcar seca. E quando andar meia cozida, hão-lhe de deitar uns pós de ralão de entre âmbalas peneiras, porque lia assim a estada do açúcar como a do mel.

Baseada nesse texto, a editora de culinária Bettina Orrico criou uma receita de fartes cujo resultado é o mais próximo, nos dias de hoje, a que podemos chegar da referida receita.

Receita dos fartes quinhentistas
16 FARTES

"Depois de ler as receitas de fartes disponíveis, fiquei imaginando como seria preparado um recheio que resistisse ao longo tempo das travessias marítimas e ao mesmo tempo pudesse ser saboreado com prazer pela tripulação. Foi uma experiência agradável misturar especiarias que nunca pensei em juntar. Das antigas receitas de fartes consultadas resolvi utilizar apenas os ingredientes. A maneira de preparar veio da minha cabeça."

Bettina Orrico, Coordenadora da Cozinha Experimental da revista Claudia Cozinha

RECHEIO
1 colher (chá) de cravo em pó
1 colher de gengibre ralado
1 colher (chá) de erva-doce
1 colher (chá) de canela em pó
1 colher (chá) de pimenta-do-reino
2 xícaras de amêndoas, peladas e picadas
1 xícara de açúcar mascavo
1/3 de xícara de água

MASSA
2 xícaras de farinha de trigo
1/2 xícara de óleo
1/4 de xícara de água
1/4 de xícara de mel

1. Prepare o recheio: numa panela média ponha todos os ingredientes do recheio, menos as amêndoas. Leve ao fogo alto mexendo até o açúcar dissolver. Abaixe o fogo e cozinhe sem mexer até obter uma calda grossa.
2. Tire do fogo, junte as amêndoas, misture e leve de volta ao fogo, mexendo sempre até começar a soltar do fundo da panela. Retire do fogo e deixe esfriar.

3. Prepare a massa: aqueça o forno em temperatura média (180ºC). Numa superfície amontoe a farinha, faça uma depressão no meio e deite aí o óleo, a água e o mel. Com um garfo, vá misturando os líquidos incorporando à farinha até obter uma massa. Amasse por alguns minutos com as mãos e divida a massa em dois pedaços.
4. Ponha um pedaço sobre uma folha de papel-manteiga. Abra a massa com um rolo, na espessura de 3 mm. Abra o outro pedaço de massa da mesma maneira.
5. Corte as bordas de ambas as massas abertas para formarem dois retângulos. Espalhe o recheio já frio sobre um dos retângulos de massa e por cima ponha o outro retângulo. Aperte bem as beiradas do retângulo.
6. Passe para uma assadeira e leve ao forno preaquecido por cerca de 20 minutos até começar a dourar.
7. Tire do forno, deixe amornar e corte pequenos retângulos. Sirva em temperatura ambiente. Guarde num recipiente bem vedado.

UMA RECEITA PRESERVADA

Surpreendentemente, a meio desta viagem gastronômica, fui encontrar fartes feitos hoje em Sobral, interior do Ceará, ainda com o recheio baseado no gengibre e nas especiarias dos biscoitos palacianos aqui desembarcados, mas com a introdução nativa da farinha de mandioca, castanhas-de-caju e do asiático leite de coco. Ou seja, o próprio resumo da história da alimentação brasileira. Assim são preparados desde 1958 por d. Rita de Cássia Cunha, segundo a receita herdada de d. Semíramis, antiga doceira de Sobral que viveu mais de 100 anos sem saber que os seus doces deliciosos continuam reproduzindo, à nossa maneira, a célebre receita trazida nas naus cabralinas.

Fartes de Sobral
60 FARTES

MASSA
3 xícaras de farinha de mandioca
2 colheres (sopa) de manteiga
1 pitada de sal
1 ½ xícara de água morna

RECHEIO
½ kg de açúcar
2 xícaras de água
leite grosso de 1 coco
½ kg de farinha de mandioca
250 g de castanhas-de-caju, moídas
1 colher (sopa) de manteiga
gengibre ralado, a gosto
leite de 1 coco grande
manteiga, para untar
farinha de trigo, para enfarinhar
2 gemas batidas, para pincelar
açúcar cristal, para polvilhar

1. Prepare a massa pondo a farinha numa tigela. Junte a manteiga, o sal e acrescente a água, aos poucos, até obter uma massa que se solte das mãos. Embrulhe em filme plástico e deixe descansar enquanto prepara o recheio.
2. Numa panela média, ponha o açúcar e a água e leve ao fogo, mexendo sempre até o açúcar se dissolver. Pare de mexer e deixe ferver até obter uma calda em ponto de pasta.
3. Tire a panela do fogo, e introduza o leite de coco, a farinha, as castanhas-de-caju, a manteiga e o gengibre ralado. Leve de volta a panela ao fogo brando, mexendo sempre, até a colher, ao abrir caminho pelo creme, deixar um rastro no fundo da panela. Deixe esfriar.
4. Prepare as assadeiras: unte-as com manteiga e polvilhe com farinha de trigo.
5. Numa superfície enfarinhada, abra a massa reservada com um rolo, aos poucos, e recorte círculos com cerca de 10 cm de diâmetro (use um pires de café). Ponha uma pequena porção do creme já completamente frio sobre cada círculo, dobre a massa sobre o creme e cole as beiradas da massa com uma pincelada de gemas. À medida que forem ficando prontos, distribua os pasteizinhos nas assadeiras preparadas.

Leve ao forno preaquecido em temperatura quente (200°C) até dourarem levemente (cerca de 15 minutos). Tire do forno e polvilhe-os com açúcar cristal. Sirva-os depois de frios.

Além desta receita dos fartes de Sobral, há uma outra, listada por Divina Maria de Oliveira Pelles no seu livro *Antiga e moderna cozinha goiana* (8), constando como uma das mais antigas da cidade de Goiás Velho, cuja massa é preparada com um angu feito de raspa – como os goianos chamam a mandioca-mansa (aipim) ralada –, água e sal. O recheio é feito de melado de rapadura, farinha de mandioca e pimenta-do-reino, única especiaria herdada dos fartes desembarcados em 1500. A mandioca e a rapadura aparecem já adaptando estes doces ibéricos às terras brasileiras cujo preparo, segundo a autora, nos foi legado pelas escravas cozinheiras.

OS PALMITOS DE CAMINHA

Dois dias depois da ceia oferecida aos índios, um domingo, a seguir à primeira missa, após uma refeição em que se serviram de grandes camarões, seria a vez de os portugueses travarem o primeiro contato com os frutos desta terra, conforme conta Caminha ainda em sua carta.

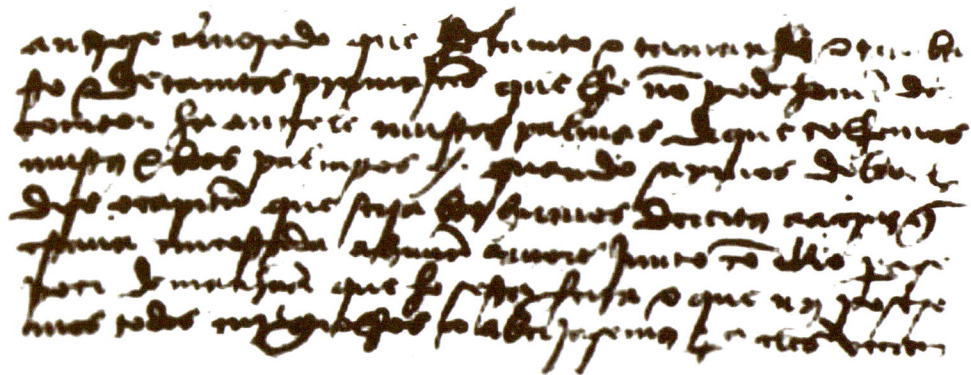

"Andamos por aí vendo a ribeira, a qual é de muita água e muito boa. Ao longo dela há muitas palmas, não mui altas, em que há muito bons palmitos. Colhemos e comemos deles muitos."

Jaime Cortesão em A *Carta de Pêro Vaz de Caminha* (Lisboa: Imprensa Nacional / Casa da Moeda, 1994), dedica bastante espaço aos palmitos descritos no famoso documento. Cita Capistrano de Abreu, que achava que os palmitos seriam bananas e as palmeiras, bananeiras, dada a facilidade com que os marinheiros colhiam os frutos em terra. Continua, citando a descrição de Gonçalo Pires, marinheiro que, como Caminha, era "excelente observador de coisas novas, que sabia descrever com semelhança flagrante", para concluir que, em 1500, a banana provavelmente já era conhecida por muitos marinheiros da frota, "que existia desde há muitos anos no Oriente e era cultivada na ilha de São Tomé em fins do século XV". Com isso, tentava provar que o que os marinheiros portugueses colhiam era mesmo palmito, como o entendemos hoje.

Cortesão cita ainda o capítulo LV do Tratado Descritivo do Brasil em 1587, de Gabriel Soares de Souza, que descreve "muitas castas de palmeiras

Caxandós como este, abundantes em todas as praias da Costa do Descobrimento, podem ter fornecido os "palmitos" descritos na carta de Caminha.

que dão fruto pela terra da Bahia, no sertão e algumas, junto ao mar". Continuando, Soares refere-se às "piçandós, palmeiras-bravas e baixas que se dão bem em terras fracas: e dão uns cachos de cocos pequenos e amarelos por fora, que é mantimento, para quem anda pelo sertão, muito bom, porque têm miolo saboroso como avelãs, e também dão palmitos". Dada a semelhança com a palavra *caxandós*, que nomeia palmeiras de pequeno porte, também produzindo cocos pequeninos, amarelos e saborosos, ocorrendo justamente na costa de Sergipe até ao sul da Bahia, é bem possível que tenham sido essas frutinhas – aromáticas e de sabor agradável, que até hoje atraem crianças e nativos aos seus cachos fartos de coquinhos – os tais palmitos citados por Caminha, sabendo-se que palmitos, naquela época, eram os frutos de qualquer palmeira.

CAXANDÓ
(Allagoptera brevicalyx)

Palmeira de pequeno porte que dá frutos amarelos, quando maduros, fixados no eixo do espádice, da mesma maneira que os grãos de milho. Os frutos estão no ponto de ser colhidos logo depois de se deixarem cair espontaneamente.

Pelo menos seria muito mais lógico do que andar pela praia derrubando palmeiras a machadadas para lhes tirar os palmitos, com tanta fartura de frutos ali mesmo à mão. Nem palmitos, nem bananas: provavelmente os marinheiros de Cabral deliciaram-se mesmo foi com os pequenos caxandós, como qualquer criança ou nativo da Costa do Descobrimento ainda faz nos dias de hoje. Estava selado assim o encontro mais doce de toda a época dos descobrimentos, com frutos e fartes; guizos, chocalhos e gaitas de fole; danças e folguedos, sombreiros de penas e carapuças de linho, e armas docilmente pousadas por terra.

NOTAS

(1) *Cozinha tradicional portuguesa*, de Maria de Lourdes Modesto, Editorial Verbo, Lisboa / São Paulo, 1982 e *Roteiro da cozinha portuguesa* (Taste of Portugal), de Edite Viera Phillips, Editorial Presença, Lisboa, 1992.

(2) *Para uma história da alimentação no Alentejo*, de Alfredo Saramago, Editora Assírio e Alvim, 1997.

(3) "Tomão-se oito arrateis de assucar em ponto de fio abaixo, e se lhes deitão quatro arrateis de amêndoas muito bem pizadas, e um arratel de sidrão em bocadinhos delgados e pequenos; cravo, canella, mui pouca herva doce, e junte-se-lhe uma quarta de pão ralado, por medida; o sinal de estar feita esta espécie, é deitando-se-lhes uns pós de pão ralado, e pôr-se-lhe em cima o dedo para vêr se fica enchuto; deita-se em um prato a esfriar; tome-se então a massa feita com manteiga e assucar e se vão fazendo os fartes para irem ao forno."
Lucas Rigaud, chefe de cozinha do Vice-Rei d. Antonio Álvares da Cunha in *O cozinheiro completo ou nova arte de cozinheiro e de copeiro em todos os seus géneros*, Imprensa de F. S. de Souza & Filho, 5. ed., 1861, Lisboa.

(4) O Códice Português I. E. 33. da Biblioteca Nacional de Nápoles tem as seguintes edições, em língua portuguesa, publicadas com os seguintes títulos: *Um tratado da cozinha portuguesa do século XV*, Instituto Nacional do Livro, MEC, Rio de Janeiro, 1963; *Livro de cozinha*, Infanta d. Maria de Portugal, Universidade de Coimbra, Coimbra, 1967; e *Livro de cozinha da infanta d. Maria*, Imprensa Nacional - Casa da Moeda, Lisboa, 1987. Em inglês: *A Fifteenth Century Portuguese Cookbook*, Kimberley S. Roberts (in Kentucky Foreign Language Quarterly; vol. VI, págs. 179-182. Lexington, 1959; *A critical Edition of an early Portuguese Cookbook / A thesis submitted to the Faculty of the University of North Carolina at Chapel Hill in partial fulfillment of the requirements for the degree of Doctor of Philosophy in the Department of Romance Languages*, Elizabeth Thompson Newman, Chapel Hill, 1964, University of Microfilm Inc., Ann Arbor, 1965.

(5) D. Maria de Portugal (1538-1577) era filha do infante d. Duarte, neta de d. Manuel I, o venturoso. O fato de o manuscrito estar na Biblioteca de Nápoles deve-se, com certeza, ao seu casamento, em 1565, com Alessandro Farnese, duque de Parma, Piacenza e Guastalla.
Giacinto Manuppella "A idade do códice" *in Livro de cozinha da infanta d. Maria*, Imprensa Nacional - Casa da Moeda, Lisboa, 1987.

(6) Equivalências aproximadas de antigas medidas portuguesas, segundo tabela organizada pelo Eng° Gilberto Sá:
1 moio = 15 fangas ou 60 alqueires ou 240 quartas ou 960 salamins ou 4.800 arrateis, ou 19.200 quartis ou 76.800 onças ou 21,6 hectolitros ou 2.160 litros (cerca de 2.160 kg) ou 2.160.000 mililitros (2.160.000 gramas, aproximadamente).
1 fanga = 4 alqueires ou 16 quartas ou 64 salamins ou 320 arrateis ou 1.280 quartis ou 5.120 onças ou 144 litros (cerca de 144 kg) ou 144.000 mililitros (144.000 gramas, aproximadamente).
1 alqueire = 4 quartas ou 16 salamins ou 80 arrateis ou 320 quartis ou 1.280 onças ou 36 litros (cerca de 36 kg) ou 36.000 mililitros (36.000 gramas, aproximadamente).
1 quarta = 4 salamins ou 20 arrateis ou 80 quartis ou 320 onças ou 9 litros (cerca de 9 kg) ou 9.000 mililitros (9.000 gramas, aproximadamente).
1 salamim = 5 arrateis ou 20 quartis ou 80 onças ou 2,25 litros (cerca de 2,25 kg) ou 2.250 mililitros (2.250 gramas, aproximadamente).
1 arratel = 4 quartis ou 16 onças ou 0,456 litros (cerca de 0,456 kg) ou 456 mililitros (456 gramas, aproximadamente).
1 quartil = 4 onças ou 0,114 litros (cerca de 0,114 kg) ou 114 mililitros (2.885 gramas, aproximadamente).
1 onça = 0,285 litros (cerca de 0,285 kg) ou 285 mililitros (285 gramas, aproximadamente).
Observações: a) A quarta (equivalente a 4 onças) também é chamada de quartil, denominação adotada nesta tabela.
b) O arratel equivale, em peso, ao *pound* inglês ou à nossa *libra* antiga.
c) Os valores são todos aproximados com desvios de cerca de 1 %.
d) Para uso nas receitas é válido fazer-se equivaler 1 litro a 1 quilo ou 1 mililitro ao grama.

(7) Para melhor entendimento da já difícil linguagem do século XV, segue-se um pequeno glossário. *Presa*: estado de uma substância que se solidifica ou coagula. Ex.: uma presa de cimento. *Camanho*: tão grande quanto. *Espécia*, *espécie*: doce de amêndoa pisada. *Âmbalas*: forma antiga de ambas. *Ralão*: pão de rala (Trás-os-Montes), farinha-de-pão, pão ralado e peneirado. *Liar*: ligar. *Estada*: permanência. *Revê*: rever, deixar passar umidade, transudar, verter, transpirar.

(8) 2ª edição, Editora Horizonte, Brasília, 1979.

NOSSA HERANÇA

Além da cozinha regional, marcante e característica das diversas regiões em que se convencionou dividir o Brasil, há uma alimentação básica nacional que faz parte de toda a culinária brasileira. Alguns desses alimentos, hoje habituais na nossa mesa, há muitos e muitos anos já faziam parte da gastronomia americana que recebeu os marinheiros cabralinos. Os outros, trazidos dos lugares mais distantes do mundo pelos colonizadores, foram aderindo aos nossos hábitos, cobrindo a nossa gastronomia como se fossem camadas arqueológicas que, se cuidadosamente raspadas, poderão um dia descobrir a nossa longínqua origem alimentar.

A mandioca

"Diziam que em cada casa se recolhiam trinta ou quarenta pessoas, e que assim os achavam; e que lhes davam de comer daquela vianda, que eles tinham, a saber, muito *inhame* e outras sementes, que na terra há e eles comem". Com esse equívoco, confundindo inhame, de origem asiática e já conhecida pelos portugueses nas Costas da África, com a nativa mandioca, Caminha citava em sua famosa Carta, a raiz que até hoje alimenta a nação de norte a sul. Uma outra narrativa, a chamada "Relação do Piloto Anônimo", escrita por um marinheiro que viajava na frota cabralina, repete a confusão: "[...] uma raiz chamada *inhame*, que é o pão que ali usam [...]". Durante os anos seguintes ao descobrimento, essa confusão foi sendo desfeita nos relatos portugueses. Pêro de Magalhães Gândavo na sua *História da Província de Santa Cruz*, em 1576, já se utiliza do vocábulo mandioca e, para melhor entendimento, assinala a semelhança da raiz com os inhames de São Tomé, conhecidos na Europa. Essa confusão, porém, ainda a herdamos nós. Em pleno século XXI ainda não se sabe bem, entre muitos brasileiros das cidades, o que vem a ser exatamente mandioca, cará, inhame e aipim, ou mandioca doce. De certeza, o que os índios comeram e devem ter oferecido aos marinheiros portugueses, era o

Os beijus continuam a ser preparados da mesma maneira e nos vários formatos como os índios os preparavam antes do Descobrimento. Com o passar do tempo surgiram mais variedades acrescentadas de coco ralado, açúcar e castanhas. Fazem parte da alimentação de várias regiões brasileiras servidos torradinhos, simplesmente, ou com manteiga, queijo parmesão ralado, ou ainda, nos aperitivos dos dias de gala, com caviar ou pastas variadas.

aipim cozido, ou macaxeira, ou ainda mandioca-doce ou mansa (M*anihot palmata*), já que a mandioca, ou mandioca-brava (M*anihot esculenta*), altamente tóxica, não é comida sem processamento cuidadoso. Poderia ter sido, também, um dos inúmeros tipos de cará (da família das Dioscoreáceas), mas nunca um inhame (C*olocasia antiquorum*), de origem indiana, hoje também cultivada amplamente em todo o território brasileiro que continua, porém, a ser confundido com carás, e estes com aqueles, numa ciranda que talvez nunca venha a ter um fim.

O cultivo da mandioca surgiu no primeiro milênio a.C. na bacia tropical do Amazonas, praticado por tribos de várias etnias. Espalhando-se para a Venezuela e as Guianas, alcançou a América Central, o Caribe e chegou até à Flórida. As nações tupi trataram de propagá-la para todo o litoral atlântico, mas foi no ramo tupi amazônico que surgiu a lenda sobre essa raiz decisiva para a formação das culturas em processo de sedentarização na América indígena. É a história de Mani, menina nascida da filha de um chefe, que engravidou sem que a criança tivesse um pai. O chefe, recusando-se a acreditar, condenou à morte a filha como mentirosa. Em sonho, o chefe recebe, de um velho branco, o aviso para não executar a filha. Livre da morte, a jovem dá a luz uma menina muito bela e muito branca que, com um ano, já falava desembaraçadamente. Para desgraça de todos, porém, Mani morre ao completar um ano, sem queixas ou sinais de sofrimento. Enterrada, do seu túmulo nasceu uma planta de folhas grandes que, em poucos meses, fez rachar a terra com as suas raízes fortes e grossas. Os índios, reconhecendo a cor branca de Mani nas raízes emergentes da terra, batizaram-na com o nome de Manihoc. E se dedicaram ao seu cultivo para sempre.

Desde o início da colonização, os portugueses perceberam a utilidade da mandioca como provisão e recurso, ampliando o seu cultivo e formando uma infinidade de roças. Tomé de Sousa, o primeiro governador-geral, chegou mesmo a legislar sobre o assunto, obrigando o seu cultivo em 1549. A mandioca também se tornou importante no tráfico negreiro: os navios que retornavam do Brasil para a África levavam como moeda de troca, além do fumo de rolo e da aguardente, grandes quantidades de farinha de mandioca que, graças ao seu alto valor nutricional, rica em amido, fibras, substâncias hidrogenadas e sais minerais, garantia a alimentação dos escravizados na sua viagem para o Brasil. Não demorou muito para que, nas proximidades dos portos negreiros africanos, a mandioca começasse a ser cultivada para abastecer os barracões de cativos à espera dos horríveis navios negreiros. Daí para a mandioca se espalhar para toda a África negra, onde hoje também é um alimento essencial, foi um passo.

Os bandeirantes, nas suas entradas para o oeste, deixavam obrigatoriamente um grupo de brancos e índios plantando mandioca e fazendo farinha, levando-a aos companheiros que se adiantavam sertão adentro e formando roças para as próximas entradas que por ali passassem. Nas diversas expedições Brasil afora, tanto os paulistas como todos os brasileiros passaram a ter na chamada farinha de pau, como foi batizada pelos colonizadores, ou na farinha de guerra, como era conhecida pelos índios, o componente básico do seu farnel.

As muitas variedades da mandioca podem ser agrupadas em dois tipos principais: a brava, venenosa, com

Índia baniwa prepara beiju nas proximidades de São Gabriel da Cachoeira, Rio Negro, Amazonas.

alto teor de ácido cianídrico, e a mansa, também chamada de doce, macaxeira ou aipim. Os índios deram um salto cultural ao domesticar a mandioca-brava, conseguindo tirar o seu veneno: depois de colhida era descascada e ralada numa tábua cravejada de pedrinhas pontiagudas, a seguir era macerada dentro de um espremedor de palha chamado tipiti, escorrendo dali o seu suco venenoso. A massa branca resultante era levada ao fogo em grandes frigideiras de barro onde era cozida, mexida, remexida, até transformar-se em farinha. Até hoje, em muitas localidades, índios e não índios continuam a repetir esse processo, com métodos às vezes mais modernos, mecanizados, mas ainda é notável a presença do tipiti em muitas residências populares, ou mesmo em casas de farinha.

Os índios foram além descobrindo outras utilizações dessa raiz tão rica: a fécula da mandioca, obtida da sedimentação do seu suco, chama-se goma, ou polvilho. Se for usado logo a seguir é a chamada goma fresca, ou polvilho doce. Se o líquido continuar sedimentando por quinze ou vinte dias, causando assim a fermentação do amido, passa a ser a goma seca, ou polvilho azedo, por ter um sabor ligeiramente ácido. Esse subproduto permitiu vários preparos básicos, do qual o mais antigo e conhecido é o beiju, apreciado de diversas maneiras em todo o Brasil. Trata-se de uma espécie de panqueca que pode ser torrada ou mole, redonda, pequena, grande, retangular, flocada, preparada pura ou com ingredientes como coco, castanha-de-caju, castanha-do-pará, etc., recebendo uma variedade tão grande de nomes quanto as suas diversas formas: cica, membeca, biju, enrodilhado, assu, malampansa, sarapó, caruba...

Ainda úmida e espalhada numa chapa ou pedra ao fogo, esta goma estoura feito pipoca, produzindo grãos levíssimos e irregulares: a tapioca. Altamente digestiva, a tapioca era considerada pelos indígenas alimento dos deuses. Bolos e pudins de técnica portuguesa confeccionados com a tapioca passaram a fazer a delícia das famílias brasileiras cujas receitas são transmitidas de geração a geração. Segundo o médico e naturalista holandês Guilherme Piso, que esteve no Brasil nos tempos da invasão holandesa, exalta na sua *Historia Naturalis Brasiliae*, de 1648, as virtudes da goma, ou polvilho:

> [...] ministrada aos disentéricos, cura-os. Restabelece os febricitantes, os de ânimo alquebrado, os contaminados por veneno [...] quer tomada internamente, quer aplicada em forma de emplastro, coíbe quaisquer hemorragias [...].

Outro subproduto notável da mandioca é a puba, ou massa de mandioca, ou ainda a carimã, os nomes mais conhecidos dessa massa apreciada desde os tempos pré-cabralinos, obtida a partir das raízes deixadas de molho em água de três a cinco dias, quando fermentam, sendo prensadas a seguir e embaladas em bolotas ou na íntegra.

Além de indispensável para os indígenas, a mandioca conquistou o paladar de todos os brasileiros e, como diz Luís da Câmara Cascudo, é

> a camada primitiva, o basalto fundamental na alimentação brasileira. Todos os elementos são posteriores, assentados na imobilidade do uso multicentenário, irredutível, primário, instintivo.

O milho

A 5 de novembro de 1492, na ilha que hoje chamamos Cuba, Cristóvão Colombo anotava no seu diário:

> Havia grandes terras cultivadas com raízes, uma espécie de fava e uma espécie de trigo denominado *maiz* que é muito saboroso cozido ao forno ou bem seco e reduzido a farinha.

O milho (*Zea mays*), nativo da América, em pouco tempo se espalharia pela Europa, África e Ásia, tornando-se, depois do trigo, o cereal mais cultivado em todo o mundo.

O milho, rico em proteínas, fibras e vitaminas A e C, foi a base alimentar de todas as sociedades estabelecidas nas Américas, desde o Oeste norte-americano até os altiplanos da Bolívia. Escavações arqueológicas revelaram a sua antiguidade descobrindo grãos trabalhados pelo homem datados de 7 mil anos. As civilizações pré-colombianas não teriam existido sem a sua ocorrência. O *Popol Vuh*, o grande livro dos Maias do Yucatán mexicano, registra, muitos séculos antes da chegada das embarcações europeias:

> [...] o primeiro homem foi feito de argila e uma inundação o destruiu; o segundo homem, de madeira, e uma chuva o desintegrou. Só sobreviveu o terceiro homem. Este era feito de milho.

Com características reprodutivas que facilitaram a sua expansão (o pólen masculino solta-se ao primeiro vento e o órgão feminino presta-se à primeira fecundação que aparecer, seja do pólen da própria planta, ou de outra, ou até mesmo aparentada), o milho se dá muito bem tanto nas terras baixas como nas montanhas andinas com cerca de 3 mil metros de altitude.

Entre os indígenas brasileiros o milho foi cultivado sem ter, segundo Câmara Cascudo, a mesma importância da mandioca. Era mais comido como fruto, assado, ou na forma de bebida cerimonial, depois de mastigado pelas velhas e cunhãs da tribo, e fermentado, transformado no *abatii*. Segundo uma lenda guarani, dois guerreiros, depois de terem procurado em vão caça, pesca, ou qualquer alimento para a família, foram avisados pelo grande espírito Nhandeiara que só uma luta mortal entre os dois traria a solução. O vencedor seria enterrado ali mesmo e da sua sepultura nasceria uma planta que alimentaria toda a tribo. Os dois lutaram e Avati foi derrotado e morto. Da sua cova nasceu o milho, *avati* no idioma tupi. Ao lado da batata e da pimenta, foi um dos primeiros alimentos americanos a atravessar o Atlântico e conquistar o mundo.

O negro, a princípio, não gostou do milho, preferindo o painço ou o sorgo africanos: os milharais das primeiras propriedades agrícolas serviam mais para os animais de criação. Foram os portugueses os responsáveis pela utilização intensiva do milho, e a sua transformação em farinha, produzindo deliciosas migas, ou papas, pudins e broas, pães de sal em forma arredondada, que deram origem às nossas disputadíssimas e doces broinhas, e aos cremes de milho-verde, depois as nossas canjicas ou curaus. Só mais tarde os escravos interessaram-se pelo cereal, preparando com o milho-branco os mungunzás (canjicas no sul) para oferecerem sem açúcar a Oxalá, pai de todos os orixás, que também gosta de acaçá, um creme de milho-branco ralado, peneirado e cozido até ficar gelatinoso, envolvido em folha de bananeira. Iemanjá também gosta de mungunzá, mas com um pouquinho de sal. Omulu, Obaluaê e Oxumarê são da pipoca branquinha de milho-alho, e Iansã e Xangô os pratos de milho-vermelho, naturalmente. Hoje muitos desses patos devidamente temperados são quitutes das mesas baianas na hora da ceia.

A partir do século XVIII, com o chamado Ciclo do Ouro nas Minas Gerais, o milho começa a tomar um lugar decisivo na alimentação nacional. Sob a forma de fubá, palavra que herdamos dos africanos para designar farinha, era a alimentação de viajantes e tropeiros que, trazendo mulas criadas no sul para servir de transporte nas terras montanhosas, substituíam muitas vezes a farinha de mandioca pela de milho nos farnéis que se transformaram em virados misturados ao guisado de galinha, ao feijão ou à carne-seca. Também usavam a farinha de milho misturada à água fervida com rapadura, uma bebida energética denominada jacuba. Ao longo desses caminhos foram sendo plantados nas roças, originando pequenos sítios paulistas e a agricultura dos campos das Minas Gerais, associando o milho à criação de porcos, fazendo surgir um verdadeiro "ecossistema" do milho: o homem planta o milho, cria o porco que engorda comendo o sabugo e fornece a gordura para o homem cozinhar pratos feitos de milho e de porco, e dos derivados de ambos. Porco e homem excretam o adubo para as terras do milharal.

Segundo Câmara Cascudo, na *História da alimentação brasileira*, "a convergência e fusão das culinárias indígena, africana e portuguesa levaram ao brasileiro o 'complexo' alimentar do milho que a industrialização tornou permanente". Esse "complexo" alcança em todo o Brasil o seu esplendor no mês de junho, quando coincidem a época da colheita do milho e a do solstício de inverno (época tradicional de festas pagãs milenares de povos agricultores de um e de outro lado do Atlântico) durante as festas juninas, onde os festeiros oferecem alimentos derivados do cereal: pipocas, pudins, pamonhas, broas, canjicas, curaus e mungunzás, transformando o acontecimento numa verdadeira celebração do milho.

Hoje, a maior concentração da produção de milho está na região Sul do país, principalmente nos estados de Minas, Goiás e Mato Grosso, de cujas cozinhas continuam a sair pratos deliciosos preparados com o nosso primeiro cereal.

O feijão

Até algumas décadas atrás havia autores que ainda diziam ser o feijão nativo da América. Hoje se sabe que em quase todos os continentes existiam diversos tipos de plantas semelhantes ao nosso feijão. Nos textos antigos, o nome genérico de "favas" cobriu uma série de ervilhas, feijões, vagens e favas propriamente ditas, ficando difícil distinguir quais se referem ao nosso tipo de feijão, do gênero *Phaseolus*. Com o nome genérico de "favas", esse legume é referido desde as eras mais antigas da China, do Egito e de Roma. Os historiadores

Umberto Eco e Jacques Le Goff acreditam que a existência de feijões e favas, ricos em proteínas, fibras, hidratos de carbono, vitamina C e ferro, foi responsável pela sobrevivência da própria civilização ocidental diante das terríveis fomes e pestes medievais.

No Portugal do século XIII há documentos falando em "feijom", separadamente da ervilha e da fava, e os *Phaseolus* brancos, vermelhos e amarelos, no final do século XVI, já figuravam nas mesas aldeãs e camponesas, misturados às dobradinhas e aos caldos com batatas, sem serem, porém, o alimento básico nem o mais comum. Em toda a África subsaariana as várias espécies de feijões e favas eram plantadas, nomeadamente na Nigéria e em Angola, onde há referências a guisados e pirões de feijão, bem como a um cozido de peixe no qual entrava o feijão. Foram os africanos, através dos ibos da Nigéria, que nos legaram o mais saboroso e popular uso brasileiro do feijão-frade, do gênero *Vigna*: o acarajé, popular na Bahia e em Pernambuco, fazendo a delícia dos paladares brasileiros.

Quanto à feijoada, esse ícone brasileiro de abundância e prazer, deve-se esquecer essa versão fantasiosa de que foi uma elaboração de escravos nas senzalas. Os negros comiam feijão, sim, mas muito aguado. Frequentemente eram mal alimentados, como se queixava com crítica e revolta em 1703 o religioso português André João Antonil, no seu *Cultura e opulência do Brasil por suas drogas e minas*, e raramente recebiam carne para misturar ao feijão, mesmo pés e rabos de porco eram aproveitados na casa-grande ou comidos pelas cozinheiras e escravos domésticos, muito provavelmente em pratos da tradição portuguesa como nas feijoadas trasmontanas e nas dobradinhas, misturados conjuntamente com feijões-brancos, carnes e enchidos diversos. Assim, a nossa feijoada tal como é saboreada hoje, é produto de toda uma evolução culinária mestiça, sem referências documentais antes do século XIX. Preparada com feijão-preto como os cariocas celebrizaram, ou à maneira nordestina, com feijão-mulatinho, é o prato genuinamente nacional, comido de norte a sul, transformando em festa e alegria as refeições em que se apresenta.

Além de tudo, o *Phaseolus* é de cultivo extremamente fácil, brotando rapidamente no quintal das casas. Por isso mesmo, depois de ser plantado pelos escravos nos dias-santos e de folga, já nos primeiros engenhos do Ciclo do Açúcar (séculos XVI e XVII), ele irá ocupar os sertões do Nordeste, passará a fazer parte dos farnéis e virados dos bandeirantes e dos tropeiros, e irá se misturar diariamente com o angu de fubá de milho na comida dos escravos do Ciclo do Ouro (século XVIII). Depois, irá ocupar os mais distantes recantos brasileiros como "comida de trabalhador". Como observa Câmara Cascudo, "para o povo, uma refeição sem feijão é simples ato de enganar a fome".

Feijão e farinha foram e são até hoje elementos dominantes da gastronomia popular, principalmente nas regiões Norte e Nordeste. Da zona central brasileira para o Sul, a farinha cede lugar ao arroz na mistura com o feijão, que às vezes também inclui a farinha.

Mas isso só aconteceu a partir do século XVIII, quando se consolidou entre nós a cultura do arroz.

O arroz

Nenhum outro alimento adquiriu, em nenhuma parte do mundo, a carga de indispensabilidade e quase exclusividade que o arroz tem no Extremo Oriente. Os brasileiros, que raramente dispensam o arroz às refeições, não fazem ideia de quanto o arroz é importante no Oriente, sendo para nós, apenas um suplemento importante que, nos primeiros tempos brasileiros, não significava quase nada.

Americo Vespucio assinala na expedição em que veio ao novo mundo em 1502, logo a seguir ao Descobrimento, a existência de arroz selvagem antes da chegada dos portugueses, mas em *Alimentação, instinto e cultura*, de 1943, o médico e estudioso da alimentação, Silva Mello, constata que a presença natural do *abatiapê* (milho-d'água em tupi), das espécies *Oryza subulata* ou *caudata*, ou da *Zizania aquatica*, não era bem aproveitada pelos indígenas que, só em casos raros utilizavam esses tipos de arroz. Só depois de conhecer o cultivo do *Oryza sativa*, o arroz trazido pelos portugueses, é que passaram a fazer uso desse cereal, hoje completamente nacional.

Indianos e chineses disputam a prioridade dos seus países no cultivo do arroz, com referências datadas de até 3000 a.C. Há autores que afirmam ter sido originado nas terras alagadas do sudeste Asiático, onde até hoje os arrozais constituem a paisagem básica. Os árabes muçulmanos levaram-no do Oriente para o sul da península Ibérica, onde o plantaram com o nome de *arruz*. Na sua obra de conquista religiosa, os seguidores de Alá o introduziram no norte da África, ao mesmo tempo que islamizavam as suas populações. Mais tarde, o povo hauçá da Nigéria, seguidor da religião muçulmana, teve milhares de seus homens trazidos como escravos para o Brasil e, com eles, o delicioso arroz de hauçá, preparado com arroz bem cozido e revolvido até ficar mole e pastoso, acrescido de carne-seca frita, temperada com molho de camarões secos, pimenta e cebola fritos no dendê.

A primeira referência que se tem ao cultivo de arroz no Brasil é dada por Gabriel Garcia de Sousa, em sua *Notícia do Brasil*, de 1587, que o assinalou na Bahia. Em *Alimentação humana e realidade brasileira*, de 1950, Silva Mello fala de várias plantações no Brasil, principalmente em Iguape, litoral paulista. Nada indica, porém, que essas plantações tivessem importância. As notícias começam a aparecer, com frequência, a partir do século XVIII: 1722 no Pará, 1745 no Maranhão, 1750 em Pernambuco. É nas baixadas alagadiças da Ilha de São Luís e arredores, porém, que se criaram os grandes arrozais do fim do período colonial, quando foi exportado em larga escala para a Europa. Os maranhenses eram chamados pelos seus vizinhos de "papa-arroz". As primeiras notícias de arroz misturado ao feijão também surgem nessa época.

Para servir o nosso básico feijão com arroz, mistura que começa a ganhar terreno a partir do século XVIII, o arroz deve ser branco, relativamente seco e soltinho, tornando-se um problema quase dramático para os iniciantes nas artes da cozinha. Esse mesmo drama nacional do arroz branco e soltinho pude observar entre as donas de casa iranianas, cujos erros frequentes no cozimento do arroz provocam violentas discussões familiares.

Para obter esse arroz branco, é preciso que seja beneficiado com um descascamento que exige instrumentos mais complicados. E isso era difícil nos tempos coloniais pela proibição da instalação de indústrias no país. O governo português chegou a dar permissão em 1766 para o estabelecimento de uma beneficiadora de arroz no Rio de Janeiro, mas em 1781, o beneficiamento foi novamente proibido. Só a partir da chegada da família real, em 1808, é que esse descascamento foi liberado e se expandiu, ao mesmo tempo que d. João VI incluía o arroz na alimentação do exército, misturado ao feijão. Freqüentemente se utilizava feijão de má qualidade ou estragado nessa mistura, o que fazia com que os grãos escassos boiassem num caldo ralo, vindo daí a gíria "boia" para se referir à hora das refeições militares.

A cultura do arroz expandiu-se a seguir para Goiás e Mato Grosso e, nos finais do século XIX, atingiu no Rio Grande do Sul a sua produção em grande escala, sendo hoje o maior produtor brasileiro. Apesar de produzir arroz em todos os estados, o Brasil não é mais um grande exportador, tendo, porém, um consumo interno bastante elevado: de 45 a 50 quilos, em média, por habitante, nos anos 1980. Mas isso não é nada se comparado à média anual japonesa: em 1960 assinalou-se o consumo de 159 quilos por habitante. Média três vezes superior a nossa.

A carne-seca

No Brasil pré-cabralino já havia muitos tipos de carnes adequadas ao consumo, e tanto os povos caçadores quanto os agricultores as caçavam ou criavam. Todos usavam o fogo para prepará-las para comer, não havendo vestígios arqueológicos do consumo de carne crua de animais, com exceção de moluscos, como as ostras, por exemplo. Para cozinhar, os indígenas se utilizavam da tucuruva, ou itacurua, que consistia em três pedras, ou três formigueiros de cupim, entre os quais se fazia o fogo e sobre os quais se apoiavam vasilhas, grelhas ou espetos. A praticidade da tucuruva, chamada de trempe pelos portugueses, levou os colonizadores dos primeiros tempos, e os brasileiros por muitos anos, a usar esse chamado fogão de chão em suas casas, palhoças e acampamentos.

Para conservar as carnes caçadas, os nossos indígenas se valiam de um meio surpreendentemente sofisticado: o "moquém". O viajante francês Jean de Léry assim descreve esse preparo no seu relato *Viagem à terra do Brasil* escrito por volta de 1558:

> [...] enterram profundamente no chão quatro forquilhas de pau, enquadradas à distância de três pés e à altura de dois pés e meio; sobre ela assentam varas com uma polegada ou dois dedos de distância uma da outra, formando uma grelha de madeira [...] nele colocam a carne cortada em pedaços, acendendo um fogo lento por baixo, revirando de quarto em quarto de hora até que esteja bem assada. Como não salgam suas viandas para guardá-las, como nós fazemos, esse é o único meio de conservá-las.

A lentidão do processo permitia secar o suco da carne sem tostá-la, fazendo-a durar bastante tempo. Juntamente com as farinhas de mandioca ou de milho, foi um alimento bastante utilizado pelos bandeirantes nas suas expedições.

Assim como os animais mais importantes para criação e abastecimento de carne foram trazidos pelos portugueses – como a vaca, o porco, a cabra, a ovelha e a galinha –, também o processo mais importante de conservação, a velha salga dos tempos lusitanos, foi também introduzida pelos colonizadores. Os índios não utilizavam o sal a não ser das cinzas de certas folhas tostadas. Os filhos mestiços dos nossos índios, porém, logo adotaram o sal. Apesar de o litoral brasileiro ter condições excelentes para a exploração do sal, a sua extração foi logo proibida pela coroa portuguesa por se tratar de monopólio régio. Assim, os brasileiros eram obrigados a importá-lo do reino. Caro ou raro, o sal foi, ao lado da mandioca, o grande auxiliar na conquista territorial do Brasil. A carne salgada e depois seca ao relento sempre se fez presente nos embornais de todos os exploradores, viajantes e vaqueiros que buscavam o nosso interior.

No artigo "Na Bahia colonial", Taunay transcreve o entusiasmo do viajante Pyrard de Laval na Bahia de 1610, descrevendo e elogiando o processo da preparação da carne-seca:

> É impossível terem-se carnes mais gordas, mais tenras e de melhor sabor [...]. Salgam as carnes, cortam-nas em pedaços bastante largos, mas pouco espessos [...]. Quando estão bem salgadas, tiram-nas sem lavar, pondo-as a secar ao sol; quando bem secas podem conservar-se por muito tempo [...].

A carne-seca, ou carne de sol, passou a ser chamada também de carne do ceará quando, em 1778, o governo de Pernambuco proibiu a salga regular e industrial das carnes do sertão nordestino que abasteciam as cidades do estado. Só era permitida a salga a partir do rio Aracati, no Ceará, para o norte. Com esse incentivo a produção cearense chegou a exportar 12 mil arrobas anuais de carne de sol pelos portos de Camocim e Acaraú. Apesar da proibição e graças às proximidades de excelentes salinas, a produção no Rio Grande do Norte continuou a ser beneficiada.

A produção de carne-seca do Nordeste viria a ser atingida, porém, pelas crescentes e terríveis secas que castigam frequentemente a região. No século XVII foram três as chamadas secas excepcionais, de mais de um ano de duração e vasta extensão, atingindo toda a área do Semiárido: esse número cresceu para sete grandes, no século XVIII, e para oito no século XIX. Assim, a produção nordestina não cresceria a ponto de sustentar a demanda cada vez maior pela carne-seca. Entretanto, no Sul, dizia-se que os estancieiros matavam um boi apenas para comer-lhe a língua, distribuindo o restante da carne, principalmente como pagamento aos vaqueiros, institucionalizando assim o churrasco entre os mais humildes. No meio desse cenário, o cearense José Pinto Martins, de família produtora de carne-seca, transfere-se para o Rio Grande do Sul no ano de 1780, instalando às margens do rio Pelotas a sua indústria da carne que o Brasil tanto reclamava.

A partir daí, a produção gaúcha desenvolveu-se com incrível rapidez, dando novo vigor aos proprietários dos imensos rebanhos com os seus excedentes tão abundantes de carne. Essa carne, que já tinha recebido vários nomes (carne de sol, carne de vento, carne do sertão, jabá), passou a receber mais um, de origem quíchua, idioma falado nos Andes que, durante o império inca, estendeu-se até ao norte da Argentina e chegou aos Pampas pela migração de algumas tribos: *charque*. Recebendo mais sal e com uma secagem mais intensa ao sol e ao vento, resistindo mais de um ano sem se estragar, o charque gaúcho passou a ter maior capacidade de atendimento aos mercados. O próprio nordestino teve de importar o charque do Sul por necessidade mas, nos momentos em que a ordem não é a sobrevivência e sim o prazer gastronômico, até hoje não abre mão da sua carne de sol local, mais macia e menos salgada.

No Nordeste de hoje, a carne de sol, ou carne de vento, perdeu as suas características primitivas de conservação. É totalmente destinada ao prazer, salgada e depois estendida em varais durante uma noite, apenas para adquirir sabor. Durante o dia é recolhida nos *freezers*, e depois dessa salga e mortificação ligeiras, é também no *freezer* que fica conservada de uma maneira surpreendentemente contemporânea... No Sul, ao contrário, a secagem continua sendo da maneira tradicional, com a carne salgada e estendida durante vários dias ao sol, protegida das varejeiras por verdadeiras tendas de telas.

O charque foi o responsável pela complementação da incorporação do Rio Grande do Sul ao Brasil, mudando a natureza da própria sociedade gaúcha: com imensos varais e produção em larga escala, levou à introdução do latifúndio e do trabalho escravo, antes sem importância naquelas paragens.

O açúcar

Foram os árabes que levaram o açúcar da Índia e do Sri Lanka para o sul da Europa, aperfeiçoando a sua produção, dando-lhe, depois do século IX, uma feição industrial a partir de engenhos de açúcar instalados na Sicília e na ilha de Creta. Essa pequena e limitada produção, porém, nada tinha a ver com a futura realidade do açúcar no Brasil.

A cana-de-açúcar (*Saccharum officinarum*), durante a expansão árabe na Europa, tinha função básica medicinal. O açúcar era ministrado como poderoso tônico muscular impedindo cansaço e fadiga, também indicado para fortalecer o músculo cardíaco. Além disso, era e é empregado contra as tosses, bronquites, icterícia, cólicas renais, digestão difícil, aftas, rachadura dos seios, etc. Foram os portugueses, porém, os criadores de um açúcar industrial em larga escala, o que lhes passou a render grandes lucros.

Quando começaram a costear o litoral ocidental da África do Norte e a colonizar as ilhas fronteiriças, no século XV, os portugueses já foram estabelecendo uma produção baseada nas grandes propriedades e no trabalho escravo. Em 1455, calculava-se uma produção de 6 mil arrobas de açúcar produzidas na ilha da Madeira.

E foi da ilha da Madeira que, logo depois do Descobrimento, calcula-se que em 1502, vieram as primeiras mudas de cana-de-açúcar. Os portugueses, além de estar na vanguarda dos lucros mercantis da época, vislumbraram para o açúcar um uso diferente dos outros europeus e muito mais importante para eles que o medicinal: o culinário. Desde os tempos primitivos os habitantes da Lusitânia eram conhecidos como um dos povos que mais valor e qualidade deu à doçaria. Originalmente, usava-se o mel de abelhas. O açúcar chegou aos árabes, juntamente com o seu legado de bolos melados, alfenins e alféolas, até hoje ainda são confeccionados em Portugal e no Brasil, onde também podem ser chamados de puxa-puxa. Os portugueses, porém, levaram longe a criação e a elaboração doceira.

Para os portugueses o bolo era mais do que um alimento, tinha uma função social significativa representando a solidariedade humana, festejando noivados, casamentos, nascimentos, aniversários. Não é à toa que Cabral ofereceu fartes, adoçados com mel e recheados de frutos secos, para dar as boas-vindas aos índios convidados a subirem à sua nau capitânia. A doçaria atingiu o seu esplendor nos conventos. Daí a imensidão de nomes de doces portugueses representando o sagrado conventual: fatias de freira, triunfo de freira, beijos de freira, creme de abadessa, toucinho do céu, cabelos de virgem, papos de anjo, celestes, queijinhos de hóstia; alguns satíricos como barriga de freira, velhotes, conselheiros, arrufadas, sopapos, orelhas de abade, lérias, galhofas, jesuítas; os de cerimônia, capelos de Coimbra, manjar-real, manjar-imperial, bolo-rei, príncipes, marqueses, morgados. Havia os doces com nome de conventos, de santos, de vilas, de cidades. E outros de senti-

O NOME PÃO DE AÇÚCAR
O formato aproximado de um cone de ponta arredondada, usado para preparar os "pães" de açúcar que seriam embalados para posterior distribuição, deu origem, por semelhança de formato, ao nome do morro que domina a entrada da baía de Guanabara, no Rio de Janeiro: o Pão de Açúcar. Ao lado, uma dessas fôrmas, exposta no Museu Histórico Nacional, Rio de Janeiro.

mentos como bolinhos de amor, esquecidos, melindres, paciências, peripécias, raivas, sonhos, beijos, suspiros, caladinhos, saudades. Segundo Câmara Cascudo,

> a doçaria de Portugal é um documentário etnográfico tão amplo, preciso e claro como uma exposição de arte popular, numa galeria sedutora e autêntica de todas as obras de artesanato popular.

O açúcar foi, no Brasil, o responsável direto pelo início da colonização sistemática, além de fornecer os substratos básicos para a formação da sociedade brasileira. O latifúndio, a utilização da mão de obra escrava ou semisservil e a economia agroexportadora, por exemplo, deixaram marcas definitivas na história do país. Em 1532, na capitania de São Vicente, Martim Afonso de Sousa deu início à grande expansão do açúcar, e também deu o pontapé inicial na propagação brasileira da paixão portuguesa pelo doce, ao instalar a sua fábrica de marmeladas. Alguns anos mais tarde, com o solo fértil de massapê do Nordeste, a cana-de-açúcar se espalhou por quase todo o litoral, transformando a paisagem paradisíaca inicial. Com ela espalharam-se também as máquinas de extrair o caldo da cana, os chamados engenhos, palavra que, com o tempo, passou a designar o conjunto de toda a obra produtiva com o seu latifúndio, as plantações, a casa-grande, a senzala e os barracões de produção. Os engenhos "trapiches" eram movidos a tração animal por cerca de sessenta bois, que se revezavam em turmas de doze, trabalhando um total de 15 a 16 horas por dia. Os engenhos denominados "engenhos reais", por serem movidos por força hidráulica, eram bem mais produtivos que os trapiches; embora fossem menos eficientes nas épocas de seca duradoura. Um bom engenho deveria contar, no mínimo, com cinquenta escravos, quinze juntas de bois e muita, mas muita lenha, o que fez com que a mata atlântica nordestina fosse toda devastada durante a produção açucareira.

O processo produtivo era bastante trabalhoso e complexo e, nas suas várias fases, permitia extrair vários subprodutos. Da roda do engenho, o suco da cana espremida seguia para uma caldeira de onde, uma parte superficial era, às vezes, retirada para um alambique para se fazer a "cachaça". Esse destilado da cana era muito importante tanto para os senhores de engenho, que viam nela uma possível substituta da saudosa "bagaceira", quanto como valor econômico, passando até a servir como moeda de troca na compra de escravos na Guiné. Dali, a cachaça espalhou-se por muitos pontos da África, tornando-se até mesmo oferenda de divindades religiosas como Calunga e Mulungu, na costa ocidental africana, e aos antepassados protetores em Moçambique e no Zimbábue, no litoral oriental. Nos engenhos, era dada aos escravos para aliviar o cansaço no trabalho exaustivo e ininterrupto nos tempos de safra, nos dias em que a caldeira não parava para esfriar. Assim, a cachaça passou a ser patrimônio nacional das classes mais humildes, além de ser consumida pela elite como aperitivo.

Da caldeira, o chamado *melaço*, expurgado das impurezas que formavam a *cagassa*, um adubo excelente, seguia para os tachos da casa de purgar onde, uma parte, depois de receber tratamentos variados, era depositada em fôrmas semicônicas, transformando-se em açúcar, de onde era embalado nesse formato, recebendo o nome de "pão de açúcar". Tinha duas variedades: o branco, misturado com lixívia, e o marrom, o mascavo. A outra parte do melaço, mais grossa e densa, depois de passar por vários pontos de calor, era enformada em caixas retangulares resultando em tabletes de *rapadura* (hoje existem engenhocas, pequenos engenhos, que só produzem a rapadura); e outra parte mais fina e líquida, que flutua nos tachos depois de purificada, resulta no melado, ou no chamado "mel de engenho" de Pernambuco. As usinas modernas apenas sofisticaram essas etapas essenciais da produção açucareira.

O café

Segundo alguns historiadores, o café já era conhecido e bastante divulgado pelos persas no ano 875 da era cristã. A sua origem, porém, foi um assunto polêmico durante séculos, quando botânicos e historiadores discutiam a sua nacionalidade. Lineu, um dos mais responsáveis botânicos do nosso tempo, batizou a planta, da família das rubiáceas, com o nome de *Coffea arabica*, caindo na armadilha dos que a julgavam de origem árabe. Na verdade, o café é africano, originário da Etiópia e da floresta equatorial, cujas sementes foram levadas pelos muçulmanos para a Arábia, onde se aclimataram rapidamente. Daí o consumo do café seguiu para Constantinopla, atual Istambul, passando então, a partir do século XV, a conquistar todas as terras onde chegava. Desembarcou em Veneza em 1615 e, quando foi instalado o primeiro café público italiano, em 1645, espalhou-se como fogo por toda a península e logo também pela Europa: França, Holanda, Inglaterra. Da Holanda para a Alemanha foi um pulo, e parece que foram os alemães os inventores da maneira de bebê-lo mais apreciada pelos brasileiros no seu desjejum: misturado ao leite.

O café era indicado como paliativo para várias enfermidades. As folhas do cafeeiro, usadas em forma de banhos, ainda são empregadas para combater o resfriado e o reumatismo. Torrado, moído e acrescido de água fervente, em decocção, é usado para as debilidades estomacais. É excelente auxiliar da digestão, favorece a circulação e ajuda a combater os gases intestinais. Também é ótimo para curar ressacas, tosses, asma. Um anúncio parisiense do século XIX dizia: "seca todo o humor frio, expulsa os ventos, fortifica o fígado, alivia os hidrópicos pela sua qualidade purificadora, igualmente soberano contra a sarna e a corrupção do sangue, refresca o coração e o seu bater vital".

Em pouco tempo os cafés, como passaram a ser conhecidos os estabelecimentos que o serviam, transformaram-se em ponto de encontro dos elegantes e intelectuais de Paris, Londres e outras cidades. Ao saborear uma xícara de café, discutia-se filosofia, política, lia-se Rousseau e Adam Smith. No Brasil o café chegou pelas mãos do sargento-mor Francisco de Melo Palheta que, em 1727, representando o governador-geral do Maranhão e Grão Pará, foi em missão à Guiana Francesa tratar de assuntos territoriais. Segundo a lenda, o sargento era um sedutor e, conquistando o coração da mulher do governador da Guiana, recebeu dela algumas mudas da planta cujo cultivo era monopolizado naquele país. Ao chegar, plantou-as na sua propriedade nos arredores de Belém. Além de sedutor, Palheta foi muito rápido: em 1731, quatro anos depois, Portugal já recebia a primeira remessa de café produzido no Pará. Como os cafeeiros cultivados costumam levar cinco anos para chegar da semente à produção plena, ou o café do Palheta era muito especial ou o contrabando de mudas da Guiana para o Brasil foi um pouco anterior ao caso amoroso do sargento-mor. Em 1734, a Companhia Geral de Comércio do Maranhão e Grão Pará já remetia a Portugal 3 mil arrobas do produto.

Em 1760 o café desembarca no Rio de Janeiro pelas mãos do desembargador João Alberto Castelo Branco que, além de plantar uma muda no seu quintal, distribuiu as restantes entre os padres capuchinhos, que rapidamente as espalharam por Jacarepaguá, Campo Grande, Santa Cruz e Guaratiba, que logo passaram a ter vistosos cafezais nas suas paisagens. O café continuou a sua marcha conquistadora até alcançar a cidade de Vassouras, no século XIX, que passa a ser a capital cafeeira. Entra em São Paulo nos finais do século XVIII, provavelmente por São João do Barreiro, Areias e Bananal, na região da serra da Bocaina. Aos poucos o café foi se firmando como o maior produto brasileiro de exportação, deslocando o eixo da economia do Nordeste açucareiro para a região Centro-Sul do país. Em 1859, o Rio respondia por 78,4% da produção nacional. São Paulo contribuía com apenas 12,1%. Nas últimas décadas do século XIX, com o esgotamento das terras fluminenses, o café alcança o planalto paulista, iniciando então a sua marcha para o oeste. Campinas foi o marco orientador da cultura que procurava para o norte e o oeste as famosas "terras roxas".

Começa então o surto do desenvolvimento paulista. A produção passou a escoar pelo porto de Santos e não mais pelo da capital federal. Acompanhando a "onda verde" eram assentados com grande rapidez os trilhos das estradas de ferro para levar rapidamente o produto para o seu porto de embarque, ao mesmo tempo que, na sua volta, traziam milhares de imigrantes que iriam modificar a paisagem racial do país, oferecendo horizontes mais amplos à civilização brasileira. De acordo com Roberto Simonsen na *História econômica do Brasil* (1937), as primeiras fazendas de café, tanto as do vale do Paraíba como as do interior de São Paulo, não possuíam mais do que 50 mil pés. Aos poucos, principalmente no interior do estado, surgiram fazendas chegando a ultrapassar 1.100 pés. Caio Prado, também autor de uma *História econômica do Brasil* (1945), indica que a maior fazenda de café do Brasil, a São Martinho, em Ribeirão Preto, chegou a ter mais de 3 milhões de cafeeiros.

O latifúndio do café seguia de perto o esquema do engenho de açúcar nordestino segundo a sua tendência de autossuficiência, com a produção de bens de consumo local, a chamada agricultura de subsistência. Possuía a sua "casa-grande", a senzala para os escravos, ou a colônia para os trabalhadores pagos, suas oficinas de pequenos serviços, suas criações, etc. A partir de 1850, com o desenvolvimento das ferrovias, esse isolamento foi reduzido e o café paulista ainda recebeu impulso maior, chegando mais rapidamente aos seus pontos de consumo. No final do século XIX, São Paulo já contribuía com quase a metade da produção total do país, e as fazendas paulistas eram verdadeiras empresas, no sentido atual da palavra, com a utilização de máquinas agrícolas modernas e a sensível elevação do grau de divisão do trabalho, surgindo várias tarefas especializadas e aumentando a sua produtividade.

Além de ter sido a grande expressão na formação das nossas reservas de divisas, o café também foi criador de um mercado interno forte, não só provocado pelo seu consumo, como também dos produtos destinados à sua produção e ao abastecimento das fazendas. A partir do século XIX vai ser muito difícil encontrar um tropeiro perdido nos sertões de Goiás que não aqueça água na madrugada fria para preparar o seu café. A velha jacuba cabocla passou a ter outro sabor, substituindo a água quente pelo café preto, mas continuando a ser engrossada com a farinha de mandioca e adoçada com a rapadura, somando todos os seus poderes energéticos para ajudar o homem brasileiro a enfrentar mais uma jornada de trabalho.

O macarrão

O macarrão, nome original de todos os tipos de *paste* italianas, conservado até hoje pelo brasileiro, foi entrando para a mesa nacional aos poucos e mansamente, de maneira irreversível, sendo hoje um alimento indispensável, presente nas cestas básicas dos consumidores menos favorecidos e nas marmitas dos trabalhadores, às vezes apenas acompanhada por um ovo frito, outras vezes com feijão substituindo o arroz, e para os mais afortunados, ao lado de um frango guisado.

Chegou ao Brasil pela baía de Guanabara, no início do século XIX, trazido entre a bagagem de italianos refugiados, rebeldes, liberais e nacionalistas, militantes de um movimento clandestino inspirado na maçonaria, inimigos da Igreja e dos aristocratas contrários à unificação italiana, em processo naquela época. Eram os chamados "carbonários", perseguidos pela polícia política do império austríaco, dominador da emergente e futura Itália, que escolheram o Rio de Janeiro como refúgio. Sílvio Lancelotti, no seu livro *Cozinha clássica* (São Paulo, Art Editora, 1991), atribui a eles a origem do macarrão à carbonara. Antes de partir para combater na revolução Farroupilha no Rio Grande do Sul, onde conheceu a sua Anita, também o lendário aventureiro Giuseppe Garibaldi esteve entre esses pioneiros. Vários deles abriram lojas de comestíveis na rua do Rosário, no centro da cidade, onde vendiam massas caseiras e sorvete. A influência culinária desses ítalo-cariocas parece ter sido restrita, mas Câmara Cascudo atesta que, a partir de 1850, era hábito das famílias da elite da capital imperial servir sopa de macarrão. Parece que, nesses primeiros pratos, a preferência recaía sobre o *bucattini* doméstico, ou *fusilli*, aquele macarrão comprido furado no meio.

Entre os anos de 1860 e 1890, quase 1 milhão de cidadãos da Itália desembarcou no Brasil, iniciando a grande imigração italiana, número esse que sempre aumentou até as duas primeiras décadas do século XIX. A grande maioria instalou-se em São Paulo, entre as fazendas de café e as nascentes indústrias. Esses imigrantes, que com tanta facilidade se adaptaram aos usos, costumes e valores brasileiros, no plano culinário fizeram exatamente o contrário: foram os únicos estrangeiros capazes de impor os seus pratos e ingredientes ao nosso povo. Isso se deve à facilidade do preparo do macarrão, ao seu baixo custo, e à excelência do seu sabor, podendo receber vários tipos de molho, principalmente de tomate, fruto de iguais virtudes. Um dos fatores da adoção da massa italiana entre nós foi a sua industrialização iniciada em São Paulo pelo comendador Enrico Secchi que, por volta de 1896, juntamente com os seus irmãos Roberto e Attilio, fundou o Premiato Pastifício Italiano, com uma produção que atingia 2 mil quilos por dia de quarenta tipos diferentes de macarrão.

Por volta de 1910 o macarrão entrava nos cardápios das festas de cerimônia do vale do Paraíba, interior de São Paulo, trazido por famílias aristocráticas cariocas, onde recebeu como molho, frango guisado e colorido com óleo de urucum, prato servido e indispensável até hoje nos casamentos da região. Ao mesmo tempo, nesse início de século, outro comendador italiano, Francisco Matarazzo, consolidava o seu império nascente com a produção em larga escala de farinha de trigo para as massas, entrando, mais tarde, no fabrico do próprio macarrão. Chegado de Castelabate, província italiana de Salerno, em 1881, iniciou-se no comércio rural paulista com tropas de mulas de carga e, na indústria alimentícia, com uma fábrica de banha de porco em Sorocaba. Ao morrer, em 1937, deixava um vasto império agroindustrial e mercantil com quarenta fábricas, duzentos imóveis, entre os quais várias fazendas, muitos vagões de trem e vários navios para a comercialização, tudo isso reunido sob um ícone emblemático que marcou o século XX brasileiro, as chaminés fumacentas que foram a marca registrada da IRFM, Indústrias Reunidas Francisco Matarazzo.

Na primeira metade do século XX, o macarrão já fazia parte dos almoços dominicais paulistas, cujas donas de casa quiseram imitar o prestígio da vizinha *mamma*, ao mesmo tempo que perceberam na macarronada uma maneira de facilitar o seu fim de semana culinário. Às quintas-feiras os paulistas também passaram a adotar o macarrão que, assim, tinha quase a obrigatoriedade de estar na mesa duas vezes por semana.

Nos anos 1970 do século passado o macarrão dá outra investida industrial fazendo parte das sopas prontas e dos pacotinhos de *Miojo Lamen*, delícia das crianças, dos apressados e solitários. O macarrão hoje faz parte da vida de todos os brasileiros, sem exceções raciais ou sociais, estando presente até na mesa de indígenas mais globalizados.

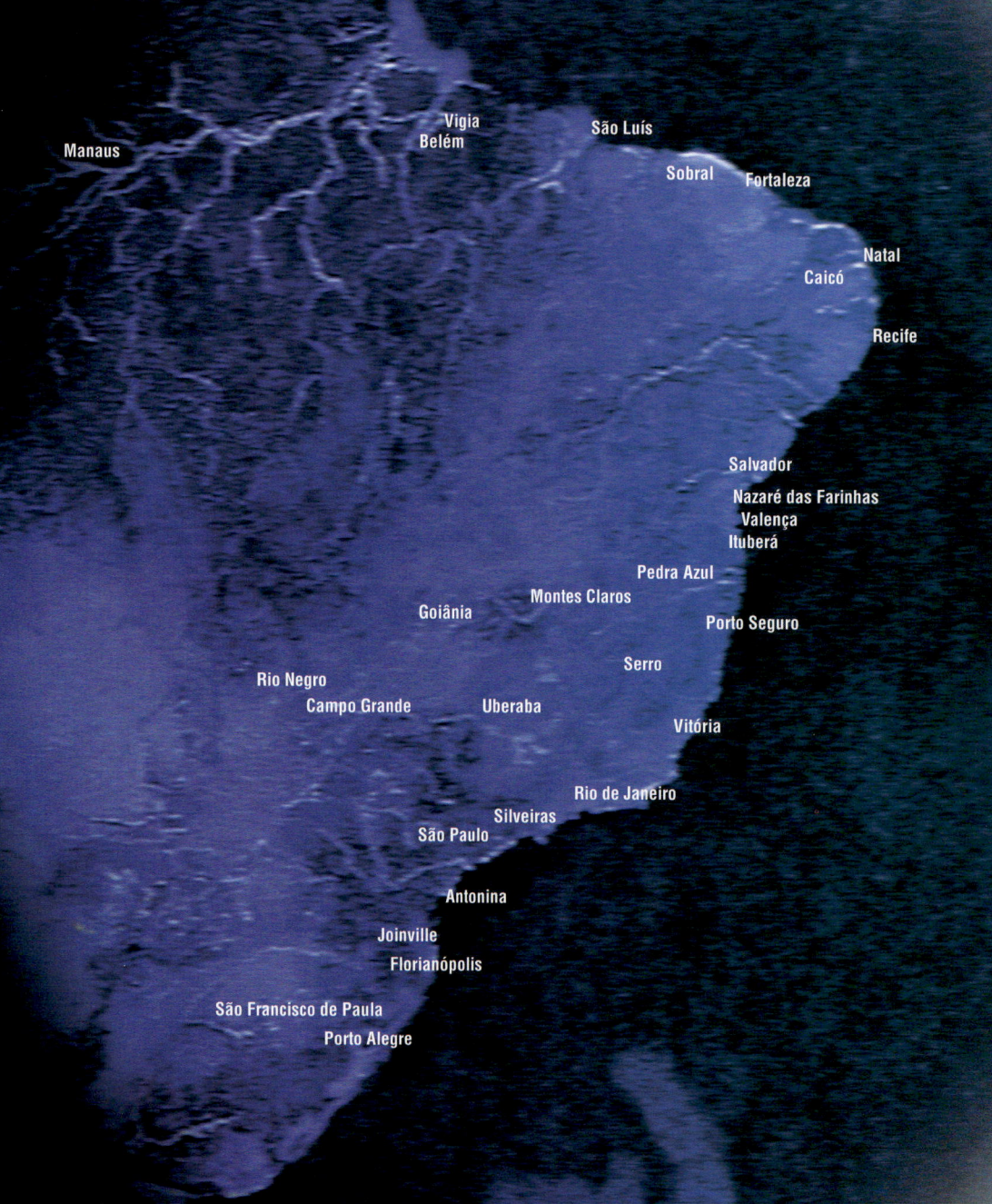

Manaus
Vigia
Belém
São Luís
Sobral
Fortaleza
Natal
Caicó
Recife
Salvador
Nazaré das Farinhas
Valença
Ituberá
Pedra Azul
Montes Claros
Goiânia
Porto Seguro
Serro
Rio Negro
Campo Grande
Uberaba
Vitória
Rio de Janeiro
Silveiras
São Paulo
Antonina
Joinville
Florianópolis
São Francisco de Paula
Porto Alegre

A VIAGEM

Antes de embarcarmos nesta viagem, quero explicar o que é que entendo por uma cozinha brasileira autêntica. Assim como o povo brasileiro é formado, basicamente, por três raças, obviamente a culinária brasileira é um resultado dessa ascendência indígena, portuguesa e africana. Quanto à influência da imigração estrangeira que se deu no país, principalmente a partir do final do século XIX, a única cozinha que foi acolhida pelo brasileiro de norte a sul do país foi a trazida pelos italianos. A das outras imigrações continua a ser feita no Brasil como se não tivesse saído de casa, apenas preparada pelas próprias colônias e servidas nos chamados restaurantes típicos ou restaurantes da moda. A italiana ao contrário: infiltrou-se Brasil adentro, misturou-se com os ingredientes da terra, tornou-se parte da marmita do operário e até dos descendentes indígenas que lhe acrescentaram a cor alegre do urucum, passando a fazer parte, com algumas pinceladas aqui e ali, da nossa cozinha básica. Definido isso, podemos iniciar o embarque.

Dentro de toda esta extensão territorial que tanto nos orgulha, é difícil identificar a infinidade de ingredientes que pertencem ao nosso também imenso patrimônio gastronômico. E não deixa de ser divertido sentir-se um viajante estrangeiro na própria terra desconhecendo aquilo que para os nativos é obviedade. Nos mercados de cada região tudo pode mudar. O que é chicória no Sul, não é o que é chicória no Norte, por exemplo. E nos extremos do país, tudo pode se assemelhar, por que não? Não é que o gaúcho adora charque com farinha de mandioca, coisa que nordestino nenhum dispensa? Nesta viagem, sempre que possível, tentaremos esclarecer essas dessemelhanças apresentando esses ingredientes pelo seu nome botânico, para que possam ser identificados em qualquer feira do país.

Quanto às receitas, foram selecionadas entre as mais representativas, de um lado, e as mais desconhecidas, do outro, para que tenhamos uma visão abrangente do que se encontra dentro do patrimônio gastronômico nacional. Todas foram testadas pela equipe da Cozinha Experimental do Estúdio Sonia Robatto, de São Paulo, e escritas numa linguagem onde adotamos o uso de medidas padrão, usadas nacionalmente, para substituir os "pratos", os "copos" e até algumas "libras", termos comumente encontrados em cadernos e livros antigos.

Foi uma viagem no tempo e no espaço, descobrindo o passado no presente, juntando litoral e interiores, encontrando em cada canto uma peça que faltava para completar o quebra-cabeças da origem de uma ou outra receita. Senti a vibração de um Indiana Jones ao localizar os fartes, quase na sua forma original dos tempos cabralinos, numa casa de Sobral, interior do Ceará. Tudo isso sem falar na gente excepcional que me recebeu por este nosso país fora. E no número de amigos que, de repente, passou a fazer parte da minha vida, participando de cada descoberta com alegria renovada. É o prazer desses pequenos grandes achamentos do nosso patrimônio gastronômico que espero que vocês encontrem nos vários portos desta aventura. Tenham todos uma boa viagem.

Banca de pitombas, Recife

Comércio de tucunaré, Manaus

Feira de São Joaquim, Salvador

Ver o Peso, Belém

Garrafas de tucupi, Belém

Barraca de hortaliças, São Paulo

Feira de São Joaquim, Salvador

Feira de São Joaquim, Salvador

Banca de pamonhas, Goiânia

Banca de maxixes e jilós, Salvador

Feira de São Joaquim, Salvador

Banca de polpas de frutas, Belém

Barraca de carne de sol, Caicó

Ver o Peso, Belém

Tabuleiro de acarajé, Salvador

Ver o Peso, Belém

Banca de água de coco, Manaus

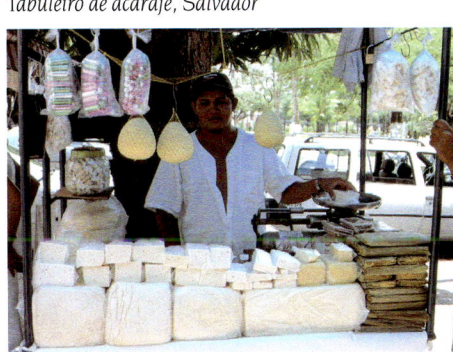

Barraca de queijos, Manaus

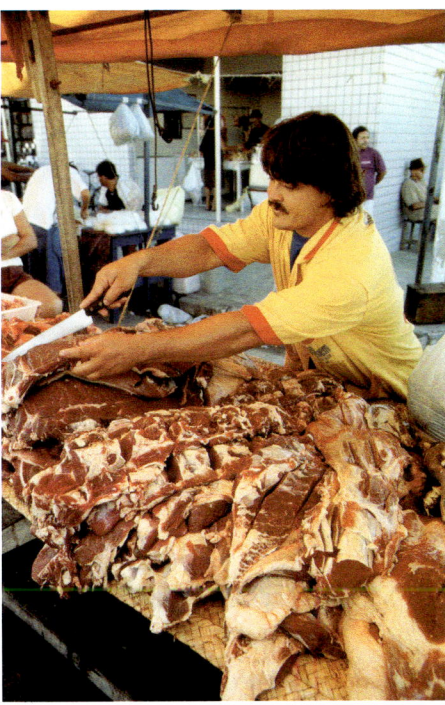

Feira livre, Caicó

Feira de São Joaquim, Salvador

Banca de tomates, Recife

Feira livre, Goiânia

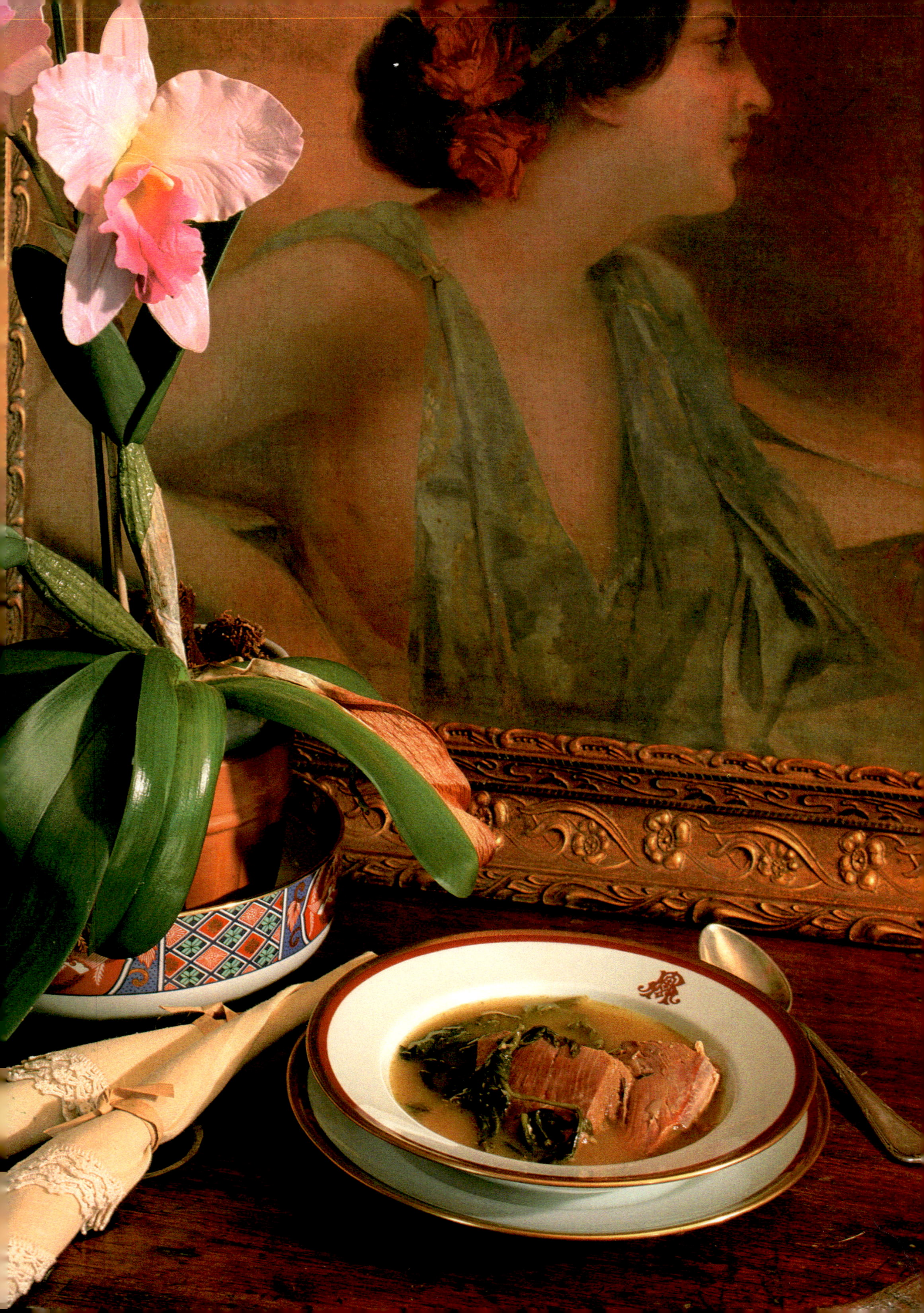

No segundo domingo de outubro, mais de um milhão de pessoas saem às ruas acompanhando a procissão do Círio. Belém é toda festa e o pato é servido em todas as mesas, sem exceção.

Pato no tucupi

4 PORÇÕES

O prato típico mais conhecido do Pará homenageia reis e imperadores, amigos íntimos e visitantes ilustres. É nas festas do Círio, porém, que atinge a sua maior importância, quando toda Belém celebra os milagres da Senhora de Nazaré.

1 pato novo (1,5 kg) limpo
4 dentes de alho amassados
sal e pimenta-do-reino a gosto
4 colheres (sopa) de azeite de oliveira
4 litros de tucupi
folhas de jambu, chicória e alfavaca

1. Na véspera, corte o pato em pedaços, ponha numa tigela e tempere com o alho amassado, sal e pimenta a gosto e o azeite.
2. No dia seguinte, aqueça o forno em temperatura média (180°C). Distribua os pedaços de pato com os temperos numa assadeira, leve ao forno preaquecido e asse por cerca de 40 minutos ou até ficarem dourados. Tire do forno.
3. Numa panela grande, ponha os pedaços de pato, regue com o tucupi, junte as folhas de jambu, chicória e alfavaca, leve ao fogo brando e cozinhe por cerca de 30 minutos ou até a carne ficar macia. Tire do fogo.
4. Disponha os pedaços de pato num prato de barro de servir, regue com o molho junto com as folhas de jambu. Leve à mesa acompanhado de arroz branco, farinha de mandioca e molho de pimenta-de-cheiro.

JAMBU
(Spilanthes acmella)

Também conhecida como agrião-do-pará, agrião-bravo, agrião--do-brasil; cresson du Pará em francês; hussarenknopf em alemão; para cress em inglês; parakresse em sueco. Substitui perfeitamente o agrião, dando, porém, uma sensação de leve amortecimento nos lábios e língua.

TUCUPI, O CALDO DA MANDIOCA

Herança indígena, o tucupi foi usado e aprovado através destes 500 anos de prazeres à mesa. É o ingrediente indispensável daquele que pode ser considerado o prato mais requintado de toda a culinária brasileira: o pato no tucupi. Há várias indústrias caseiras desse caldo amarelo e provocante. Como o paraense é amante dos bons pratos, há muita discussão sobre quem faz o melhor tucupi. Para chegar aos pontos de venda, porém, o caldo passa por um trabalho massacrante: a mandioca é descascada, acondicionada em sacos e, depois, prensada em prensas mecânicas ou torcida pelo esforço humano no tradicional tipiti indígena, um cesto longo e fino de palha, ainda muito usado. O suco obtido é fervido várias vezes para perder o veneno do ácido cianídrico. Depois de uma hora de repouso, quando sedimenta, é transferido para um outro recipiente, onde, fervendo por mais 25 minutos, recebe o tempero da chicória, da alfavaca, do sal e, em alguns casos, do alho, modernice nem sempre bem aceita. É no equilíbrio desses temperos e do tempo das fervuras que reside o segredo de cada tucupi, resultando caldos mais ou menos ácidos, dependendo do gosto de cada um. O resíduo que resta da sedimentação é a goma, a mesma utilizada para engomar a roupa ou preparar a tapioca.

A mandioca, depois de descascada, é ralada e prensada, manual ou mecanicamente, depois fervida e temperada para se transformar no tucupi, o famoso caldo básico da culinária do Pará.

Pato do imperador

4 PORÇÕES

O português arroz de pato ganha toques mais sofisticados ao receber o sabor indígena do tucupi. Foi criado por Ana Maria Martins no seu restaurante Lá em Casa para homenagear o imperador Akihito, do Japão, quando da sua visita a Belém.

VINHA-D'ALHOS
suco de 1 limão
2 cabeças de alho esmagadas
½ xícara de vinho branco seco
sal a gosto
1 pimenta-de-cheiro

PARA O PATO
2 peitos de pato
4 xícaras de tucupi

3 folhas de alfavaca
3 folhas de chicória
2 dentes de alho
sal a gosto
1 pimenta-de-cheiro
1 maço de jambu
1 xícara (250 g) de farinha-d'água
3 colheres (sopa) (50 g) de manteiga
1 xícara de arroz (250 g)
4 folhas de acelga

1. Na véspera, prepare a vinha-d'alhos: num recipiente grande misture o suco de limão, os alhos, o vinho, o sal e a pimenta-de-cheiro. Acrescente água a gosto.
2. Lave os peitos de pato, seque bem e introduza na vinha-d'alhos. Leve à geladeira e deixe descansar até ao dia seguinte.
3. No dia seguinte, aqueça o forno em temperatura média (180°C) e leve os peitos de pato ao forno preaquecido, numa assadeira untada e cobertos por uma folha de alumínio, para assar por cerca de 20 minutos.
4. Numa panela grande, deite o tucupi, junte a alfavaca, a chicória, o alho, o sal, a pimenta e leve ao fogo para ferver. Separe as folhas e talos mais tenros do jambu e lave sob água corrente. Reserve.
5. Separe 1 ½ xícara do tucupi fervido e reserve. No restante que ficou na panela, introduza os peitos de pato, já assados, e cozinhe até ficarem macios. Tire do tucupi (reserve o tucupi), escorra e desfie. Reserve.
6. Numa panela com água fervente e sal a gosto, escalde ligeiramente as folhas de jambu. Separe 3/4 do jambu e pique com a ponta da faca. Reserve o restante num pouco da água do cozimento.
7. Prepare o arroz: refogue na manteiga e cubra com 2 xícaras (500 ml) do tucupi em que foi cozido o pato. Cozinhe da maneira habitual e quando estiver cozido misture o arroz com o pato desfiado e o jambu picado.
8. Forre um prato de servir grande com as folhas de acelga, disponha o arroz já pronto sobre elas, decore com as folhas de jambu que não foram picadas e regue com a 1 ½ xícara reservada de tucupi.

No mercado Ver o Peso, Ana Maria Martins, às vésperas do Círio, escolhe um pato vendido em embalagens trançadas de arumã (Ischnosiphon ovatus) pelos índios da Amazônia.

As folhas da mandioca e do aipim são arrancadas dos galhos e em seguida moídas para serem vendidas assim, facilitando a confecção da maniçoba, um prato para dias de festa.

UM LONGO CAMINHO ATÉ OS NOSSOS DIAS

A maniçoba está para o paraense assim como a feijoada está para os cariocas, paulistas e alguns outros habitantes das regiões Leste e Sul do país. Um prato que reúne a família e os amigos, que é uma festa em si, bastando apenas disposição e alegria, tanto para prepará-lo como para saboreá-lo. As origens, que nem o tempo sabe como contar, são nitidamente indígenas: a palavra maniçoba provavelmente vem de *mani*, mandioca, mais *so*, desfazer, cortar, e *mba*, inteiramente, completamente. E esse destroçamento das folhas da mandioca dava-se no pilão, pacientemente socado até obter uma pasta verde. Mais pacientemente ainda era feito o cozimento. Era, não; *é*. Até hoje, cozinha-se, no mínimo, por três dias para que todo o veneno da mandioca seja eliminado. Fica-se imaginando quantos morreram nos testes iniciais do aproveitamento dessas folhas. Mas quando os portugueses chegaram, já encontraram a maniva domesticada, com o seu aproveitamento totalmente dominado pelos nativos. Foi só introduzir os seus temperos preferidos, um bocadinho de toucinho, uns bons chouriços, umas carninhas defumadas e pronto, aí temos a maniçoba que chegou aos nossos dias.

Hoje, já se encontra a maniva moída à venda nos mercados, o que facilita tanto a vida quanto encontrar nos mercados sulistas o feijão já cozido, desidratado e empacotado a vácuo. Nos dias que antecedem ao Círio de Nazaré, no qual a maniçoba, ao lado do pato no tucupi, torna-se prato obrigatório, assistem-se a cenas que nos lembram os dias de loucura da serra Pelada. Nos fundos do Ver o Peso, em Belém, centenas de homens e mulheres trabalham na faina de livrar as folhas dos seus talos. O que se vê é um mar verde, quase infinito, forrando com montanhas de folhas o chão externo do mercado. Depois de separadas, as folhas seguem para os moedores mecânicos, onde são rapidamente moídas. A partir daí, acontece o ritual do cozimento: os mesmos três dias pré-cabralinos para as folhas de mandioca, e cerca de dez horas para as folhas da macaxeira, ou aipim. A regência da boa cozinheira é que comanda a dosagem das carnes e dos temperos que transformam o prato, inicialmente selvagem, numa sinfonia de sabores e requintes que presenteia os comensais com um sono reconfortante ao final dessa verdadeira festa culinária.

Os arredores do Ver o Peso, o mercado de Belém, transformam-se num verdadeiro mar verde de maniva nos dias que antecedem ao Círio de Nazaré.

Maniçoba

20 PORÇÕES

Esta é a receita da mais requintada maniçoba de Belém, elaborada por Celeste Klautau com todos os cuidados herdados dos antepassados: para eliminar o venenoso ácido cianídrico da mandioca, o prato leva 7 dias no fogo.

5 kg de folhas de maniva moídas
2 kg de toucinho fresco cortado em cubos
2 kg de charque
1 kg de costela de porco salgada
½ pé de porco salgado
½ kg de língua de porco salgada
1,5 kg de bucho de boi
2 mocotós de boi
½ kg de chouriço do Paraná (linguiça de lombo de porco defumada do tipo portuguesa) cortado em pedaços
½ kg de paio cortado em pedaços
1 kg de toucinho defumado cortado em cubos
40 dentes de alho pelados
pimenta-do-reino a gosto

1. Ponha as folhas moídas numa bacia e lave bem, cuidadosamente, em muitas águas, escorrendo as folhas numa peneira. Passe as folhas lavadas para uma panela grande com bastante água e leve ao fogo, mexendo de vez em quando. Quando ferver, diminua o fogo e introduza o toucinho fresco deixando ferver, sempre em fogo baixo, durante quatro dias, somente durante o dia. Quando o volume da água baixar, junte mais água, mexendo de vez em quando para não pegar no fundo da panela.

2. No quinto dia, à noite, prepare os ingredientes: ponha as carnes salgadas de molho em água de um dia para o outro. No sexto dia, pela manhã, verifique o sal das carnes e, se necessário, afervente-as para retirar o excesso de sal.

3. Enquanto isso, lave bem com bastante vinagre o bucho e o mocotó, e a seguir ponha-os numa panela, cubra com água e leve ao fogo para ferver.

4. Amasse os dentes de alho com a pimenta e tempere as carnes com essa pasta. Corte toda a carne em pedaços pequenos e junte ao panelão onde está a maniva, que, a esta altura, já deve estar com uma tonalidade bem escura.

5. Acrescente o chouriço, o paio e o toucinho defumado e leve ao fogo para cozinhar até as carnes ficarem macias. No sétimo dia estará pronta. Sirva acompanhada de arroz branco, farinha d'água e molho de pimenta-de-cheiro.

NOTA

Dizem os apreciadores que a boa maniçoba se reconhece quando deixa um rastro esverdeado no fundo da colher.

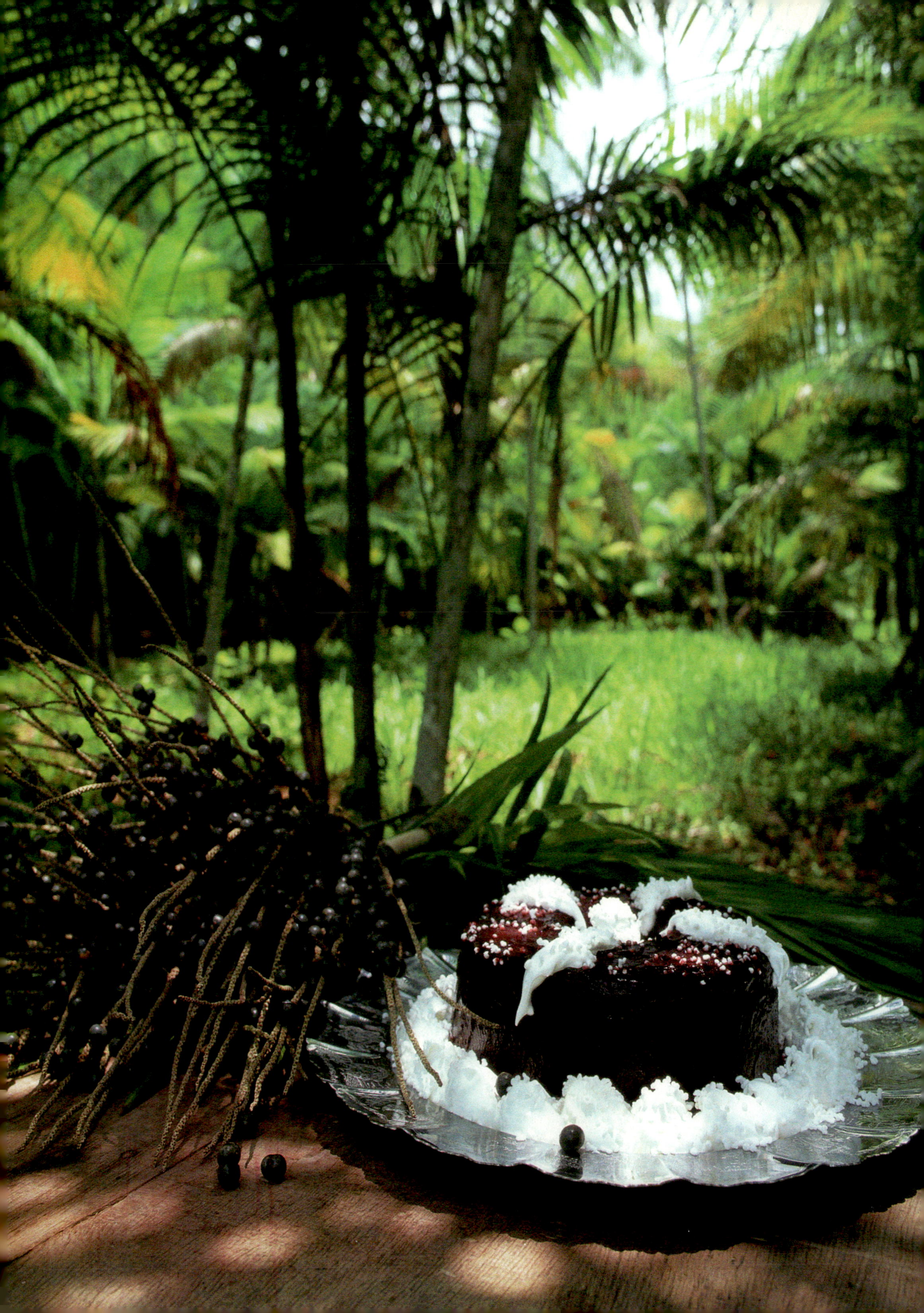

Musse de açaí

15 PORÇÕES

O emprego surpreendente da polpa do açaí numa receita deliciosa de Maria Oneide, uma das mais requisitadas quituteiras de Belém.

MUSSE
2 litros de polpa de açaí
2 xícaras de açúcar
10 gemas
10 colheres (sopa) de açúcar
1 colher (sopa) de suco de limão
1 xícara de água fria
4 envelopes (48 g) de gelatina vermelha sem sabor

"MAXIMELO" (*marshmallow*)
2 ½ xícaras de açúcar
1 xícara de claras (cerca de 5 claras)
farinha de tapioca para polvilhar

1. Numa tigela, misture o açaí com o açúcar e reserve.
2. Bata as gemas até ficarem bem claras. Junte o açúcar, uma colher por vez, batendo até obter uma gemada fofa. Acrescente o suco de limão, o açúcar reservado e misture bem.
3. Ponha a água numa panela pequena e polvilhe com a gelatina. Deixe descansar por 2 minutos e leve ao fogo brando mexendo até derreter.
4. Adicione a gelatina dissolvida à mistura de açaí e passe para uma fôrma de buraco no meio com 25 cm de diâmetro.
5. Cubra com papel-alumínio e leve ao congelador por 8 horas ou até ficar bem firme.
6. Prepare o "maximelo": misture o açúcar com as claras na tigela da batedeira e leve ao fogo, em banho-maria, até ficar bem morno.
7. Bata na velocidade máxima da batedeira até ficar firme.
8. Desenforme a musse no prato de servir e decore com o "maximelo". Polvilhe com farinha de tapioca antes de servir.

Açaí
(*Euterpe oleracea*)
Fruto pequenino de uma palmeira elegante nativa da região amazônica, cuja polpa produz o chamado "vinho", popular em todo o país por suas propaladas qualidades calóricas.

DA PALMEIRA ÀS CUIAS

O fruto do açaizeiro é pequenino como uma jabuticaba miúda. Mas, ao contrário desta, tem pouca polpa e uma amêndoa que ocupa praticamente todo o volume do fruto. Da amêndoa é extraído um óleo utilizado pela medicina caseira como antidiarreico. No tronco, esconde-se um palmito de qualidade superior. E os troncos ainda produzem caibros e ripas empregados na construção das casas e choupanas regionais. Depois de colhidos, os frutos são postos à venda em bela cestaria indígena e inicia-se a preparação do famoso "vinho de açaí". Os frutos são lavados em água amornada para que o suco possa ser mais facilmente extraído. A água, mexida várias vezes com as mãos, faz desprender dos frutos as sujidades contidas nas cascas. Numa espremedora movida a eletricidade, os frutos são separados das amêndoas. O que sobra é uma pequena película arroxeada que será amassada numa prensa, transformando-se em vinho. Uma placa, sempre vermelha, assinala os pontos de venda do açaí: "Quem vai ao Pará, parou. Tomou açaí, ficou".

Na foto maior, os cestos com açaí no Ver o Peso. Abaixo: o suco saindo da prensa, a amêndoa retirada do fruto, um ponto de venda com a placa tradicional vermelha e, na outra página, o açaí servido na cuia, recebendo o acompanhamento preferido do paraense: a farinha-d'água.

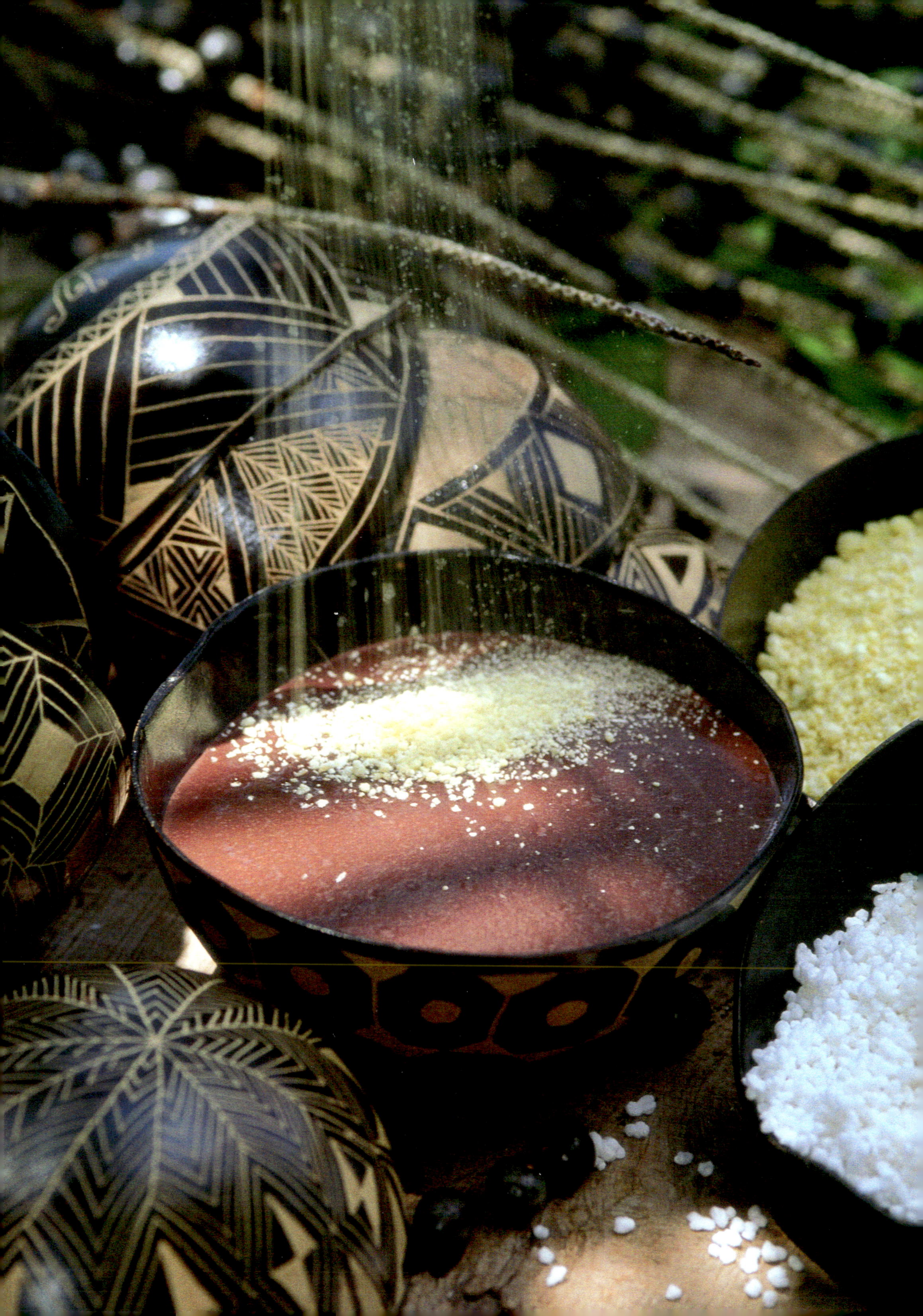

Vatapá paraense

10 A 12 PORÇÕES

O prato mais popular da culinária baiana na sua versão paraense, também numa receita de Ana Maria Martins.

750 g de camarões secos salgados
2 cebolas médias picadas
2 tomates médios picados em cubinhos
10 g de cheiro-verde picado
2 colheres (sopa) de azeite de oliveira
2 pimentas-de-cheiro
suco de 2 limões
3 xícaras de farinha de trigo diluída num pouco de água fria
4 colheres (sopa) de óleo de dendê
1 garrafa (500 ml) de leite de coco

1. Descasque os camarões separando as cabeças e as cascas. Lave e ponha de molho por 1 hora numa bacia com água, trocando-a 3 a 4 vezes para retirar o sal.
2. Numa panela média, deite 1 ½ litro de água e leve os camarões ao fogo com um pouco dos temperos para ferver por 5 minutos. Escorra, reservando o caldo.
3. Passe 150 g de camarões pela máquina de moer.
4. Numa panela grande, deite o azeite, leve ao fogo e acrescente os camarões inteiros e os moídos, todos os temperos e as pimentas, que deverão ser retiradas quando tudo estiver refogado.
5. Aos poucos e mexendo bem com uma colher de pau para não encaroçar, acrescente a farinha, o dendê e o leite de coco e cozinhe por 15 minutos. Sirva com arroz branco.

CHICÓRIA (*Eryngium foetidum*)
Da chicória (Chichorium endivia) consumida no sul ela não tem nada, a não ser as folhas serreadas. Tem sabor semelhante ao do coentro, por isso também é conhecida como coentro-bravo, coentro-de-caboclo, coentro-do-maranhão, coentro-do-pará e salsa-do-pará.

Mojica de aviú

8 PORÇÕES

1 xícara de azeite de oliveira
1 kg de aviú
200 g de tomate cortados em cubinhos
200 g de cebolas picadas
50 g de pimenta-de-cheiro
1 maço de cheiro-verde picado
6 folhas de alfavaca ou manjericão
4 folhas de chicória (coentro-do-maranhão)
1 dente de alho
3 xícaras de farinha-d'água fina

1. Numa panela grande, deite o azeite, o aviú e os demais ingredientes, exceto a farinha. Refogue até amaciar a cebola. Tire o dente de alho.
2. Ponha 3 litros de água fervente na panela, mexa bem e, aos poucos, deixe cair uma chuva de farinha, mexendo sempre, como se fosse uma polenta, até obter a consistência de um caribé, ou mingau.

AVIÚ
Um microcamarão encontrado no rio Tocantins, pescado com auxílio do rapixé, um tipo de puçá de malha bem fina. Aqui aparece seco, como é encontrado numa casa especializada de Belém.

Caruru do Pará

6 PORÇÕES

O caruru, versão paraense, leva farinha de mandioca e o dendê é cozido junto, e não acrescentado no final para dar cor e cheiro. Esta é a receita do caruru servido no restaurante Lá em Casa, de Belém, numa versão de Ana Maria Martins.

1 kg de camarões secos salgados
4 tomates cortados em cubinhos
2 cebolas médias picadas
1 pimentão verde médio picado
1 maço pequeno de cheiro-verde picado
6 dentes de alho picados
750 g de quiabos lavados, enxutos e cortados em rodelas
sal a gosto
6 colheres (sopa) de azeite de oliveira
10 g de pimenta-de-cheiro
½ xícara de óleo de dendê
2 xícaras de farinha-d'água (farinha de mandioca)

1. Descasque os camarões reservando as cascas e as cabeças. Lave, deixe de molho por cerca de 1 hora numa bacia com bastante água, trocando a água 3 a 4 vezes para eliminar o sal.
2. Numa panela média, deite 1 litro de água, introduza as cabeças e as cascas tiradas dos camarões, junte um pouco dos temperos picados e deixe ferver por 5 minutos. Escorra e reserve o caldo do cozimento.
3. Numa panela pequena com ½ litro de água, cozinhe os quiabos até ficarem verde-vivos e a seguir escorra-os. Reserve.
4. Passe 150 g de camarões pela máquina de moer. Numa panela grande deite o azeite de oliveira, todos os temperos picados, o restante dos camarões, o camarão moído, as pimentas e refogue tudo. Retire as pimentas após refogar os camarões.
5. Dilua a farinha num pouco de água fria.
6. Acrescente ao refogado um pouco do caldo de camarão reservado e os quiabos. Mexa bem com a colher de pau e junte aos poucos, mexendo sempre para não encaroçar, a farinha diluída e o óleo de dendê, deixando o angu cozinhar por 15 minutos; se preciso, acrescente um pouco mais do caldo de camarão reservado. Sirva quente com arroz branco.

Frito marajoara

8 PORÇÕES

O frito marajoara (aqui fotografado diante de uma raríssima igaçaba pré-cabralina) teve o mesmo berço que o paulista *farnel*: ambos nasceram no lombo de cavalos de boiadeiros ou tropeiros. O frito marajoara era acondicionado num saco de couro chamado de *surrão*. O boiadeiro marajoara transporta-o sob a sela do cavalo, ou entre o lombo do animal e as suas coxas. Com esse atrito o frito chega quentinho à hora do almoço.

4 kg de carne com gordura
2 cabeças de alho bem picadas
sal a gosto
farinha de mandioca para servir

1. Corte a carne em cubos, tempere com o alho e sal a gosto.
2. Ponha numa panela grande e grossa e leve ao fogo, mexendo de vez em quando, até secar toda a água e restar no fundo da panela a gordura derretida.
3. Retire do fogo, deixe esfriar, guarde em lata que feche bem e deixe em lugar fresco e seco (dura cerca de 2 meses).
4. Para servir, retire a porção desejada e leve ao fogo até ficar bem quente. Acrescente farinha de mandioca até obter uma farofa não muito seca. Sirva em seguida.

NOTA
Para esta receita, use carnes de boi bem gordas e do dianteiro.

PIMENTA-DE-CHEIRO (*Capsiccum annuum corasiforme*)

Também conhecida como pimenta-pitanga ou pimenta-cereja. Não fica só no cheirinho bom: é suavemente picante.

Decoradas com temas que lembram a cerâmica popular portuguesa, as cuias de Santarém são usadas apenas em ocasiões mais sofisticadas. Um palito de madeira é o talher utilizado para "pescar" o camarão e as folhas de jambu do tacacá.

Tacacá

6 PORÇÕES

Provavelmente uma evolução da palavra indígena *tatacá*, de *tata* (quente) e *caa* (mato), o tacacá quentíssimo é apreciado nas ruas de Belém e de Manaus lá pelo final da tarde. Por incrível que pareça, de tão quente, acaba por espantar o calor úmido que abraça essas nossas cidades tropicais.

8 xícaras de tucupi
2 dentes de alho amassados
6 folhas de chicória
   (coentro-do-maranhão)
1 colher (chá) de sal
4 pimentas-de-cheiro, sem sementes, picadas
2 maços de jambu
500 g de camarões secos salgados
½ xícara de goma (polvilho azedo)
4 xícaras de água

1. Numa panela grande, deite o tucupi, o alho, a chicória, o sal e a pimenta, leve ao fogo alto e deixe ferver. Abaixe o fogo, tampe a panela e cozinhe por cerca de 30 minutos.
2. Enquanto isso, numa panela média, ponha as folhas de jambu, cubra com água e cozinhe até os talos ficarem macios. Tire do fogo e escorra bem.
3. Lave os camarões secos em água corrente, ponha numa panela, cubra com água, leve ao fogo alto e assim que ferver tire do fogo, escorra e descarte as cabeças e as cascas dos camarões.
4. Ponha o polvilho e as 4 xícaras de água numa panela, misture, leve ao fogo alto e cozinhe, mexendo sempre até obter uma papa transparente.
5. Em cuias ou tigelas individuais, distribua o tucupi quente, o mingau de goma, as folhas de jambu e os camarões. Sirva imediatamente.

FRUTOS DA CUIEIRA (Crescentia cujete Linn.)

Ou coités, como também são conhecidas no nordeste as cuias, rústicas e típicas, são indispensáveis para se apreciar o tacacá vendido nas ruas de Belém e de Manaus.

Camarão marajoara
10 porções

- 6 colheres (sopa) de azeite de oliveira
- 6 dentes de alho amassados
- 2 cebolas médias bem picadas
- 2 kg de camarões médios limpos e bem escorridos
- sal e pimenta a gosto
- ½ xícara (chá) de salsa, cebolinha e coentro picados
- 6 bananas-da-terra
- óleo suficiente para fritar as bananas
- 2 kg de macaxeira cozida em água com sal e passada pelo espremedor
- 2 colheres (sopa) de manteiga
- 1 caixinha de creme de leite
- 1 copo de requeijão cremoso
- 6 maços de jambu limpo, escaldado e escorrido
- 200 g de vagem
- 1 cenoura grande
- 4 tomates médios maduros e firmes
- 1 cebola grande cortada em cubinhos
- 1 pimentão verde pequeno cortado em cubinhos
- ½ xícara (chá) de salsa e cebolinha picadas
- 2 colheres (sopa) de coentro picado
- 2 colheres (sopa) de azeite de oliveira
- sal e pimenta a gosto
- 350 g de queijo marajó (veja dica)
- azeite de oliveira para untar e regar

1. Numa panela aquecida junte o azeite, o alho e a cebola, mexendo sempre até a cebola ficar transparente. Junte os camarões e mexa até que fiquem rosados. Tempere com sal e pimenta a gosto, adicione a salsa, a cebolinha e o coentro, misture bem, retire do fogo e reserve.
2. Descasque as bananas e corte-as em rodelas com cerca de 0,5 cm. Frite-as em bastante óleo quente, aos poucos, até ficarem douradas. Escorra em papel absorvente e reserve.
3. Ponha o purê de macaxeira na tigela da batedeira, junte a manteiga e bata em velocidade média, acrescentando o creme de leite e o requeijão, aos poucos, até obter um purê cremoso. Reserve.
4. Corte a vagem e a cenoura em tiras finas (à juliana) e cozinhe levemente em água fervente com sal. Escorra e reserve.
5. Numa tigela, misture os tomates sem sementes cortados em cubinhos, a cebola, o pimentão, a salsa, a cebolinha, o coentro, o azeite, sal e pimenta a gosto e a vagem e a cenoura reservadas.
6. Unte com azeite de oliveira um refratário grande e faça camadas com metade do purê de macaxeira (reserve o restante), os camarões (reserve alguns para decorar), a mistura de temperos com a vagem e a cenoura, a banana frita, o jambu e o queijo picado (reserve alguns).
7. Decore com os camarões, o jambu e o queijo reservados, regue com azeite e leve ao forno preaquecido com temperatura bem quente (250°C) para gratinar.

DICA

Para substituir o queijo marajó, use mozarela ou requeijão espesso (tipo catupiri).

Creme de camarão ao leite de castanha

12 PORÇÕES

Uma maravilhosa adaptação da sopa de castanhas-europeias às castanhas-tropicais-do-pará. Quando frescas, as castanhas-do-pará podem ser moídas e espremidas para produzir o leite necessário. A farinha de tapioca dá uma textura admirável a esta delicadíssima entrada.

- 4 tomates maduros sem pele e sem sementes
- 1 cebola média picada
- 1 pimentão médio picado
- 4 colheres (sopa) de azeite de oliveira
- 4 dentes de alho amassados
- 1 kg de camarões limpos
- sal a gosto
- 1 maço de cheiro-verde (salsa, coentro e cebolinha) amarrado
- 1 colher (sopa) de manteiga
- 1 cebola pequena ralada
- 3 litros de leite
- 3 xícaras de farinha de tapioca
- 2 xícaras de leite de castanhas (veja dica)
- queijo do reino ralado para servir

1. Bata no liquidificador o tomate com a cebola e o pimentão. Reserve.
2. Numa panela aquecida junte o azeite e o alho, mexendo até dourar levemente.
3. Acrescente os camarões, os ingredientes batidos reservados e o amarrado de cheiro-verde, mexendo sempre por cerca de 5 minutos, ou até os camarões ficarem rosados. Retire do fogo e reserve.
4. Em outra panela, grande, doure a manteiga com a cebola, adicione o leite e deixe ferver.
5. Junte os camarões e a farinha de tapioca, mexendo sempre até engrossar e a tapioca ficar macia.
6. Retire do fogo, aguarde uns 5 minutos e acrescente o leite de castanha, em fio, mexendo sempre com cuidado para não talhar.
7. Sirva em seguida acompanhado com o queijo.

DICA

Para obter o leite da castanha (que tem que ser muito nova e leitosa), bata-a no liquidificador com um pouco de água e esprema em um pano fino. Se o creme ficar muito grosso, junte leite quente, aos poucos, mexendo sempre.

CASTANHA-DO-PARÁ
(Bertholletia excelsa)

Fruto do castanheiro-do--pará, árvore majestosa que atinge até 50 m de altura. O fruto, também chamado de ouriço, só pode ser aberto com pancadas de marreta ou machadadas, e contém de 12 a 25 sementes, ou castanhas.

Levada ao fogo em grandes tachos, a goma resultante da sedimentação do sumo da mandioca prensada estoura feito pipoca em grãozinhos maiores ou menores, transformando-se na farinha de tapioca, ingrediente básico de vários quitutes nortistas e nordestinos.

Pãezinhos de tapioca
30 PÃEZINHOS

Servidos no lanche ou no café da manhã, estes pãezinhos tradicionais e deliciosos são uma das mais perfeitas uniões entre o ingrediente básico indígena e a técnica culinária portuguesa.

4 xícaras de farinha de tapioca	1 colher (sopa) de manteiga
1 ½ xícara de leite	2 colheres (sopa) de açúcar
4 ovos	1 colher (chá) de sal

1. Numa tigela, ponha a farinha de tapioca, regue com o leite e deixe descansar até a tapioca amolecer e inchar. Você irá obter uma massa com a consistência necessária para formar os pãezinhos. Por isso, se sentir necessidade, diminua ou aumente a quantidade de leite.
2. Aqueça o forno em temperatura média (180°C). Unte uma assadeira grande com manteiga. Acrescente os ingredientes restantes à tapioca e misture bem com uma colher.
3. Com uma colher de sopa, tire porções da mistura e distribua na assadeira formando montinhos, deixando espaços entre eles.
4. Leve ao forno preaquecido e asse cerca de 20 minutos ou até ficarem ligeiramente dourados. Sirva quentinhos acompanhados de manteiga.

Beiju

10 BEIJUS

Presentes no cardápio de quase todas as cozinhas dos estados brasileiros, o beiju parece ter sido o alimento indígena mais assimilado pela cultura gastronômica nacional. Com pequenas diferenças no seu preparo, uns torrados (beijus-cica), outros espessos e macios, outros fininhos e moles, em cada parte do Brasil ele continua presente. Esta é a fina e requintada versão amazônica.

3 xícaras de goma seca (polvilho azedo)
água o suficiente

1. Ponha a goma numa tigela e regue lentamente com água fria suficiente apenas para umedecer a goma (a mistura não deve ficar mole ou líquida). Com as mãos, misture até obter uma espécie de farinha bem granulada e soltinha.
2. Leve uma frigideira antiaderente de 22 cm de diâmetro ao fogo e deixe aquecer. Segure uma peneira sobre a frigideira e, com a outra mão, passe um pouco da "farinha" na peneira, deixando-a cair sobre a frigideira aquecida.
3. Espalhe com uma escumadeira, formando uma camada uniforme no fundo da frigideira. Com o calor do fogo, a "farinha" vai-se unir e transformar-se numa liga, ficando semelhante a uma panqueca maleável.
4. Vire a "panqueca" com uma escumadeira e deixe cozinhar o outro lado. Tire do fogo, unte com manteiga e enrole.
5. Prepare os beijus restantes da mesma maneira. Distribua os rolinhos, lado a lado, num prato de servir.

Pudim de tapioca

12 PORÇÕES

½ xícara de farinha de tapioca
3 xícaras de leite morno
1 ½ xícara de açúcar
1 ½ xícara de água
1 xícara de leite de coco
1 xícara de coco fresco ralado fino
3 ovos

3 gemas
1 colher (sopa) de manteiga derretida

MERENGUE
3 claras
½ xícara de açúcar de confeiteiro

1. Na véspera, ponha a tapioca numa tigela, regue com o leite morno, cubra e deixe de molho em lugar fresco.
2. No dia seguinte, ponha o açúcar e a água numa panela, leve ao fogo alto e deixe ferver, mexendo com uma colher de pau. Pare de mexer e cozinhe até obter um caramelo dourado. Tire do fogo espalhe sobre o fundo de uma fôrma refratária com capacidade de 8 xícaras (cerca de 2 litros). Reserve.
3. Aqueça o forno em temperatura alta (220°C). Na tigela com a tapioca, acrescente o leite de coco, o coco ralado, os ovos, as gemas e a manteiga, e misture bem. Espalhe na fôrma, leve ao forno preaquecido, em banho-maria, e asse por cerca de 1 hora ou até dourar. Tire do forno, não desligue o fogo e reserve.
5. Prepare o merengue: ponha as claras e o açúcar na tigela da batedeira e bata até obter um merengue não muito firme. Espalhe o merengue sobre o pudim, leve ao forno preaquecido e asse cerca de 15 minutos ou até dourar. Retire do forno, deixe amornar e sirva.

Resultado da sedimentação do suco da mandioca a goma pode ser seca ao sol, obtendo-se a goma fresca (polvilho doce, no Sul), utilizada no preparo da tapioca, ou cozida no forno para obter-se a goma seca (polvilho azedo), indicada para o preparo de beijus e engomar a roupa.

Torta tradicional de cupuaçu

12 PORÇÕES

Uma das mais antigas tradições doceiras de Belém, segundo a receita de d. Carmem, de acordo com a opinião geral, a melhor torta de cupuaçu do Pará.

200 g de castanha-do-pará ralada
200 g de açúcar
2 xícaras de manteiga
500 g de farinha de trigo

3 xícaras de doce de cupuaçu
1 xícara de glacê de manteiga
½ xícara de castanha-do-pará ralada e torrada

1. Aqueça o forno em temperatura média (180°C). Ponha todos os ingredientes numa tigela e amasse. Se a massa ficar muito mole, acrescente um pouco mais de farinha de trigo até obter uma massa mais consistente. Depois de pronta a massa deverá pesar 1 kg 200 g.
2. Unte com manteiga uma fôrma redonda de 30 cm, com fundo removível, e forre-a com a massa obtida. Leve ao forno e, quando começar a dourar, tire do forno, deixe esfriar e passe uma camada espessa de doce de cupuaçu.
3. Faça quadrados com glacê de manteiga na superfície e encha quadrado sim, quadrado não, com castanha-do-pará ralada e torrada.

Glacê de manteiga

½ xícara de manteiga sem sal
1 clara

½ xícara de açúcar de confeiteiro
½ colher (chá) de essência de baunilha

Bata a manteiga na batedeira até ficar bem clara. Junte os ingredientes restantes, batendo sempre até ficar homogêneo.

CUPUAÇU
(T. Grandiflorum)
Esta fruta generosa, que chega a medir cerca de 60 cm, provém de uma árvore igualmente grandiosa de flores cor de vinho, grandes também. Sua polpa extremamente aromática dá refrescos, sorvetes e doces deliciosos.

Torta de cupuaçu com merengue

12 PORÇÕES

Uma versão "globalizada" da torta tradicional, servida no *Restô do Parque*, nos jardins do antigo Palácio do Governador, hoje sede da Secretaria da Cultura e centro cultural.

MASSA BÁSICA
1 ¼ de xícara de manteiga à temperatura ambiente
2 ovos pequenos inteiros
2 colheres (sopa) de água
3 xícaras de farinha de trigo

CREME DE QUEIJO
250 g de queijo de cuia (tipo Reno), ralado
1 lata de leite condensado

CREME DE CUPUAÇU
½ kg de polpa de cupuaçu
2 ¾ de xícara (cerca de 500 g) de açúcar

MERENGUE
8 claras
1 xícara de açúcar
2 colheres (sopa) de queijo de cuia ralado

1. Aqueça o forno em temperatura branda (120°C). Unte com a manteiga o fundo e os lados de uma fôrma de abrir, de 28 cm.
2. Prepare a massa: numa tigela introduza a manteiga, os ovos e a água. Misture com uma colher de pau. Vá juntando a farinha aos poucos até ser necessário misturar a massa com as mãos. Então, acrescente mais farinha até a massa obter uma consistência que se solte dos dedos, sem sovar, apenas misturando com as pontas dos dedos para não ficar dura depois de assada.
3. Abra a massa com o rolo e forre com ela o fundo da fôrma. Leve ao forno preaquecido cerca de 20 minutos, ou até assar. Retire do forno e deixe esfriar. Reserve.
4. Prepare o creme de queijo: numa tigela misture o queijo ralado com o leite condensado até obter um creme homogêneo.
5. Prepare o creme de cupuaçu: numa panela média leve ao fogo a polpa e o açúcar, mexendo sempre. Quando ficar amarelo-ouro com a consistência de uma geleia, desligue e deixe esfriar.
6. Prepare o merengue: na batedeira elétrica bata as claras, o açúcar e as raspas de limão por cerca de 10 minutos, até obter um suspiro consistente.
7. Forre o disco de massa pré-assado com o creme de queijo. Por cima cubra com o creme de cupuaçu. Espalhe o suspiro sobre o creme de cupuaçu. Polvilhe com queijo de cuia ralado e leve ao forno até dourar. Tire do forno até esfriar para soltar-se das laterais da fôrma.

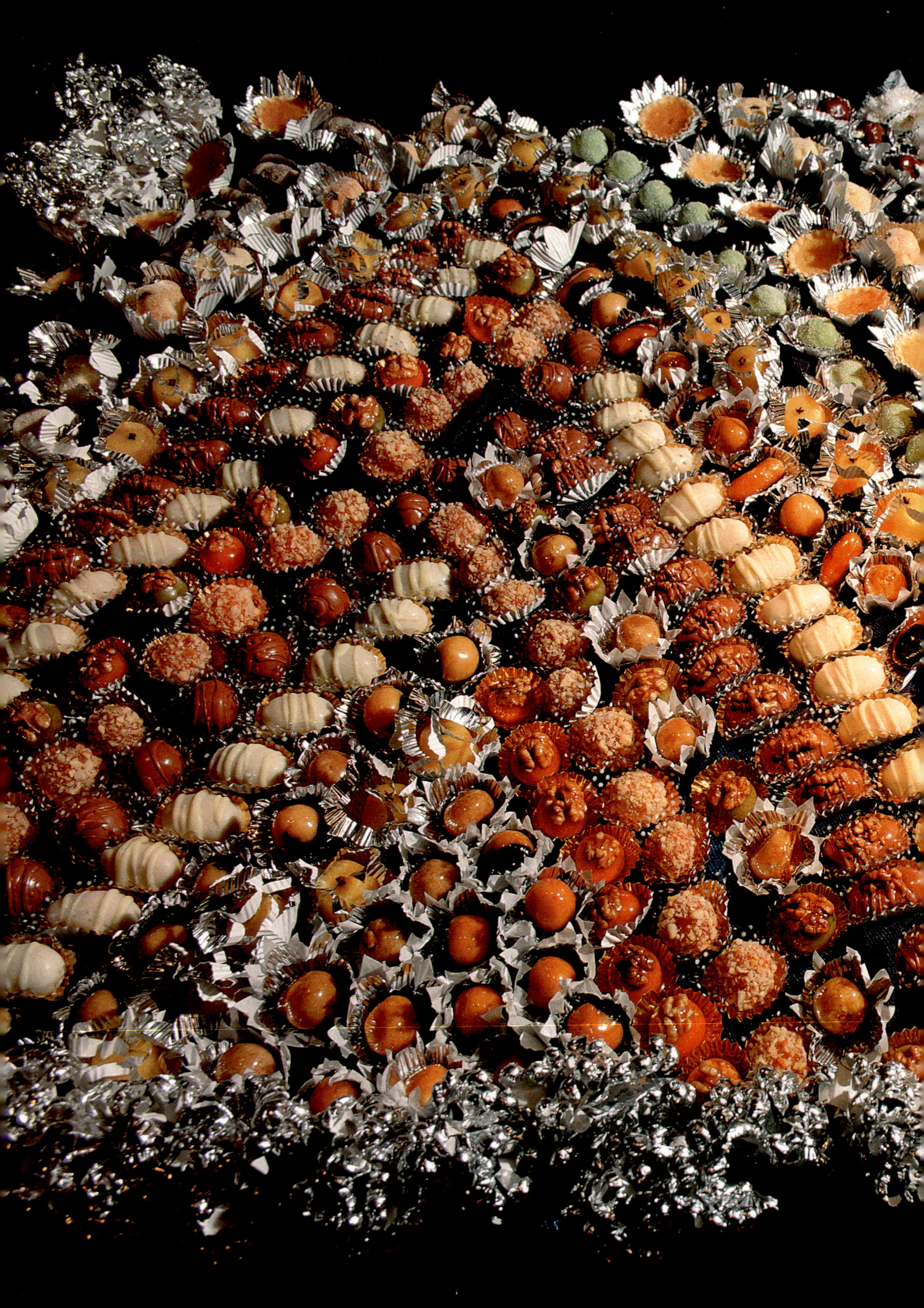

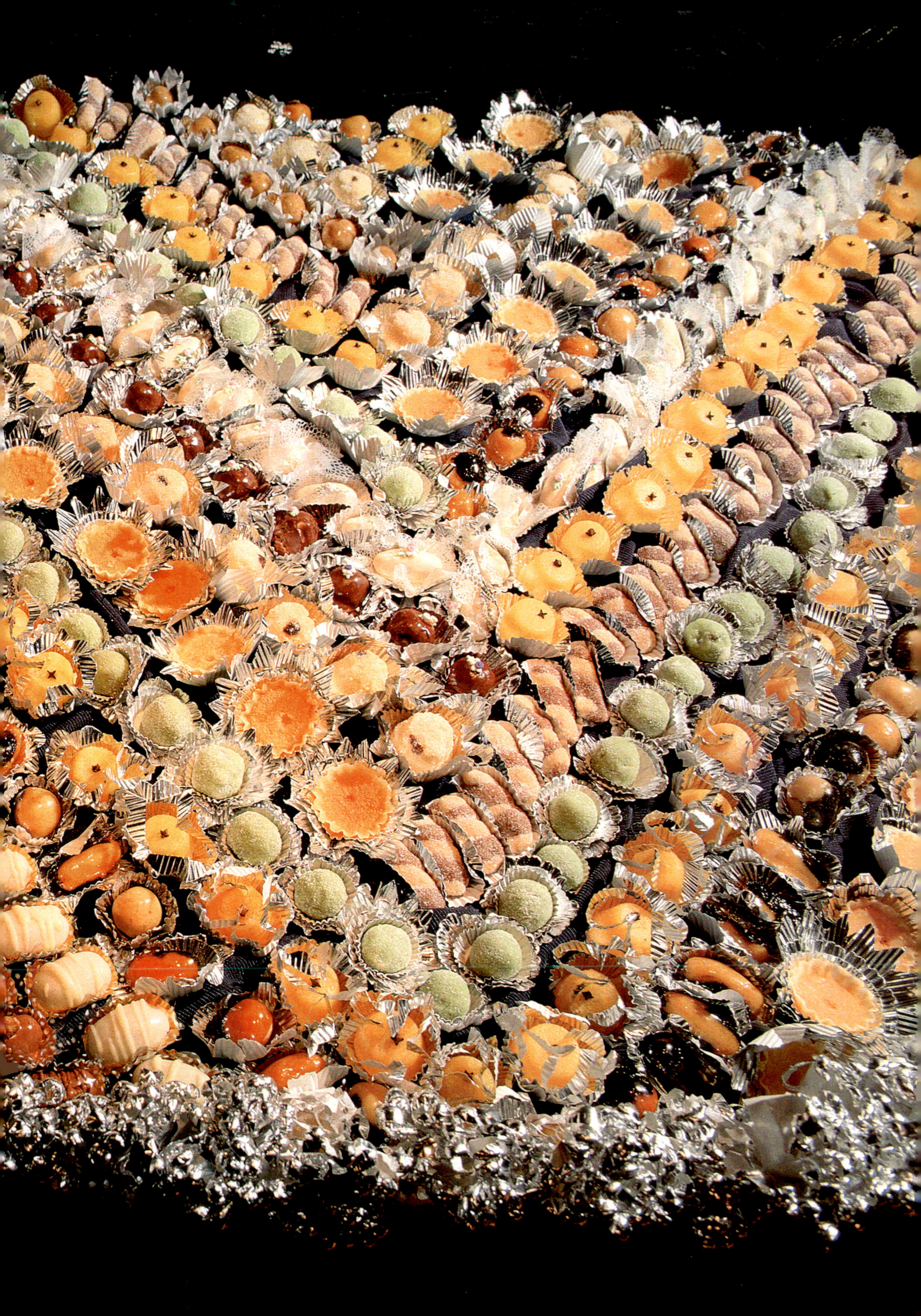

Beijos de dama
70 DOCINHOS

1 xícara de açúcar
1 ½ xícara de castanhas-do-pará, torradas e moídas
2 xícaras de farinha de trigo
1 xícara de manteiga
1 gema

COBERTURA
100 g de chocolate de cobertura escuro picado

1. Aqueça o forno em temperatura média (180°C). Unte uma assadeira de 40 cm x 32 cm com manteiga.
2. Prepare a massa: numa tigela, peneire o açúcar, junte as castanhas, a farinha de trigo e a manteiga. Esfregue a mistura entre as mãos até obter uma farofa. Acrescente a gema e misture com as pontas dos dedos até formar uma massa homogênea.
3. Tire pequenas porções da massa e faça bolinhas com cerca de 2 cm de diâmetro. Distribua na assadeira untada, leve ao forno preaquecido e asse cerca de 20 minutos ou até dourar. Tire do forno e deixe esfriar.
4. Prepare a cobertura: ponha o chocolate picado numa panela e derreta em banho-maria. Tire do calor e deixe esfriar. Mergulhe os dentes de um garfo no chocolate derretido e deixe escorrer sobre os biscoitos, formando linhas. Deixe secar e sirva para acompanhar o cafezinho.

Bala de cupuaçu
30 BALAS

Por falta de leite, a região Norte do Brasil habituou-se desde o início do século XIX a utilizar o leite condensado como um ingrediente da sua doçaria regional. Naquele tempo o leite condensado era importado da Bélgica e o resto do Brasil não o conhecia por absoluta falta de necessidade. Assim, a doçaria nortista desenvolveu uma maneira muito peculiar da sua utilização, como nestas receitas, um pequeno exemplo da grande variedade de doces servida em Belém e Manaus. Esta receita de balas foi desenvolvida pela Coordenadoria de Hotelaria do Sesc Amazonas.

1 kg de polpa de cupuaçu aferventada e escorrida
5 ½ xícaras (cerca de 1 kg) de açúcar
1 colher (sopa) de manteiga

1 lata de leite condensado
1 colher (sopa) de maisena
2 colheres (sopa) de chocolate em pó

Nas páginas anteriores, um mosaico de docinhos de mil e um sabores, espetáculo privilegiado das grandes festas de aniversário ou casamento de Belém. Os docinhos e o arranjo são de autoria de Maria Clara Buffet.

1. Leve ao fogo brando a polpa escorrida e o açúcar, mexendo sempre até se soltar do fundo da panela. Tire do fogo e deixe esfriar.
2. Em outra panela leve ao fogo brando a manteiga com o leite condensado, a maisena e o chocolate, mexendo sempre até ficar bem consistente e se soltar do fundo da panela. Retire para um prato untado com manteiga e deixe esfriar.
3. Numa superfície untada enrole a massa de chocolate, fazendo um cordão com cerca de 2 cm de espessura. Corte em pedaços de 3 cm.
4. Faça bolinhas com o doce de cupuaçu e envolva-as com o doce de chocolate aberto entre as palmas das mãos. Feche bem e sirva em forminhas de papel frisado ou embrulhe cada uma em papel-alumínio e celofane por fora.

Doce de cupuaçu
6 XÍCARAS

Uma receita básica de doce de cupuaçu, utilizada para confeccionar vários docinhos, rechear rocamboles, tortas, etc. Também fica deliciosa servida apenas com um bom queijo acompanhando.

> 1 kg de polpa de cupuaçu aferventada e escorrida
> 5 ½ xícaras de açúcar (cerca de 1 kg)

1. Leve ao fogo brando uma panela média com a polpa escorrida e o açúcar, mexendo sempre até o doce adquirir uma cor dourada e se desprender do fundo da panela.

Brigadeiro de açaí
40 BRIGADEIROS

Receita original da Coordenadoria de Hotelaria do Sesc Amazonas, Manaus.

> 1 lata de leite condensado
> 200 ml de polpa de açaí
> 200 g de chocolate granulado

1. Numa panela, misture o leite condensado com a polpa de açaí. Leve ao fogo brando, mexendo sempre, até a massa se soltar do fundo da panela.
2. Passe para um prato untado com manteiga e deixe esfriar.
3. Unte as mãos com manteiga e faça bolinhas com a massa fria. Envolva as bolinhas com o chocolate granulado, pondo-as em forminhas de papel frisado.

Casadinhos
CERCA DE 75 DOCINHOS

> MASSA BRANCA
> 1 colher (sopa) de manteiga
> 2 latas de leite condensado
>
> MASSA ESCURA
> 1 colher (sopa) de manteiga
> 4 colheres (sopa) de chocolate em pó
> 2 latas de leite condensado
> açúcar cristal para envolver os docinhos

1. Faça a massa branca levando ao fogo brando a manteiga com o leite condensado, numa panela de fundo grosso, mexendo sempre até o doce se soltar do fundo da panela (cerca de 12 minutos).
2. Passe o doce para um prato untado com manteiga e deixe esfriar.
3. Prepare a massa escura do mesmo modo e também deixe-a esfriar num prato untado, com manteiga.
4. Enrole cada massa em forma de palitos com cerca de 4 cm de comprimento. Una duas a duas, uma branca e outra escura, passe pelo açúcar e ponha em forminhas de papel frisado.

A ARTE DO PAPEL RECORTADO

Com uma tesourinha, uma agulha de crochê e papel de seda colorido, Chloë Loureiro, autora dos livros *Doces lembranças* e *Ao sabor das lembranças*, recorta invólucros para docinhos que serão distribuídos aos convidados como recordação de uma festa de aniversário ou casamento. Uma arte que, como a maior parte de nossos hábitos, também foi trazida pelo colonizador português.

Hoje, com o aparecimento de toalhas de papel para bolos, já industrializadas, e vários tipos de invólucros produzidos para facilitar a vida moderna, essa arte está em declínio tanto aqui quanto em Portugal. Mas nada se compara ao que as recortadeiras de papel conseguem realizar com a sua habilidade. O papel é cortado, recortado, e às vezes repuxado com o auxílio da agulha de crochê, produzindo efeitos delicados e nostálgicos. Espalhadas pelo Brasil, ainda existem algumas recortadeiras. Em pleno Rio de Janeiro há grandes doceiras da elite carioca que recortam o celofane e o papel dourado para apresentarem os seus docinhos requintados. Chloë Loureiro faz questão de manter uma tradição que nesta família amazonense se pretende passar para os mais novos que disponham de paciência, habilidade e do mesmo amor a um dos mais belos e antigos exemplos da nossa arte popular.

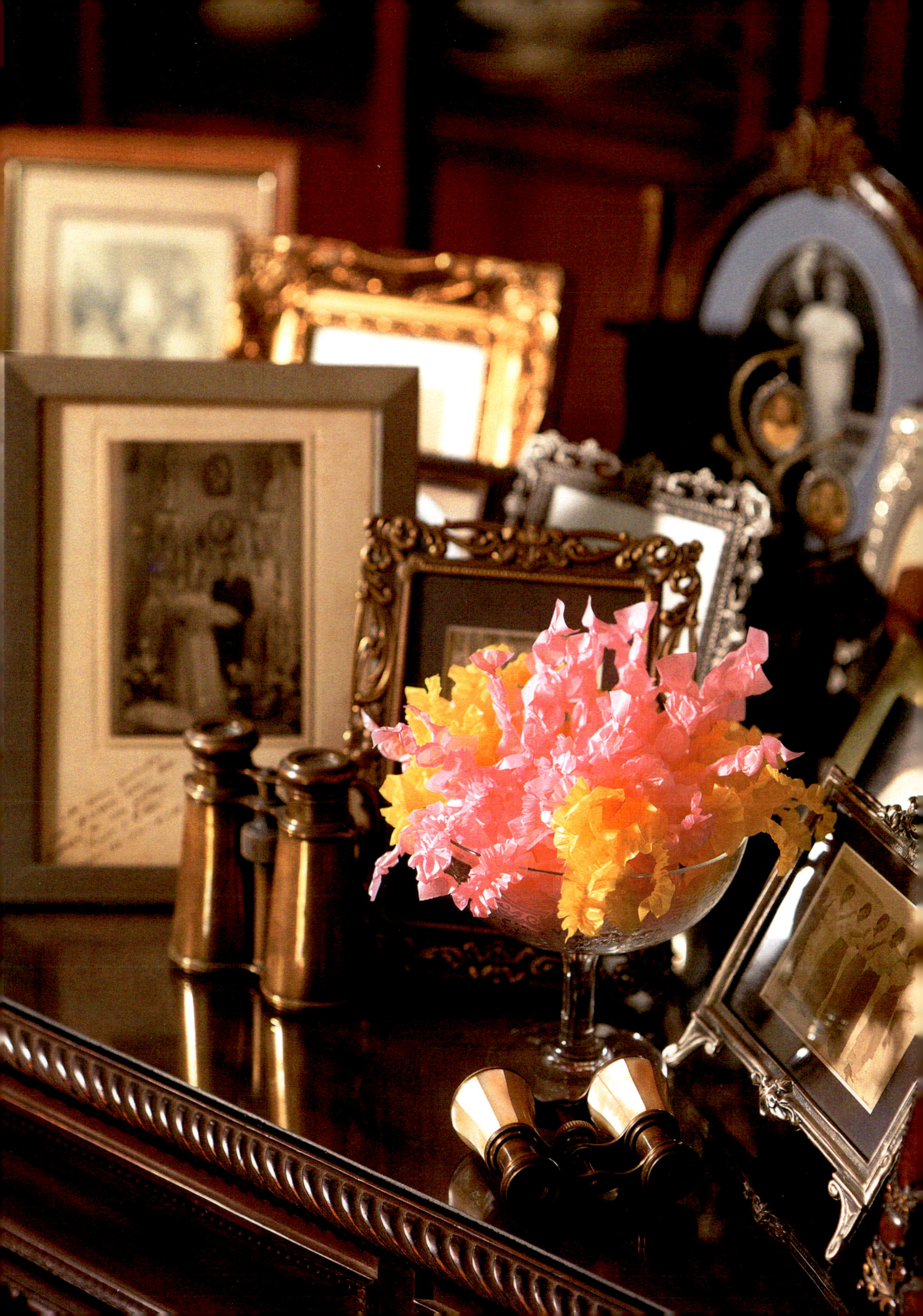

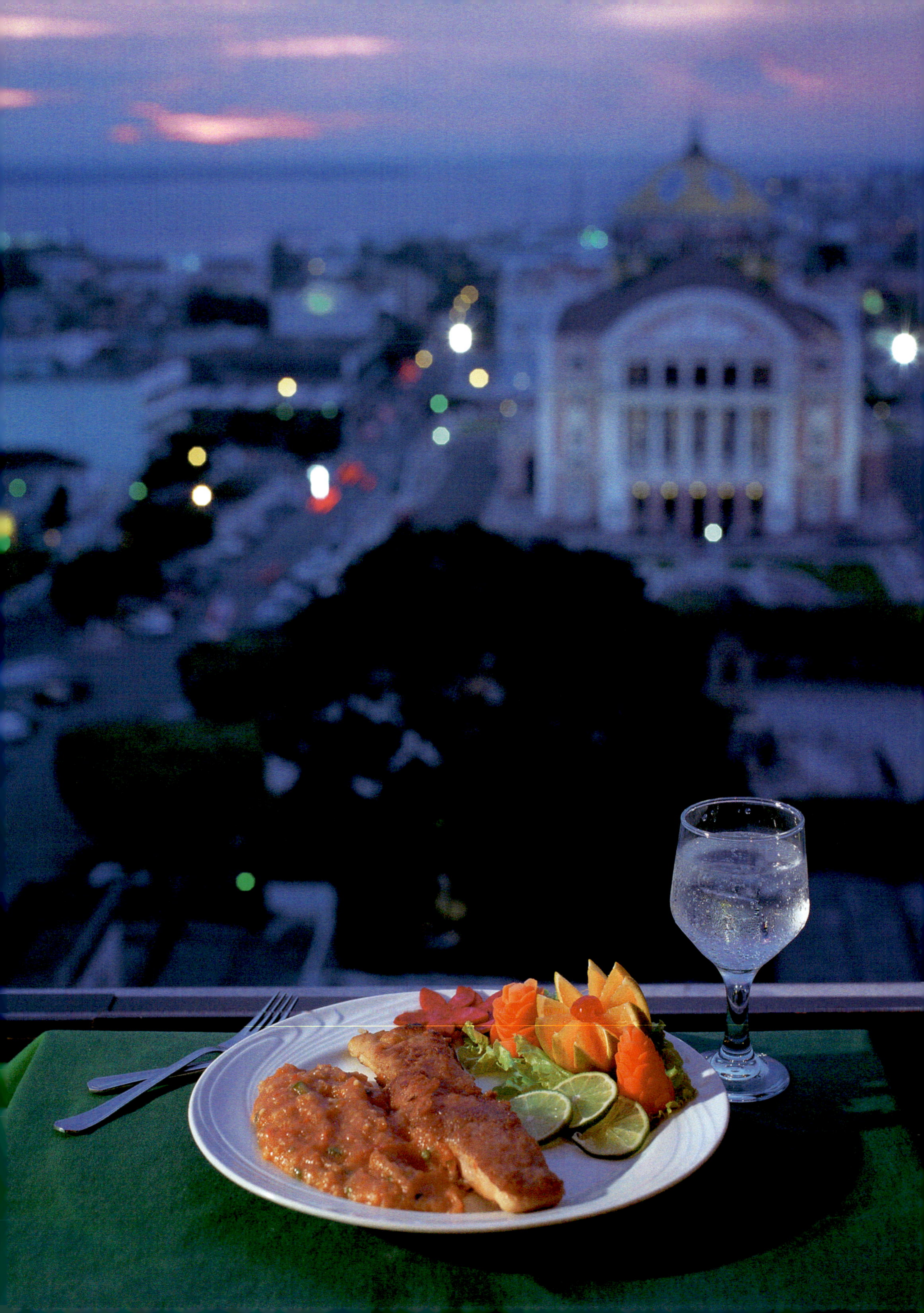

DELICIOSA COSTELA

O sabor do tambaqui é famoso mundo afora e quem chega à Amazônia e já ouviu falar dele não demora em marcar encontro com o prazer de conhecê-lo. Afinal, como será um peixe que tem costela? Em geral é preparado da maneira mais simples possível, como os índios ensinaram. Moqueado. E assim, com o requinte da pureza do seu sabor, ele é preparado pelos que sabem ser a simplicidade o auge da sofisticação. Uma banda do peixe já limpo é disposta sobre uma grelha ao calor das brasas. Pele voltada para baixo, para que a gordura não se desprenda da carne e provoque fumaça no braseiro, alterando o seu sabor. Além disso, a gordura, impedida pela pele de se desprender, acrescenta um tom característico ao tambaqui. Depois da espera de pouco mais de meia hora, o peixe é virado para dourar um pouquinho, e mais nada. As decantadas costelinhas são espinhas largas e longas, que nos levam a usar as mãos para melhor aproveitá-las, como costelinhas que são... É assim que o tambaqui é servido no Restaurante Moronguetá, de onde se avista o encontro das águas dos rios Negro e Solimões, iniciando a formação do gigantesco Amazonas. E é também grelhado, com apresentação sofisticada, que é servido no luxuoso Taj Mahal, um restaurante rotativo de onde se avistam toda Manaus num giro de 360 graus e o seu teatro lendário, inaugurado em 1896, quando a cidade, plantada no meio da floresta, despertou a atenção internacional graças à riqueza trazida pela borracha.

Banda de tambaqui grelhada e pronta para ser degustada. As costelinhas são espinhas largas, longas e flexíveis, firmando uma carne de sabor inesquecível.

TAMBAQUI
(*Colossoma bidens*)

Arredondado como os seus parentes próximos, a piranha e o pacu, alimenta-se dos frutos caídos às margens dos rios e é dono de uma carne de sabor invulgar.

Picadinho de tambaqui

4 PORÇÕES

Uma inovação recente para se preparar a deliciosa carne do tambaqui, cuja elegante versão do *chef* Ildefonso Franco encontramos no moderno restaurante Village, de Manaus.

4 colheres de sopa de azeite extravirgem
3 dentes de alho bem picados
1 cebola grande bem picada
3 tomates maduros e firmes sem sementes
1 pimentão verde, grande, picado
5 pimentas-de-cheiro
600 g de filés de tambaqui picadinhos
sal e pimenta-do-reino branca a gosto
½ xícara (chá) de cheiro-verde (salsa, cebolinha e coentro) picado
½ xícara (chá) de polpa de tomate (ou purê de tomate)

1. Numa panela aquecida junte o azeite e o alho, mexendo até o alho dourar.
2. Acrescente a cebola, mexendo até ficar transparente.
3. Adicione os tomates, o pimentão, as pimentas e deixe apurar um pouco, cozinhando por cerca de 5 minutos.
4. Junte o peixe, sal e pimenta a gosto, o cheiro-verde e a polpa de tomate e cozinhe até o peixe ficar macio e o molho, encorpado.

Pirarucu de casaca

10 PORÇÕES

Uma das maneiras mais tradicionais de servir o pirarucu seco, que é apresentado extraordinariamente enfeitado em grande estilo. Por isso, a "casaca" do seu nome.

> **PIRARUCU**
> **(Arapaima gigas)**
> O mais belo peixe de nossos rios chega a medir 4 metros e a pesar 200 quilos. Sua pele é prateada com escamas cujas beiradas são vermelhas. Tem a sua pesca proibida pelo Ibama, mas, apesar disso, continua sendo pescado indiscriminadamente.

- 1,5 kg de pirarucu seco
- ½ xícara (120 ml) de azeite de oliveira
- 6 colheres (sopa) de óleo
- 6 bananas-pacova maduras cortadas em rodelas
- 1 kg de farinha de mandioca torrada
- 3 colheres (sopa) de vinagre
- 3 cebolas grandes picadas
- 3 tomates grandes sem sementes picados
- 1 pimentão verde grande sem sementes picado
- 1 lata de ervilhas em conserva escorridas
- 2 xícaras de leite de coco
- sal a gosto
- 4 colheres (sopa) de cheiro-verde (salsa e cebolinha verde) picado
- 100 g de azeitonas inteiras sem caroço
- 2 ovos bem cozidos cortados em rodelas

1. Ponha o pirarucu numa tigela grande, cubra com bastante água e deixe de molho por três horas, no mínimo. Escorra e lave.
2. Passe o peixe para uma panela, cubra com água, leve ao fogo alto e deixe ferver por 10 minutos para eliminar o excesso de sal. Tire do fogo e escorra.
3. Aqueça 3 colheres (sopa) do azeite numa frigideira em fogo alto, junte o peixe e frite até ficar macio. Tire do fogo, deixe esfriar, desfie em lascas e reserve.
4. Numa tigela, ponha a farinha de mandioca, 3 colheres (sopa) do azeite e o vinagre, e misture bem, até obter uma farofa (não é necessário levar ao fogo). Reserve.
5. Deite o azeite restante numa panela e aqueça em fogo alto. Junte a cebola e deixe dourar levemente. Acrescente os tomates e o pimentão, e cozinhe até ficarem macios. Junte as ervilhas e o leite de coco, tempere com sal a gosto e cozinhe até o molho ficar levemente espesso. Junte o cheiro-verde e metade das azeitonas picadas, misture e tire do fogo.
6. Aqueça o forno em temperatura bem alta (250°C). Numa fôrma refratária, forme camadas com a farofa, as lascas de peixe, as bananas e o molho.
7. Leve ao forno preaquecido e deixe aquecer bem. Tire do forno, decore com as azeitonas restantes e as rodelas de ovo, e sirva em seguida.

Na Ponta Negra, em Manaus, num dos almoços dominicais em que se reúnem filhos, netos e bisnetos, Chloë Loureiro, memorialista e escritora, serve o seu delicioso pirarucu de casaca.

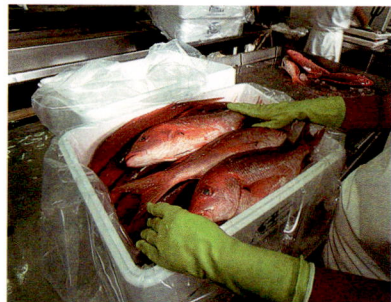

De cima para baixo, peixes dos mares amazônicos preparados para a longa viagem para os mercados de Nova York, onde adotarão outros nomes: o pargo será caribbean red snapper; o realito, B. Liner red snapper; o catuá, strawberry fish; a cioba, red tale, e a dourada, cat fish. No alto, à direta, os peixes são retirados do barco, onde são armazenados em temperaturas baixíssimas. Ao lado, um belo exemplar de dourada (Brachyplathystoma flagicams), ocorrente nos rios da região.

DAS ÁGUAS SALGADAS E DOCES

Os rios e os mares da Amazônia são pródigos em peixes, alimento com que os deuses presenteiam os filhos da floresta há milhares de anos. O trabalho dos pescadores é intenso e as águas não se fazem de rogadas: entregam as suas crias em ofertas deliciosas para todos os paladares. Em Vigia, Pará, a Ecomar, uma indústria de pescados, processa os peixes a uma velocidade vertiginosa, menos de dois minutos, para que o produto possa chegar fresquíssimo ao seu porto de destino, na maioria das vezes fora do país.

No escuro das madrugadas, toneladas de peixe dos rios amazonenses são descarregadas de maneira cinematográfica às margens do rio Negro, na cidade de Manaus, provocando um trabalho frenético e dramático antes do leilão que, diariamente, destina o pescado para os mercadores da região.

Nhoque de pupunha

4 porções

Normalmente a pupunha é consumida cozida ou assada, e tem sabor semelhante ao da castanha-europeia puxando um pouquinho para o amargo sofisticado da alcachofra. Simplesmente servida com melado é um prazer oferecido nos imensos cafés da manhã regionais. Nesta receita de nhoque, criada por Fabio Resende Sicília, do Restaurante Don Giuseppe de Belém, a pupunha indígena casa-se muito bem com o gorgonzola imigrante.

MASSA
2 xícaras de pupunha
1 gema
2 colheres (sopa) de leite em pó
sal a gosto
farinha de trigo suficiente

MOLHO
3 colheres (sopa) de manteiga
1 dente de alho, bem amassado
3 colheres (sopa) de queijo gorgonzola
  amassado

1. Cozinhe a pupunha em água e sal cerca de 1 hora ou até ficar bem macia. Escorra bem e bata no processador até obter uma massa levemente pastosa. Leve uma panela grande ao fogo, com água, para ferver.
2. Passe a massa para uma tigela e acrescente a gema, o leite em pó e o sal. Junte a farinha, aos poucos, até obter uma massa que se desprenda das mãos.
3. Passe a massa para uma mesa enfarinhada e faça cordões, rolando a massa com as mãos espalmadas. Forme os nhoques cortando os cordões em pedaços com cerca de 2 cm cada.
4. Junte sal à água que já deve estar fervendo e introduza os nhoques. Estarão prontos quando subirem à superfície, quando deverão ser retirados com uma escumadeira. Ponha no escorredor e reserve.
5. Leve ao fogo uma panela grande com a manteiga e o alho mexendo sempre até derreter. Acrescente o queijo mexendo também até derreter. Junte 4 colheres (sopa) de água, sempre mexendo e introduza os nhoques reservados, mexendo cuidadosamente para cobri-los com o molho.

Canapés de pupunha
30 UNIDADES

15 pupunhas cozidas
2 xícaras de queijo gorgonzola
½ xícara de manteiga
2 colheres (sopa) de azeite de oliveira
½ cebola, picada
2 colheres (sopa) de creme de leite

1. Divida as pupunhas em duas metades e retire os caroços, se houver.
2. Numa tigela amasse o queijo e a manteiga. Passe para o copo do liquidificador e junte o azeite e a cebola. Bata até obter um creme consistente. Junte o creme de leite e bata até obter um creme macio.
3. Distribua o creme pelas metades de pupunha. Enfeite cada uma com um pedacinho de pimenta-de-cheiro ou dedo-de-moça. Arranje as pupunhas num prato grande e sirva como aperitivo. Ou sirva algumas metades em pratos individuais, complete com uma salada de alface e sirva como entrada.

NOTA

Aldenei Campelo Gomes, da Coordenadoria de Hotelaria do Senac Amazonas, desenvolveu uma receita deliciosa onde emprega, para 30 pupunhas cozidas e divididas ao meio, 500 g de polpa de cupuaçu e 500 g de açúcar, mexidas numa panela até obter-se um doce que se desprenda do fundo e depois distribuído nas metades das pupunhas. (Veja Doce de Cupuaçu, pág. 71). Dá 60 docinhos deliciosos.

Bolo de pupunha
12 UNIDADES

5 ovos
2 xícaras de pupunha cozida e amassada
2 xícaras de leite de coco
7 colheres (sopa) de manteiga
2 xícaras de açúcar
2 colheres (sopa) de farinha de trigo
1 pitada de sal

1. Separe os ovos e bata as claras em neve. Reserve. Prepare uma fôrma de buraco com 23 cm de diâmetro untando-a com manteiga e polvilhando com farinha de trigo.
2. Ponha a pupunha e o leite no liquidificador e bata durante 5 minutos.
3. Na tigela da batedeira bata a manteiga, o açúcar e as gemas até obter um creme fofo. Junte a pupunha batida, a farinha de trigo e bata até misturar bem. Aqueça o forno em temperatura média (180°C).
4. Tire da batedeira e introduza aos poucos as claras em neve, mexendo delicadamente em movimentos de baixo para cima, tentando manter o volume da mistura. Ponha na fôrma preparada e leve por cerca de 30 minutos ao forno preaquecido, ou até que, enfiando um palito na massa, ele seja retirado seco e limpo.

PUPUNHA
(Guilielma speciosa ou Bactris gasipaes)

Também chamada de pupunheira, pupunha-marajá, Pirajá-pupunha. Pejibaye em espanhol, peach nut em inglês, paripon em francês. Palmeira que chega aos 20 metros e altura, de tronco e folhas cheios de espinhos. Amada na Amazônia por causa dos seus frutos básicos na alimentação nativa, ricos em proteínas, carboidratos, vitamina A, além de ferro, fósforo e cálcio em quantidades compensadoras. Os índios a cultivam há tempo. Recentemente passou a ser cultivada na Bahia, Espírito Santo e Rio, para aproveitamento do seu palmito.

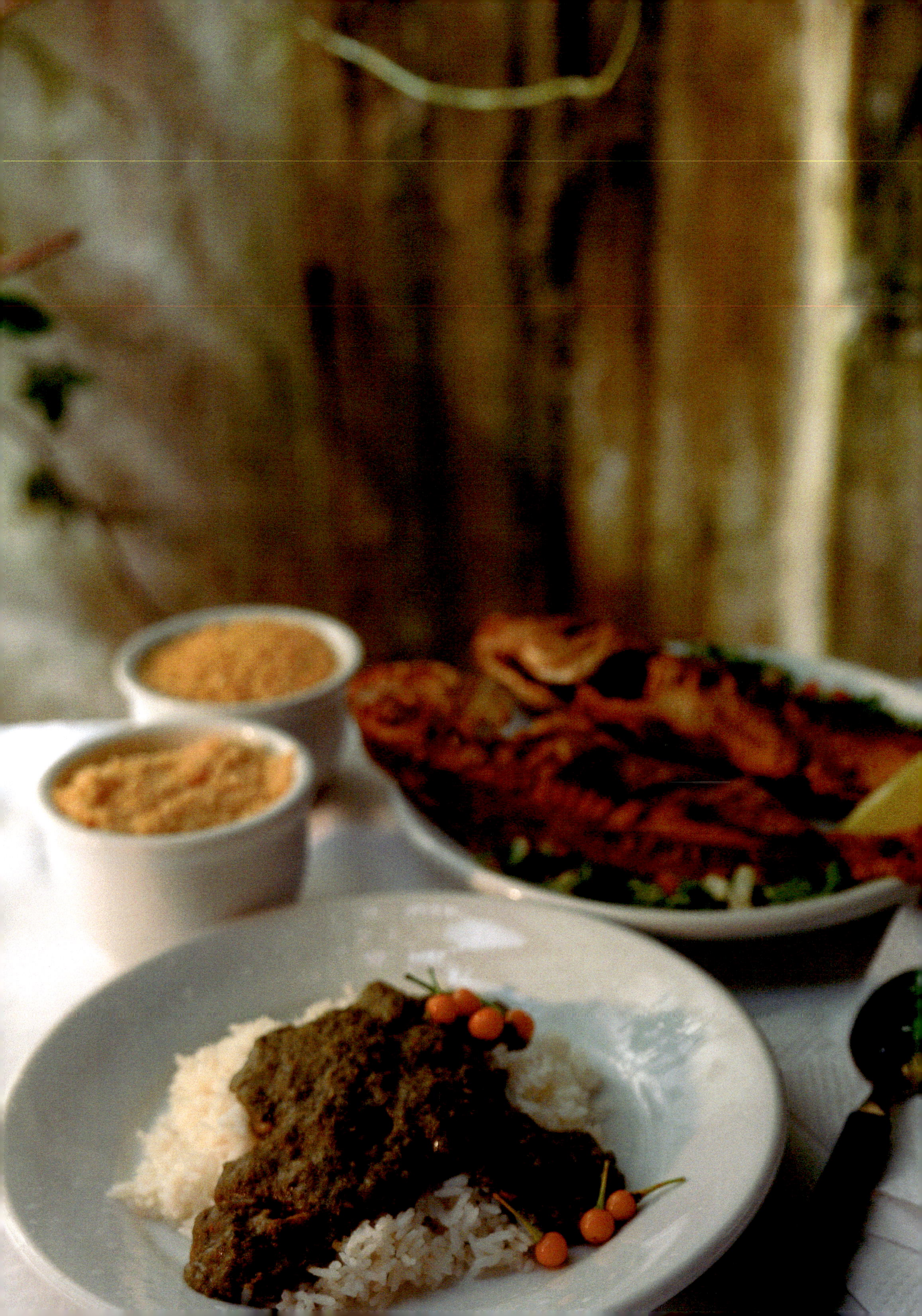

Cuxá

8 PORÇÕES

Prato emblemático do Maranhão, cuja origem pode resumir a influência dos povos que tiveram grande importância na formação do estado: o negro, o índio, o árabe e o português. A base do prato, o que lhe dá a cor e parte do seu sabor é a vinagreira, verdura originária da África. A joão-gomes, ou caruru, ou língua-de-vaca, ou maria-gomes, que também entra com a sua consistência, cor e sabor, era erva amplamente utilizada pelos índios. Dos árabes, a presença indispensável do gergelim. Dos portugueses, o próprio modo de preparo, macerando as folhas até transformá-las numa papa, tão apreciada nos esparregados, que, talvez, tenham sido levados para a península pelos próprios árabes. Essa maceração das folhas, feita a faca pelos portugueses, aqui no Brasil foi desenvolvida no pilão: como até hoje é preparada por Raimunda Menezes de Aguiar, a Diquinha, autora desta versão do cuxá servido na sua "base", no bairro do Diamante, em São Luís.

- 20 maços de vinagreira
- 2 maços de joão-gomes (língua-de-vaca ou caruru)
- 200 g de gergelim torrado
- 100 g de farinha de mandioca torrada branca (farinha seca)
- 300 g de camarões secos salgados pequenos, descascados e bem lavados para tirar bem o sal
- 2 maços de cheiro-verde
- 1 pimenta-murici
- 3 pimentas-doces

No Mercado Municipal de São Luís, Diquinha escolhe os ingredientes do seu famoso cuxá.

1. Lave as folhas da vinagreira e da joão-gomes, retire-as dos talos, cozinhe numa panela com água. Tire as folhas cozidas com uma escumadeira e reserve-as, também reservando o caldo do cozimento.
2. No pilão pise o gergelim até reduzir bem. Junte a farinha e continue a pisar até reduzir. Em último caso, essa operação pode ser feita no processador de alimentos, mas...
3. Passe essa mistura pilada para o processador de alimentos (ou para o copo do liquidificador desligado), junte as folhas cozidas da vinagreira e da joão-gomes, os camarões picados, o cheiro-verde, as pimentas. Junte um pouco do caldo reservado do cozimento das verduras. Ligue e dê duas ou três giradas rápidas no processador ou no liquidificador.
4. Passe a pasta obtida para uma panela, leve ao fogo brando e vá acrescentando, aos poucos, o caldo do cozimento, até obter um angu na consistência desejada e na cor verde-folha intensa.

NOTA
Serve-se com arroz branco, peixe frito, galinha ensopada, camarões, torta de camarões, etc.

VINAGREIRA
(Hibiscus sabdariffa)

Planta africana originária da Guiné, também conhecida no Brasil pelos nomes de caruru-azedo, quiabo-azedo, azedinha, quiabo-roxo e, em algumas regiões, rosélia ou rosela. Dos seus frutinhos vermelhos fazem-se geleias e compotas, principalmente na Europa, onde também são preparadas infusões com as suas flores rosadas com fins medicinais. Jamaica sorrel *em inglês,* roselle *em francês.*

Arroz de cuxá

10 porções

4 maços de vinagreira lavada, tirada dos talos e escorrida
100 g de toucinho fresco picadinho
1 kg de arroz lavado e escorrido
2 maços de cheiro-verde

1. Corte as folhas de vinagreira ao comprido e depois em 3 partes.
2. Numa panela média derreta o toucinho. Junte a vinagreira picada, o arroz e refogue bem.
3. Cubra com água fervente deixando ultrapassar dois dedos sobre a superfície do arroz.
4. Tampe a panela, deixe cozinhar e, quando o arroz estiver secando, junte o cheiro-verde, mexa com a colher de pau, desligue o fogo, tampe e deixe descansar abafado por 10 minutos.

Doces de espécie

12 doces

Os doces ou bolos de espécie são uma tradição portuguesa na época das festas natalinas. São doces preparados com especiarias, especialidade também levada pelos árabes para a Ibéria. No Maranhão, os doces de espécie receberam a contribuição do coco, resultando num dos doces mais saborosos da doçaria nacional, cuja tradição se mantém em Alcântara.

COCADA
3 xícaras de coco fresco ralado grosso
2 xícaras de açúcar
1 xícara de água

MASSA
2 xícaras de farinha de trigo
5 colheres (sopa) de óleo
¼ colher (chá) de sal
½ xícara de água

1. Prepare a cocada: ponha todos os ingredientes numa panela, misture, leve ao fogo alto e, mexendo sempre, deixe o açúcar se dissolver e a calda começar a ferver. Cozinhe, mexendo de vez em quando, até o doce ficar cremoso. Tire do fogo, passe para um prato untado com manteiga e deixe esfriar.
2. Prepare a massa: ponha a farinha de trigo numa tigela, faça um buraco no centro e junte o óleo, o sal e a água. Misture até obter uma massa homogênea.
3. Polvilhe uma superfície de trabalho com farinha de trigo. Com um rolo, abra a massa até ficar bem fina. Recorte 12 discos de massa usando um cortador de biscoitos de 10 cm de diâmetro. Junte a massa restante, abra novamente e corte em tiras de 0,5 cm de largura e 48 cm de comprimento (prepare 12 tiras no total, rolando-as sobre a mesa para que fiquem como um rolinho fino).
4. Aqueça o forno em temperatura média (180 °C). Polvilhe uma assadeira de 40 cm × 32 cm com farinha de trigo. No centro de cada disco de massa, ponha um pouco de cocada já fria. Cubra cada cocada com uma das tiras da massa entrelaçando-a (veja a foto).
5. Distribua os doces na assadeira, leve ao forno preaquecido e asse por cerca de 20 minutos ou até a massa ficar crocante. Deixe esfriar antes de servir.

CORES ENGARRAFADAS

A tiquira é uma aguardente fortíssima produzida a partir da fermentação do beiju de mandioca. Evidentemente indígena, é apreciada até hoje na sua cor misteriosamente azulada. O seu nome é proveniente do tupi, *tiquire*, que significa "destilar". Diz a lenda que, depois de bebê-la, não se pode tomar banho nem meter os pés na água, sob perigo de morte. A "alegria cor-de-rosa" engarrafada em forma de guaraná é um refrigerante tradicional, gasoso, cujo sucesso levou uma companhia multinacional à sua compra para tirá-lo do mercado. A gritaria foi tanta que voltou ao mercado, cor-de-rosa como sempre, para alegria das crianças e dos adultos também.

O óleo de babaçu é extraído das amêndoas do coco do babaçu (Attalea speciosa), *palmeira nativa da região. É um óleo finíssimo cujo sabor lembra, levemente, o do coco da Bahia.*

Pimentas do Maranhão: a verde é a doce, aromática e sem ardor nenhum. *A amarela oblonga é a* cheirosa. *A amarela redondinha é a* murici, *e a vermelha, a* ardosa.

Torta de camarões
6 PORÇÕES

500 g de camarões frescos limpos, descascados
2 colheres (sopa) de óleo de babaçu ou azeite de oliveira
1 pimentão picado
2 tomates pelados e picados
1 maço de cheiro-verde
5 ovos separados

1. Numa panela deite o óleo de babaçu, o pimentão, o tomate e o cheiro-verde, refogue até amaciarem e acrescente os camarões. Deixe cozinhar até ficarem rosados. Tire do fogo e reserve.
2. Na batedeira bata as claras em neve firme. Tire da batedeira, introduza as gemas batidas mexendo delicadamente com uma colher grande, de baixo para cima, para não perder volume.
3. Junte os camarões cuidadosamente, misturando com o mesmo cuidado.
4. Passe a mistura para uma fôrma de torta e leve ao forno. Quando estiver dourada, tire do forno, deixe esfriar por 5 minutos, desenforme e decore para servir.

Bobó do Maranhão
8 PORÇÕES

Um bobó bem diferente do seu xará baiano: sem purê de mandioca-mansa (aipim) e nem uma gota de óleo de dendê.

5 maços de vinagreira lavada, tirada dos talos e escorrida
2 maços de joão-gomes lavada, tirada dos talos e escorrida
750 g de quiabos
1 pimentão picado
1 cebola picada
2 tomates pelados e picados
3 maços de cheiro-verde
2 pimentas-murici
1 pimenta-ardosa
¼ kg de camarão salgado descascado e bem lavado para tirar o sal

1. Numa panela com água cozinhe a vinagreira e a joão-gomes. Tire as folhas com uma escumadeira, reserve as folhas e o caldo.
2. Prepare os quiabos: corte-os ao comprido, tire as sementes e corte em pedaços com cerca de 2 cm. Leve ao fogo numa panela para cozinhar.
3. Numa tigela junte as folhas reservadas, os quiabos, o pimentão, a cebola, os tomates picados, o cheiro-verde e as pimentas. Misture bem e, com uma faca grande, pique tudo muito bem até obter uma pasta ou purê.
4. Numa panela derreta o toucinho fresco, junte o purê obtido, acrescente os camarões inteiros, misture com a colher de pau para cozinhar por uns instantes, e junte, aos poucos, a água reservada do cozimento até obter uma papa. Retifique o sal antes de servir.

NOTA
Acompanhe com arroz branco, peixe ou camarões frescos fritos, etc.

Caruru do Maranhão
10 PORÇÕES

Mais uma versão de caruru: nesta o dendê-africano não entra, substituído pelo azeite de oliveira. Em compensação, surpreende com a introdução da farinha de mandioca mansa.

500 g de camarões secos salgados, bem lavados para tirar todo o sal
1 kg de quiabos, cortados em rodelinhas
½ xícara de farinha de mandioca
¼ de xícara de azeite de oliveira ou óleo
2 cebolas pequenas picadas
3 dentes de alho amassados
500 g de camarões frescos pequenos, sem casca e limpos
sal a gosto

1. Descasque os camarões secos. Reserve metade e triture o restante no liquidificador.
2. Numa panela ferva 1,5 litro de água em fogo alto, junte os quiabos e cozinhe até ficarem macios. Tire do fogo, escorra e reserve separadamente a água do cozimento e os quiabos.
3. Numa panela, deite a água do cozimento dos quiabos e, aos poucos, junte a farinha de mandioca, mexendo sempre para não empelotar. Reserve.
4. Deite o azeite ou o óleo numa panela e aqueça em fogo alto. Junte a cebola e o alho e deixe dourar levemente. Acrescente os camarões secos inteiros e os camarões frescos e refogue por alguns minutos, mexendo sempre. Tire do fogo.
5. Leve a panela com a farinha de mandioca ao fogo e cozinhe, mexendo sempre, até obter uma papa homogênea. Acrescente o refogado de camarão, os quiabos e os camarões moídos, tempere com sal a gosto, misture, deixe aquecer bem e sirva.

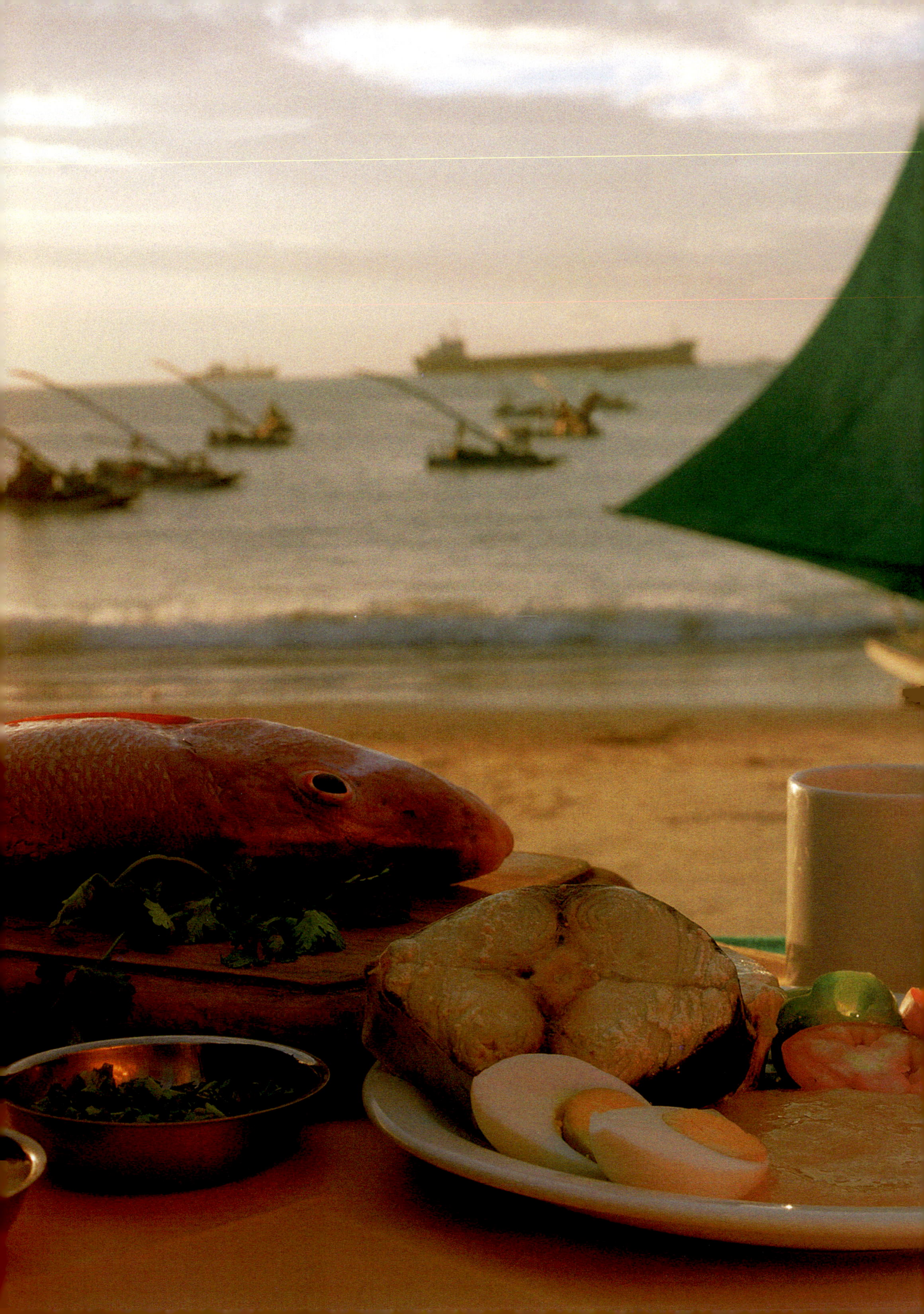

Peixada do Alfredo

8 PORÇÕES

A peixada mais famosa de Fortaleza é servida no Alfredo, o Rei da Peixada, no Mucuripe, mar esmeralda do Ceará à frente, praia de jangadas, bairro de pescadores, bancas vendendo peixes e lagostas. Alfredo Lousada dos Santos comanda o seu restaurante há trinta anos. No início era uma sala pequena, paredes de azulejos rosas e azuis, louça popular. A peixada, imbatível, e o caldo de peixe, servido numa canequinha, eram obrigatórios aos boêmios de Fortaleza, para alimentar a alma antes do sono restaurador. A cidade cresceu, transformou-se em atração turística, para além de ser uma capital progressista e modernizada. O pequeno estabelecimento virou um edifício de muitos andares do qual Alfredo ocupa o térreo, com sala moderna, tevê a cores, cozinha ampla, mesas na calçada. E o mesmo caldo de peixe, quentinho e colorido, servido na caneca de louça mais fina e elegante, como mandam as normas do turismo internacional.

2 kg de postas de peixe (garoupa, robalo, pargo, cavala)
4 colheres (sopa) de suco de limão
2 cebolas grandes cortadas em rodelas
1 xícara de folhas de coentro
sal e pimenta-do-reino a gosto
4 colheres (sopa) de azeite de oliveira

MOLHO
6 gemas
2 xícaras de caldo das cabeças de peixe

1. Tempere as postas de peixe com o suco de limão, sal e pimenta a gosto. Ponha as postas numa panela grande e cubra com as rodelas de cebola, o coentro e regue com o azeite.
2. Tampe a panela e leve ao fogo médio, sacudindo a panela de vez em quando para não grudar, até o peixe ficar macio.
3. Enquanto isso, prepare o molho: misture as gemas com o caldo das cabeças de peixe e leve ao fogo, mexendo sempre até engrossar, sem deixar ferver para não talhar. Caso talhe, bata imediatamente no liquidificador.
4. Retire o peixe do fogo, passe para uma travessa e sirva acompanhado do molho.

Caldo de peixe

3 cabeças de peixe, médias (1 kg a 1 ½ kg)
2 litros de água
1 xícara de folhas de coentro
4 cebolinhas verdes
3 tomates cortados em pedaços
sal e pimenta-do-reino a gosto

Cozinhe as cabeças de peixe com todos os ingredientes até desmancharem. Retire do fogo e coe.

Patinhas de caranguejo com molho tártaro
8 PORÇÕES

2 xícaras de água
2 xícaras de vinho branco, seco
1 cebola média com casca, bem lavada
sal e pimenta a gosto
40 patinhas de caranguejo, limpas

MOLHO TÁRTARO
½ xícara de maionese
½ xícara de creme de leite
½ xícara de champignons, cozidos
2 colheres (sopa) de cebola, picada
1 cenoura pequena, picada
2 colheres (sopa) de salsa e cebolinha, picadas
2 colheres (sopa) de alcaparras
caril (curry) para polvilhar

1. Leve ao fogo a água com o vinho, a cebola e sal a gosto até ferver. Junte as patinhas de caranguejo e cozinhe cerca de 10 minutos, ou até ficarem macias. Escorra e reserve.
2. Bata no liquidificador a maionese com o creme de leite, o champignon, a cebola, a cenoura, a salsa e a cebolinha e as alcaparras até obter uma mistura homogênea. Passe para uma tigelinha, polvilhe com o caril e sirva acompanhando as patinhas cozidas.

Caracóis do Ceará (escargots)
4 PORÇÕES

Da espécie *Achatina*, originária da África, o Ceará está produzindo caracóis de excelente qualidade nos arredores de Fortaleza, aqui muito bem aproveitados nesta receita do Faustino.

4 dúzias de caracóis sem a concha
1 ½ xícara de vinho branco seco
sal e pimenta a gosto
2 colheres (sopa) de azeite de oliveira
salsa e cebolinha a gosto
molho tártaro para acompanhar

1. Leve ao fogo os caracóis com o vinho, sal e pimenta a gosto e deixe ferver cerca de 10 minutos, ou até ficarem cozidos. Escorra.
2. Numa panela aquecida junte o azeite, os caracóis cozidos, salsa e cebolinha a gosto, mexendo sempre por 2 minutos. Sirva em seguida acompanhado do molho tártaro.

TERRA DE CHEFS

O Ceará é um celeiro de *chefs* de cozinha, fornecedor de talentos espalhados Brasil a fora. José Faustino Paiva é um deles. Aos 17 anos deixou a sua pequena Rariutaba e partiu, em busca de dias melhores, para o Rio. Empregou-se no restaurante do Hotel Glória onde, atento a tudo, conseguiu chegar a *chef* em poucos anos. A carreira foi meteórica: Café Nice, Maison de France, Intercontinental, Sheraton, o lendário Ouro Verde. Hoje está de volta ao Ceará e aí recebe no seu Faustino, bairro da Varjota, em ambiente descontraído onde até uma horta suspensa se encarrega, com encantamento, de garantir a magnitude dos seus pratos.

Cabrito a pé de serra

6 PORÇÕES

1 pernil de cabrito novo e limpo
2 xícaras de vinho tinto
1 cenoura média, picada
1 cebola média, picada
3 ramos de coentro
1 folha de louro, picada
½ xícara de cheiro-verde, picado
sal e pimenta a gosto
3 colheres (sopa) de azeite de oliveira

1. Para marinar, ponha o pernil numa tigela e misture com o vinho, a cenoura, a cebola, o coentro, o louro, o cheiro-verde e sal e pimenta a gosto. Cubra com filme plástico e deixe na geladeira por 48 horas, virando o pernil por algumas vezes.
2. Numa panela grande e aquecida, junte o azeite e o pernil escorrido da marinada, virando-o sempre até ficar bem dourado. Acrescente a marinada e água quente, ou caldo, aos poucos e cozinhe até a carne ficar macia. Deixe secar, fritando na gordura que sobra na panela, deixando que obtenha uma crosta crocante. Sirva com arroz de brócolos e batatas cozidas.

Arroz de brócolos

6 PORÇÕES

2 colheres (sopa) de azeite de oliveira
2 dentes de alho, amassados
3 xícaras de arroz branco, cozido e bem soltinho
1 cebola média, bem picada
1 maço grande de brócolos, limpo, lavado e escorrido
sal a gosto

1. Numa panela aquecida ponha o azeite, o alho e a cebola, mexendo sempre até dourar levemente. Acrescente os brócolos e deixe cozinhar, com a panela tampada, mexendo de vez em quando, até ficar cozido e levemente crocante.
2. Adicione sal a gosto e o arroz, misture bem e deixe ficar bem quente. Sirva em seguida.

SABORES ETERNOS

Em Canoa Quebrada, Toinho Correia, na sua Tenda do Cumbe, pousada típica debruçada sobre a falésia de onde se desvenda uma das vistas mais exuberantes da nossa costa, além de recriar algumas das receitas mais tradicionais cearenses, ensina, com carinho, a preservá-las. É o caso do famoso Baião de Dois (foto ao lado), que, segundo ele, é prato de origem humilde preparado com sobras de feijão e de arroz, que é como até hoje fica mais gostoso. Muito feijão, porque o feijão era dali da terra, e pouco arroz, importado dos outros estados e, por isso, caro. Junta-se primeiramente o leite de um coco às sobras do feijão verde. Leva-se ao fogo para reaquecer, mistura-se bem e acrescentam-se as sobras do arroz. Tempera-se com cheiro-verde, mistura-se, tampa-se a panela, desliga-se o fogo e deixa-se descansar com a panela tapada.

Atolado de caranguejo
6 PORÇÕES

Um prato de autoria de Toinho Correia, criado em 1987, quando implantou a cozinha do Beach Park, em Fortaleza.

20 caranguejos
2 cebolas médias cortadas em cubos
2 tomates médios cortados em cubos
½ maço de cheiro-verde (cebolinha e coentro) picado
3 pimentas de cheiro
molho de pimenta, pimenta-do-reino e sal a gosto
½ xícara de molho de soja (shoyu)
2 colheres (sopa) de suco de limão
2 colheres (sopa) de azeite de oliveira
2 ½ xícaras de arroz lavado e escorrido
3 colheres (sopa) de azeite de oliveira
3 dentes de alho amassados
4 cebolas médias picadas
4 tomates médios sem sementes picados
1 colher (chá) de colorífico
2 ½ xícaras de leite comum
1 ½ xícara de leite de coco
sal e pimenta-do-reino a gosto

PARA O ENSOPADINHO
3 colheres (sopa) de azeite de oliveira
2 dentes de alho amassados
2 cebolas médias bem picadas
2 tomates pelados e sem sementes em cubinhos
1 colher (chá) de colorífico
1 ½ xícara de leite de coco
2 batatas médias em cubos
1 cenoura média em cubos

PARA EMPANAR
1 xícara de farinha de trigo
2 ovos levemente batidos
1 ½ xícara de farinha de rosca
óleo para fritar

1. Lave bem os caranguejos com uma escova, em água corrente. Ponha-os, ainda vivos, numa panela grande ou caldeirão com as cebolas, os tomates, o cheiro-verde, as pimentas, sal a gosto e cubra-os com água fervente. Tampe e cozinhe cerca de 15 minutos. Escorra.
2. Retire as patas dos caranguejos e reserve as maiores para empanar, temperando-as com o molho de soja, o limão e o azeite. Retire a carne das patas menores e reserve-as para o ensopadinho. Parta os corpos em pedaços e limpe-os bem. Lave-os na água do cozimento e reserve.
3. Numa panela grande aquecida, junte o azeite, os alhos, as cebolas, mexendo sempre até a cebola ficar transparente. Acrescente os tomates e a carne dos corpos dos caranguejos e refogue por 3 minutos, mexendo sempre.
4. Cubra com água fervente, junte o colorífico, sal e pimenta a gosto, e deixe ferver por 10 minutos. Adicione o arroz, regue com os leites (de coco e o comum), mexendo sempre até ficar cozido, mas bem mole. Reserve.
5. Prepare o ensopadinho: junte em uma panela média aquecida o azeite com o alho e a cebola, mexendo sempre até começar a dourar. Adicione o tomate, as carnes das patinhas, o colorífico, o leite de coco, as batatas e a cenoura e cozinhe em fogo brando por 10 minutos, mexendo sempre. Reserve.
6. Escorra as patas grandes e empane-as com a farinha de trigo, passe pelo ovo batido e depois na farinha de rosca. Frite em óleo quente até dourar. Retire com uma escumadeira e escorra em papel absorvente.
7. Numa travessa, ponha o arroz de um lado e o ensopadinho do outro. Guarneça com as patas empanadas e leve à mesa.

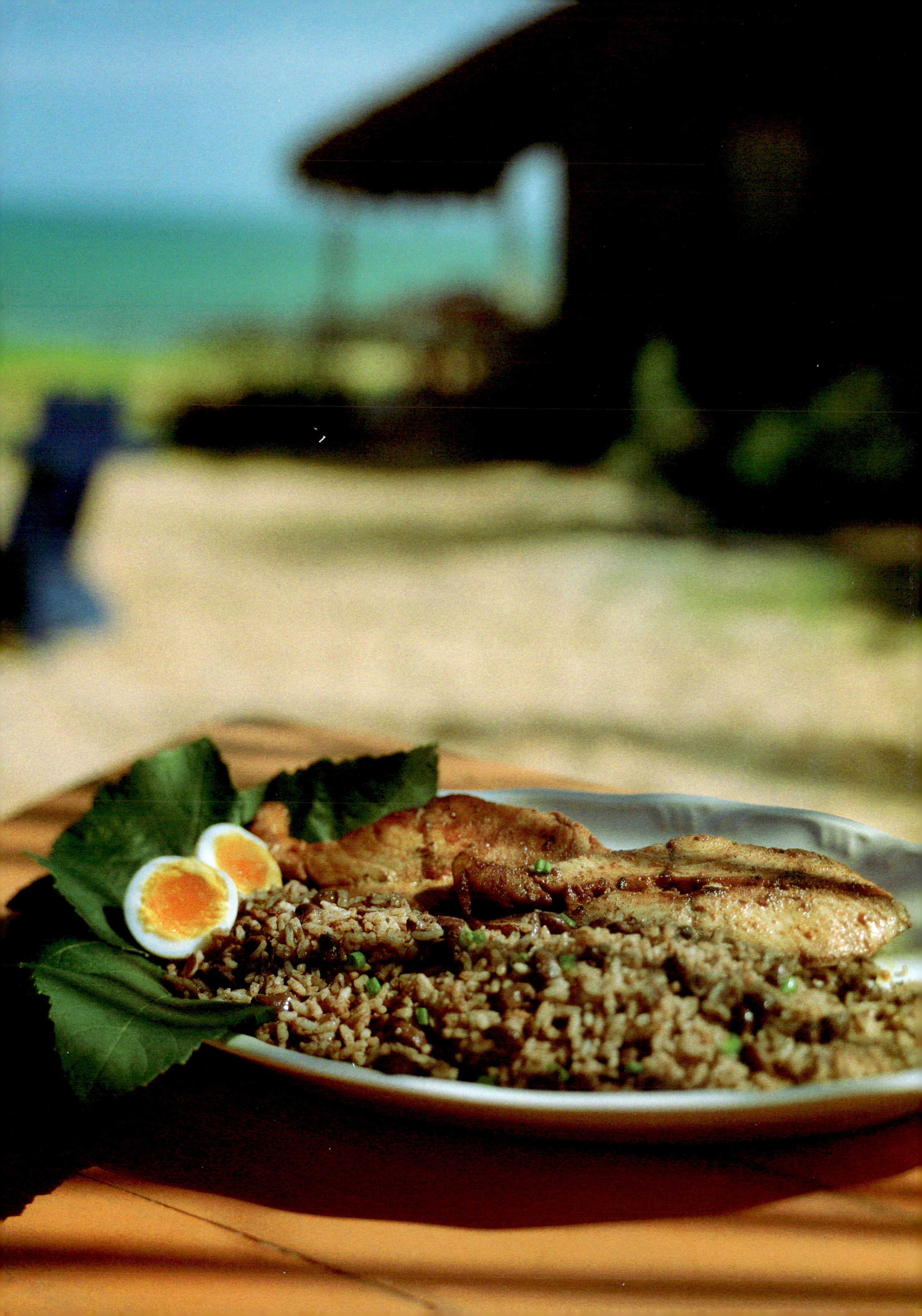

A LENDÁRIA CAJUÍNA

Quem prova fica conquistado logo ao primeiro gole. Mas a conquista começa antes, pelo seu aspecto límpido, de um amarelo dourado, servida em garrafas transparentes para mostrar toda a sua beleza. A cajuína é preparada com o sumo do caju, que não deve ser lavado com água: se for preciso, que seja lavado com o próprio sumo que nessa altura já pode ser servido como cajuada. Mas a cajuína, essa precisa de um pouco mais de paciência. Não se adiciona açúcar nenhum, mas, em compensação, acrescenta-se uma placa de cola de sapateiro e deixa-se repousar. A cola provoca uma precipitação que deixa à tona um líquido translúcido e, no fundo, uma massa esbranquiçada. O líquido transparente da superfície é retirado com uma concha de sopa, cuidadosamente, e a seguir, engarrafado e guardado na geladeira para nos dar ainda maior prazer.

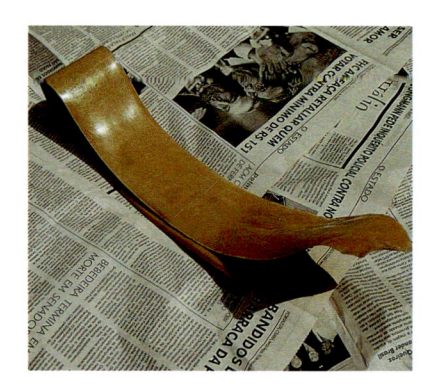

Queijadinha
100 QUEIJADINHAS

MASSA	RECHEIO
500 g de farinha de trigo	500 g de coco ralado
4 colheres de manteiga	500 g de açúcar
2 gemas	1 ½ xícara de água
2 colheres (sopa) de açúcar	5 cravos-da-índia
água suficiente para amassar	3 paus de canela
	8 gemas
	1 ½ colher (sopa) de farinha de trigo

1. Prepare o recheio de véspera: leve ao fogo, numa panela média, o açúcar com a água, o coco e a canela, mexendo até o açúcar se dissolver. Pare de mexer e deixe ferver até chegar ao ponto de pasta (cerca de 12 minutos de fervura).
2. Numa tigela, misture o coco ralado com as gemas, junte à calda, mexendo até aparecer o fundo da panela. Polvilhe com a farinha e cozinhe por 2 minutos, mexendo sempre.
3. Retire do fogo, passe para um prato levemente untado com manteiga e deixe esfriar até o dia seguinte.
4. Prepare a massa: peneire a farinha numa tigela, abra um espaço no centro e ponha a manteiga, as gemas e o açúcar. Misture bem, amassando e juntando água aos poucos até que fique tudo bem ligado.
5. Abra a massa com um rolo sobre uma superfície enfarinhada até obter uma espessura fina. Recorte em discos com cerca de 4 cm de diâmetro.
6. Recheie cada disco com uma bolinha do recheio e faça biquinhos ao redor da massa beliscando-os levemente. Ponha em assadeiras polvilhadas com farinha de trigo e peneire um pouco da farinha sobre as queijadinhas.
7. Leve ao forno preaquecido em temperatura quente (200°C) e asse até ficarem levemente douradas. Retire-as das assadeiras e passe uma escovinha ou pincel sobre cada uma para tirar o excesso de farinha.

SABORES DO SERTÃO

Aqueles que já se aproveitaram da brisa doce do mar, numa das praias do nordeste, com certeza não se esquecem da imagem inusitada dos vendedores de queijo de coalho, que o vendem em palitos, como picolés, aquecido nas brasas de um esvoaçante fogareiro, numa cena que mais parece a de um incensador acionado por um coroinha ensandecido.

O queijo do sertão é chamado de coalho quando não talha naturalmente, recebendo um "coagolizante" que, tempos atrás, era produzido pelo estômago de animais roedores como a preá ou o mocó. Hoje só se usa coalho industrializado que, por sua vez, também é de origem animal.

Esse coalho é dissolvido numa pequena quantidade de soro, originado de produções anteriores de queijo, e depois misturado ao leite que, num tambor, em pouco mais de 15 minutos se transformará numa coalhada. Depois de receber mais um pouco de soro fervente, a coalhada será despedaçada a golpes de pá, pelo queijeiro, e os pedaços coalhados descerão para o fundo do tambor ficando na superfície apenas o soro.

Levado para a desnatadeira, o soro será separado da nata ou creme que, mais tarde, será transformado em manteiga de garrafa. O soro desnatado será reservado para operações futuras. A coalhada, separada do soro, será salgada a gosto, amassada, e ficará escorrendo sobre uma peneira de madeira. Irá, então, para dentro de fôrmas retangulares de ferro forradas de pano fino, fôrmas essas chamadas de chinchos, que serão pressionadas por uma prensa cerca de 30 minutos, até os queijos perderem quase todo o líquido. Desenformados, os queijos de coalho, brancos, estão prontos para o consumo, ou irão ainda para um tacho, mergulhados em soro desnatado, onde cozinharão por 4 ou 5 horas para se transformarem num queijo de tom amarelado e de casca mais rija, que, em geral, recebe a marca do dono aplicada por um ferro em brasa.

Da nata reservada faz-se a apreciadíssima manteiga de garrafa, sempre líquida, acompanhamento indispensável de uma boa carne-de-sol. Isso acontece cerca de 4 horas depois de um cozimento em que a nata é mexida com uma pá até começar a engrossar, quando passa a ser mexida por um caneco, em movimentos de baixo para cima. Fica então esfriando no tacho até ser engarrafada. No fundo do tacho fica a borra da manteiga, cor de chocolate, o chamado resíduo. Comido com açúcar e canela, é delícia que atrai gente de longe em busca de um pedacinho da iguaria. Para produzir cerca de quinze queijos, são necessários duzentos litros de leite.

Especialidade de todas as regiões sertanejas, o queijo de coalho ou o de manteiga (coalhado com o próprio soro do leite) dependem do pasto consumido pelo gado para resultarem num produto de qualidade. A região do Seridó, no Rio Grande do Norte, é lendária, tanto pela sua famosa carne de sol como pelo sabor dos seus queijos produzidos nos arredores da cidade de Caicó.

Bolo Souza Leão

22 porções

É o bolo mais famoso do Brasil, verdadeira lenda da nossa doçaria tradicional. Traz o nome da família em que nasceu, do velho Pernambuco dos engenhos de açúcar. A família tem vários ramos provenientes dos onze engenhos que lhe pertenciam: Morenos, Tapera, Bom Dia, Xixaim, Algodoeiras, entre outros. Há várias receitas do bolo, com pequenas variações nas quantidades dos ingredientes e, às vezes, a introdução de um ou outro pormenor, consoante o engenho ao qual pertenciam. Esta receita foi dada por d. Rita de Souza Leão Barreto Coutinho que, na foto menor, aparece ladeada por Izabel de Souza Leão Veiga e Eudes de Souza Leão Pinto, do ramo do Engenho Morenos, apreciando o bolo que espalhou o nome da família por todo o Brasil.

1 kg de açúcar
2 xícaras de água fria
2 xícaras de manteiga
1 colher (chá) de sal
1 kg de massa de mandioca (puba)
16 gemas
3 xícaras de leite de coco
3 paus de canela
1 colher (chá) de cravos-da-índia
1 colher (chá) de sementes de erva-doce

1. Aqueça o forno em temperatura alta (220°C).
2. Unte com manteiga uma fôrma redonda alta de 27 cm.
3. Numa panela, ponha o açúcar e a água, misture, leve ao fogo alto e, mexendo sempre, deixe o açúcar se dissolver e a calda começar a ferver. Pare de mexer e deixe a calda ficar em ponto de fio brando. Tire do fogo, junte imediatamente a manteiga e o sal, misture e deixe esfriar completamente.
4. Numa tigela, ponha a massa de mandioca (veja "bolo de carimã", pág. 131) e, alternadamente, junte as gemas uma a uma e o leite de coco, amassando bem. Acrescente a calda fria e misture. Coe três vezes numa peneira fina e adicione as especiarias.
5. Despeje a massa na fôrma, leve ao forno preaquecido e asse em banho-maria cerca de 50 minutos ou até ficar dourado.
6. Tire do forno e deixe amornar. Desenforme, deixe esfriar, passe para um prato de servir e leve à mesa.

Bolo de rolo

70 FATIAS FINAS

Tão famoso quanto o Souza Leão, porém mais trabalhoso. À semelhança da "bibinca" desenvolvida pelos portugueses em Goa, e da "dobostorte" austríaca, é um bolo de camadas finíssimas de massa, intercaladas por um recheio de goiabada, no caso do delicioso doce pernambucano. As massas, depois de assadas e pinceladas com a goiabada, são enroladas. Para servir, são cortadas em fatias tão finas quanto as camadas do bolo.

MASSA
2 ½ xícaras de manteiga sem sal em temperatura ambiente
2 ¾ de xícara de açúcar
8 gemas
4 xícaras de farinha de trigo
8 claras em neve

RECHEIO
700 g de goiabada picada
4 colheres (sopa) de água ou vinho branco

COBERTURA
6 colheres (sopa) de açúcar cristal

1. Prepare o recheio: leve ao fogo brando a goiabada com a água ou o vinho, mexendo até obter uma pasta. Retire do fogo, deixe esfriar e divida em 8 porções. Reserve.
2. Bata a manteiga na batedeira até ficar clara. Junte o açúcar aos poucos e bata por 5 minutos. Acrescente as gemas, uma a uma e bata até obter um creme claro.
3. Diminua a velocidade da batedeira e adicione a farinha, aos poucos, até obter uma massa homogênea.
4. Junte as claras em neve, delicadamente, sem bater, misturando com um batedor de varas ou uma espátula.
5. Unte uma assadeira de 28 cm x 48 cm x 1 cm de altura e espalhe 1 xícara da massa, usando uma faca ou uma espátula, para a camada ficar uniforme.
6. Leve ao forno preaquecido em temperatura quente (200°C) por 4 minutos. A massa não deve dourar. Desenforme sobre um pano seco polvilhado com açúcar cristal, com cuidado para a massa não quebrar. Espalhe uma parte da goiabada derretida sobre a massa e, com a ajuda do pano, enrole como rocambole, deixando-o na beirada do pano. Polvilhe o pano novamente com açúcar cristal e reserve.
7. Lave a assadeira, enxugue bem e unte novamente. Espalhe uma xícara da massa, procedendo como da primeira vez. Asse e desenforme sobre o pano. Espalhe mais goiabada sobre a massa e ponha o rocambole pronto na borda da massa. Enrole.
8. Repita até terminar a massa. Deverá render 8 massas. Deixe o bolo esfriar, corte as pontas, passe-o para o prato de servir e polvilhe com o açúcar.

Dona Ana Soares da Silva, da tradicional Casa dos Frios, coordena há anos a receita aqui mostrada nas suas várias etapas: a massa é espalhada com uma espátula numa grande assadeira, vai ao forno, é retirada da assadeira sobre um pano, recebe uma fina camada de goiabada derretida e fica a descansar até o momento de ser enrolada com outras massas preparadas da mesma maneira.

Galinha de cabidela

6 PORÇÕES

Quando Otília, por volta dos anos 1950, instalou o seu pequeno restaurante sobre palafitas literalmente construído dentro do rio Capibaribe, não podia imaginar o êxito que a esperava. Sua estrela começou com o nome: Buraco de Otília, dado por Gilberto Freyre que, como outros escritores, jornalistas e boêmios, passou a frequentar a casa. Hoje, Otília deve estar cozinhando no céu ao lado de Freyre e outros escritores, mas o Buraco continua nas mãos da sua filha. Não dentro do Capibaribe, mas na mesma Rua da Aurora que segue o correr do rio. A galinha de cabidela, cuja receita portuguesa mantém-se inalterada, é ainda o prato de maior procura.

4 colheres (sopa) de vinagre
1 galinha viva (cerca de 2 kg) ou um frango
1 cebola grande picada
2 colheres (sopa) de coentro picado
½ colher (chá) de cominho
2 dentes de alho amassados
½ colher (chá) de pimenta-do-reino
sal a gosto
2 colheres (sopa) de banha
1 colher (sopa) de farinha de trigo

1. Deite o vinagre num prato. Sangre a galinha cortando-a no pescoço e deixe o sangue cair no prato com o vinagre. Reserve o sangue.
2. Depene a galinha e passe-a levemente sobre a chama do fogão para tirar o resto da penugem. Abra a galinha e corte-a em pedaços. Limpe e lave com bastante limão. Enxugue os pedaços, ponha numa tigela, tempere com a cebola, o coentro, o cominho, o alho, a pimenta e sal a gosto. Deixe descansar por cerca de 2 horas.
3. Numa panela, aqueça a banha em fogo alto. Junte os pedaços de galinha com os temperos e refogue até ficarem dourados. Regue com água quente e cozinhe até ficarem macios.
4. À parte, dissolva a farinha de trigo em um pouco de água, junte ao sangue reservado e mexa bem. Despeje sobre a galinha com o molho fervente, tampe a panela e cozinhe por cerca de 1 minuto.
5. Tire do fogo, passe para um prato de servir e leve à mesa.

Paçoca de carne

4 PORÇÕES

Esta versão da paçoca, tradicionalmente batida no pilão durante muito tempo até ser triturada, traz esse prato do nosso sertão para dentro das nossas casas da cidade. Em vez do pilão, usa-se a eficiência do processador de alimentos.

    400 g de carne de sol
    ½ kg de farinha de mandioca
    3 cebolas roxas grandes fatiadas
    ½ xícara de manteiga de garrafa

1. Deixe a carne de sol de molho por pouco tempo, limpe-a bem, retire as gorduras e corte-a em pedaços pequenos.
2. Ponha a carne de sol numa frigideira com a manteiga da terra e frite bem.
3. Peneire a farinha, junte-a à carne de sol frita, acrescente a cebola roxa crua e vá passando aos poucos no processador de alimentos.
4. Em seguida prove o sal (é bom que fique levemente salgadinha). Depois leve ao fogo numa frigideira com mais manteiga da terra, para ficar úmida.
5. Sirva com banana crua ou lascas de rapadura. É acompanhamento sob medida para o baião de dois.

O acarajé do Recife: ainda um bolinho pequeno, como era o baiano há muitos anos. Feijão-verde, ou de corda, à venda num dos mercados do Recife. Em maio, a pitomba (Talisia intermedia) toma conta da cidade: uma frutinha de sabor infantil, adorada pelo pernambucano e por quem tem a oportunidade de prová-lu.

Arroz de leite

6 PORÇÕES

    3 xícaras de arroz integral
    4 xícaras de água
    4 xícaras de leite
    1 xícara de natas (ou creme de leite)
    sal a gosto

1. Ponha o arroz e a água numa panela grande, tampe-a e leve ao fogo. Quando ferver, baixe o fogo e deixe cozinhar.
2. Quando o arroz estiver quase cozido, acrescente o leite e continue a cozinhar.
3. Quando o leite secar, junte as natas, o sal, mexa bem e sirva quente.

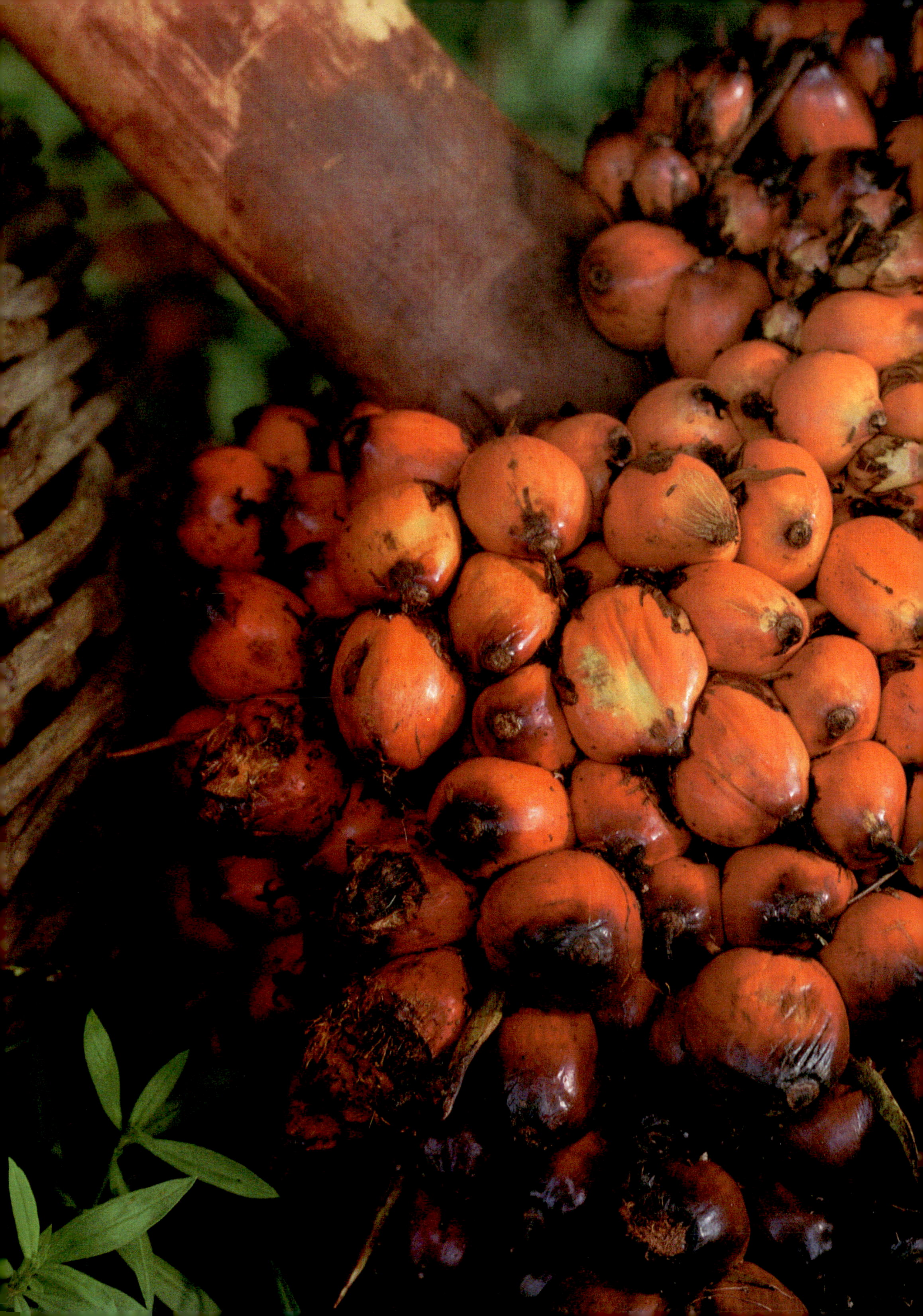

DENDÊ: DO VINHO AO ÓLEO

O grande pesquisador e historiador da cultura popular brasileira, Luís da Câmara Cascudo conta, na sua *História da alimentação no Brasil*, não ter tido notícia de nenhum óleo vegetal ou animal constante da alimentação diária africana durante os séculos XV e XVI. Parece então que a vinda da palmeira do dendê foi trazida para o Brasil não para a necessidade da alimentação básica dos escravos, mas para realçar a beleza da sua pele e cabelos.

Desde os tempos gregos, e talvez até muito antes, o homem se protegia das energias negativas passando óleos no corpo. E assim se protegia também o africano, utilizando o óleo do dendê para deixar a sua pele brilhante, realçando o seu corpo nos movimentos da dança. O dendê também serviu para dourar o negro que tivesse a pele desbotada. Mais tarde, já no século passado, descobriu-se que o *xoxô*, óleo extraído da amêndoa existente no interior do coquinho do dendê, era excelente para amaciar as cabeleiras encarapinhadas. Na alimentação, propriamente dita, nada de dendê. A não ser o vinho, isso mesmo, o vinho do dendê, que não fixou raízes nas terras brasileiras. O vinho, que continua a ser extraído nos países africanos, é obtido através de um furo no centro do broto dos ramos do dendezeiro.

DENDEZEIRO
(*Elaeis guineensis* ou *Palma spinosa*)
Da polpa do seu fruto é extraído o óleo de dendê que, ao contrário do que muita gente pensa, não tem colesterol, mas é bastante calórico. Conhecido como **huile de palme** *em francês*, **palm oil** *em inglês*.

Os frutos do dendê, além de fundamentais para produção do óleo indispensável na culinária afro-brasileira, têm papel importante nos terreiros de candomblé: são fetiches de Ifá, o orixá da adivinhação.

No Brasil, o óleo de dendê, talvez por ver o seu semelhante azeite de oliveira, herança das invasões mouras na Ibéria, abrilhantar a cozinha portuguesa, transformou-se no ingrediente básico da culinária afro-brasileira. Hoje também é utilizado em grande escala na alimentação africana, cuja produção é uma das principais fontes de renda dos países da costa oeste. Durante muitos anos a zona do Recôncavo Baiano foi a maior produtora do óleo de dendê no Brasil. Hoje, esse bastão foi passado para a Amazônia, onde a indústria processa o dendê especialmente para a exportação, clarificando e desodorizando o óleo que resulta num produto incolor, perfeito para as frituras tão apreciadas na Ásia, seu principal destino.

É na Bahia, porém, entre as cidades do Salvador e de Ilhéus que, apesar de algumas indústrias modernas, ainda se pode encontrar o dendê sendo extraído de uma maneira quase medieval, cozido em grandes tachos de ferro e depois espremido por uma imensa roda de pedra puxada pelo corpo suado e pesado de um forte animal. É o chamado azeite de rodão.

O óleo de dendê, chamado *de palma* na África e no resto do mundo, passou a ser chamado de azeite por influência do seu irmão português. Na Bahia de hoje, *azeite* é o de dendê. O outro, para ser reconhecido, precisa de nome e sobrenome: é azeite doce.

Nos mercados baianos as garrafas de óleo de dendê exibem uma cor quente e exuberante. Além do óleo vulgar, é vendido o flor de dendê, dendê-flor ou flor de azeite, mais fino, de aspecto escuro e translúcido, e, mais raramente, o bambá, borra de óleo fino.

Para a extração do óleo é preciso, antes, cozinhar o fruto extraordinariamente rijo. Dentro encontra-se um coco, cujo interior abriga uma amêndoa da qual se extrai um outro óleo, o palmiste, atualmente destinado apenas à indústria de óleos e margarinas.

Nas roças que beiram a chamada Estrada do Dendê, entre Nazaré das Farinhas e Ilhéus, sul da Bahia, o óleo de dendê ainda é extraído de maneira quase medieval. Tudo é aproveitado desse fruto extraordinário. Os cachos de dendê, extremamente difíceis de ser tratados, são desfeitos a marretadas, necessitando de grande força física para isso. Depois são peneirados numa grande tela de onde são lançados para cozer ao vapor de um imenso fogão, cujo combustível é o cacho vazio de seus frutos, o oguxó, depois de seco ao sol. Cozidos, são levados a um cocho circular onde um rodão de pedra, puxado por tração animal, esmaga os frutos. A seguir são lavados num tanque onde liberam o óleo que será engarrafado. O torrão resultante do esmagamento dos frutos ainda serve de excelente alimento para o gado.

Nas indústrias, os cachos são despejados nos debulhadores, grandes máquinas que fazem a separação de frutos e cachos em grande velocidade. Daí os frutos partem para a esterilização e a seguir são cozidos num tipo de autoclave, uma gigantesca panela de pressão. Seguem os frutos depois para a prensa onde é espremido o óleo bruto, que depois é fervido, liberto de resíduos, centrifugado e finalmente embalado.

Acarajé

20 ACARAJÉS

Trajado impecavelmente com roupas que chamam a atenção do passante, Nailton Santana, o Cuca, primeiro baiano de acarajé (página ao lado), provocou polêmica entre os tradicionalistas que não admitem homens nessa profissão quase sagrada e inicialmente reservada às mulheres. Comida de rituais levada para as ruas por baianas do passado, o acarajé, do nagô *acará* (bolinho) e *jé* (comer), faz parte do dia a dia baiano de todos os níveis sociais.

5 xícaras (1 kg) de feijão-fradinho
2 colheres (chá) de sal
azeite de dendê para fritar
1 cebola inteira
2 cebolas médias raladas

MOLHO DE CAMARÕES
2 xícaras de camarões secos defumados

4 colheres (sopa) de azeite de dendê
1 cebola grande cortada em fatias finas

MOLHO DE PIMENTA
cascas e cabeças de camarão reservados da receita de molho de camarão
4 colheres (sopa) de azeite de dendê
1 cebola grande ralada
3 pimentas-malagueta bem amassadas

1. Na véspera, ponha o feijão no copo do liquidificador e bata em velocidade alta somente para triturá-lo grosseiramente (em Salvador é vendido já partido). Passe para uma tigela e lave sob água corrente para eliminar parte das cascas. Cubra com água e deixe de molho durante a noite.

2. No dia seguinte, elimine o restante das cascas, escorra a água e ponha o feijão no copo do liquidificador. Junte o sal e bata em velocidade alta até obter uma massa bem homogênea. Passe para uma tigela e reserve.

3. Prepare o molho de camarões: descasque os camarões e reserve as cascas e as cabeças para preparar o molho de pimenta. Numa frigideira, deite o azeite de dendê, leve ao fogo médio e deixe aquecer. Junte a cebola e frite por 2 a 3 minutos. Acrescente os camarões descascados e frite por mais 7 a 10 minutos. Tire do fogo e reserve.

4. Prepare o molho de pimenta: preaqueça o forno em temperatura média (180°C). Elimine os olhos e as barbas dos camarões. Ponha então as cabeças e as cascas numa assadeira, leve ao forno preaquecido e deixe torrar. Tire do forno, ponha no copo do liquidificador, bata em velocidade alta até

Durante o ritual católico da missa de ação de graças do dia da Baiana do Acarajé, um prato dos famosos bolinhos é entregue ao pároco da igreja do Rosário dos Pretos na cerimônia do ofertório.

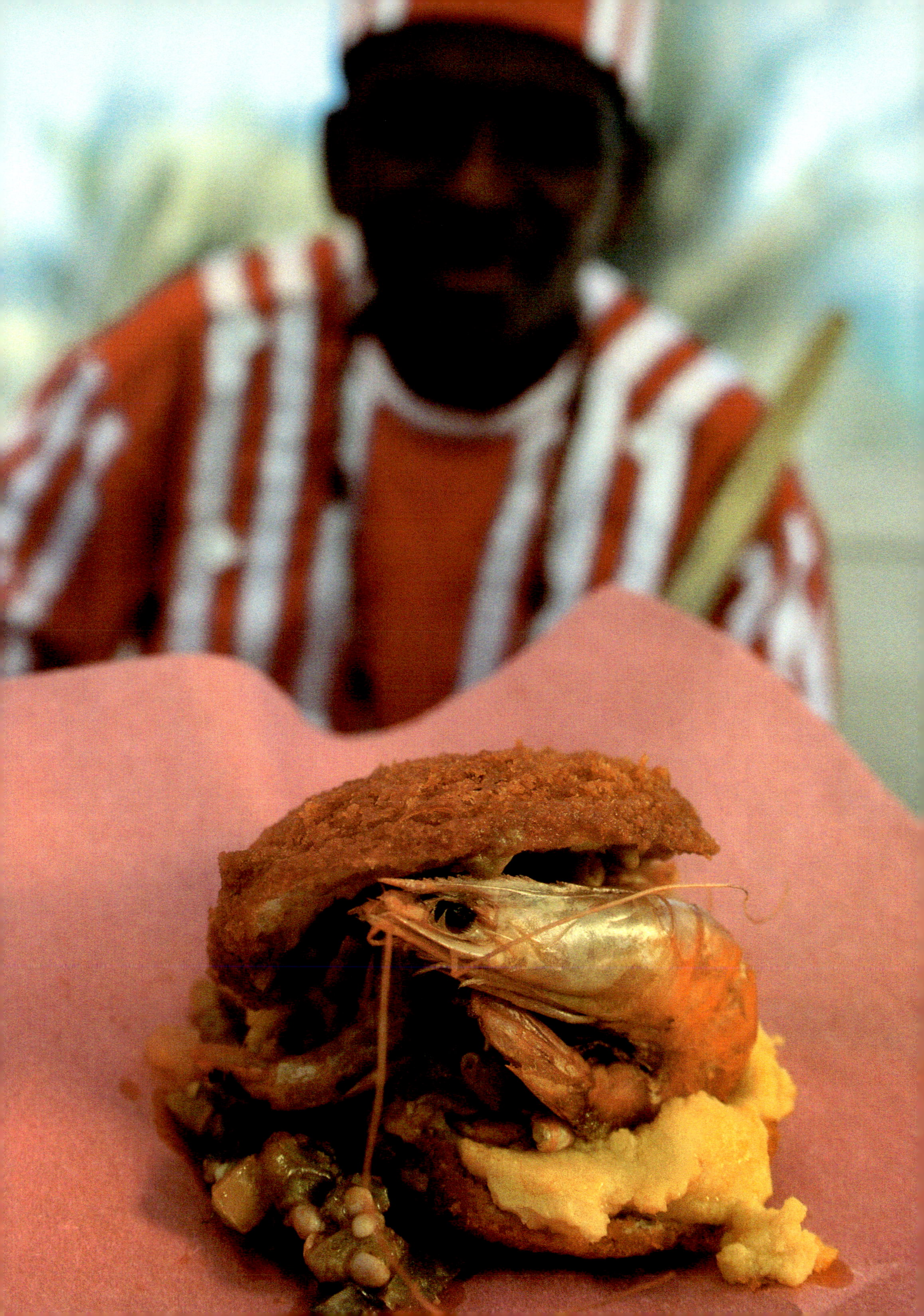

reduzir a pó e reserve. Deite o azeite de dendê numa frigideira e aqueça em fogo médio. Junte a cebola ralada e frite por 2 a 3 minutos. Acrescente o pó de camarão reservado, a pimenta-malagueta amassada, misture rapidamente, tire do fogo e reserve.

5. Prepare os acarajés: deite o azeite de dendê numa frigideira grande e funda até atingir cerca de 3 cm de altura, junte a cebola inteira, leve ao fogo alto e deixe aquecer bem.

6. Enquanto isso, acrescente a cebola ralada à massa de feijão reservada e bata fortemente com uma colher de pau até obter uma mistura bem fofa.

7. Quando a cebola que está no óleo começar a soltar fumaça, frite os acarajés: usando uma colher de sopa, deposite colheradas da massa de feijão no óleo quente e frite até ficarem douradas por igual. Retire com uma escumadeira e deixe escorrer sobre toalhas de papel absorvente. Para servir, abre-se o acarajé ao meio e recheia-se com os molhos preparados e mais vatapá, caruru, salada, formando um verdadeiro sanduíche. Mas, servido apenas com o molho de pimenta, já é maravilhoso.

Efó

8 PORÇÕES

Todos os orixás do Candomblé adoram comer efó, com exceção de Oxalá, que detesta comida temperada. A maioria dos mortais considera este prato, um esparregado saborosíssimo, um dos melhores da nossa culinária.

1 ½ xícara de amendoim torrado
1 xícara de castanha de caju torradas
3 ⅓ de xícaras de camarões secos descascados
2 cebolas grandes cortadas em quartos
3 dentes de alho
2 colheres (sopa) de coentro picado
5 xícaras de folhas de língua-de-vaca limpas e lavadas
1 xícara de água
1 xícara de leite de coco
4 colheres (sopa) de azeite de oliveira
1 ½ xícara de azeite de dendê
sal e pimenta-malagueta a gosto

LÍNGUA-DE-VACA
(Portulaca raccemosa ou Talinum paniculatum)

Assim é chamada, na Bahia, a erva nativa de folhas carnosas, conhecida como manjongome no Ceará, major gomes ou bredo em Pernambuco, maria-gorda ou maria-gomes em São Paulo, bênção-de-deus no Maranhão, caruru na Amazônia. Consumida cozida ou crua em saladas.

1. No copo do liquidificador, ponha o amendoim, as castanhas, os camarões, as cebolas, os dentes de alho e o coentro e bata até triturar bem. Reserve.

2. Numa panela grande, ponha as folhas de língua-de-vaca afervantadas e a água, leve ao fogo alto e deixe ferver. Escorra, esprema as folhas, pique-as bem miudinho e ponha de volta à panela vazia.

3. Junte os ingredientes reservados, mais o leite de coco, o azeite de oliveira e o azeite de dendê, misture bem e cozinhe, mexendo de vez em quando, por cerca de meia hora ou até obter uma mistura ligeiramente seca.

4. Verifique o tempero e acrescente sal e pimenta-malagueta a gosto.

5. Tire do fogo, passe para um prato de servir e leve quente à mesa, acompanhado de arroz branco.

NOTA

As folhas de língua-de-vaca podem ser substituídas por espinafres ou folhas de taioba ou mostarda.

Criado pelo chef Luís Cintra para o Trapiche Adelaide, sofisticado restaurante de Salvador, este prato sertanejo e simples recebe toques de requinte na sua apresentação.

Carne-seca com purê de jerimum e aipim palha
4 PORÇÕES

1 colher (sopa) de óleo de girassol
1 colher (sopa) de cebola picada
600 g de carne-seca (coxão mole magro) demolhada e cozida
1 colher (sopa) de pimentão vermelho picado
1 colher (sopa) de vinagre

PURÊ DE JERIMUM
1 colher (sopa) de óleo de girassol
1 colher (sopa) de cebola picada
600 g de abóbora madura descascada
¼ de xícara de leite de coco
1 colher (sopa) de coentro picado
sal a gosto

AIPIM PALHA
400 g de aipim (mandioca-mansa, macaxeira)
óleo de girassol para fritar
sal a gosto

1. Numa frigideira grande, deite o óleo e leve ao fogo para aquecer. Acrescente a cebola e deixe dourar. Junte a carne-seca desfiada, o pimentão e o vinagre e refogue por 5 minutos, mexendo sempre.
2. Numa panela pequena, deite o óleo, junte a cebola, a abóbora cortada em cubos e deixe cozinhar tampada até desmanchar.
3. Escorra, passe para uma tigela e amasse a abóbora com uma colher de pau, junte o leite de coco até ficar com uma consistência de purê, acrescente o coentro e corrija o sal.
4. Descasque o aipim, corte em pedaços e rale no lado grosso do ralador. Ponha dentro de uma tigela, cubra com água e deixe descansar por duas horas. Escorra, esprema para tirar o excesso de goma, estenda sobre um pano limpo para secar e frite no óleo bem quente até dourar. Deixe escorrer em toalha de papel, polvilhe com o sal.
5. Sirva em pratos individuais: disponha o purê de abóbora no fundo de cada prato, empilhe no centro a carne-seca e, por cima ou ao redor, o aipim palha. Decore com folhas de coentro ou salsa.

Moqueca de peixe

4 porções

- 4 postas de peixe (namorado ou cavala)
- 1 colher (sopa) de suco de limão
- sal e pimenta-do-reino a gosto
- 2 colheres (sopa) de azeite de oliveira
- 4 colheres (sopa) de azeite de dendê
- 1 cebola grande cortada em rodelas
- 2 pimentões (1 vermelho e 1 verde) cortados em tiras
- ½ xícara de leite de coco
- 3 colheres (sopa) de folhas de coentro picadas

1. Ponha as postas numa tigela, tempere com o suco de limão, sal e pimenta a gosto e deixe descansar por 30 minutos.
2. Numa panela de barro, de preferência, deite o azeite de oliveira e o azeite de dendê, leve ao fogo alto e deixe aquecer. Junte a cebola e doure levemente, mexendo de vez em quando. Acrescente os pimentões, regue com o leite de coco, misture e cozinhe por cerca de 5 minutos.
3. Ponha as postas de peixe na panela e polvilhe com o coentro. Tampe e continue o cozimento até o peixe ficar macio.
4. Tire a moqueca do fogo e sirva imediatamente.

NOTA

Também podem-se preparar moquecas de carne fresca ou de ovos. Para a primeira, utiliza-se carne já cozida e desfiada, que é acrescentada ao refogado já cozido de dendê, e deixa-se cozinhar por mais 10 minutos, cuidando para não deixar o molho secar. Para a segunda, quebram-se os ovos delicadamente sobre o refogado já cozido, cuidando para que não se partam as gemas. Tampa-se a panela e regam-se as gemas com o caldo do refogado, de vez em quando, até os ovos atingirem o ponto desejado: moles ou duros.

Moqueca de camarões

6 porções

- 1 kg de camarões médios
- 1 cebola grande cortada em rodelas, separadas em anéis
- 2 pimentões (1 vermelho e 1 verde) médios, sem sementes, cortados em tiras
- 2 colheres (sopa) de azeite de oliveira
- 1 colher (sopa) de suco de limão
- sal e pimenta-do-reino a gosto
- 4 colheres (sopa) de azeite de dendê
- ½ xícara de leite de coco
- 3 colheres (sopa) de folhas de coentro picadas

1. Limpe e descasque os camarões. Numa panela de barro, de preferência, ponha os camarões, cubra com a cebola e os pimentões, regue com o azeite de oliveira e o suco de limão e polvilhe com sal e pimenta a gosto.
2. Deixe descansar por 30 minutos e regue com o azeite de dendê.
3. Leve a panela ao fogo brando, tampe ou vede com papel-alumínio e cozinhe, sem mexer, por cerca de 10 minutos ou até os pimentões ficarem macios e o excesso de líquido evaporar.
4. Junte o leite de coco e cozinhe somente até ferver. Polvilhe com coentro picado, tire do fogo e leve imediatamente à mesa na própria panela em que foi preparada.

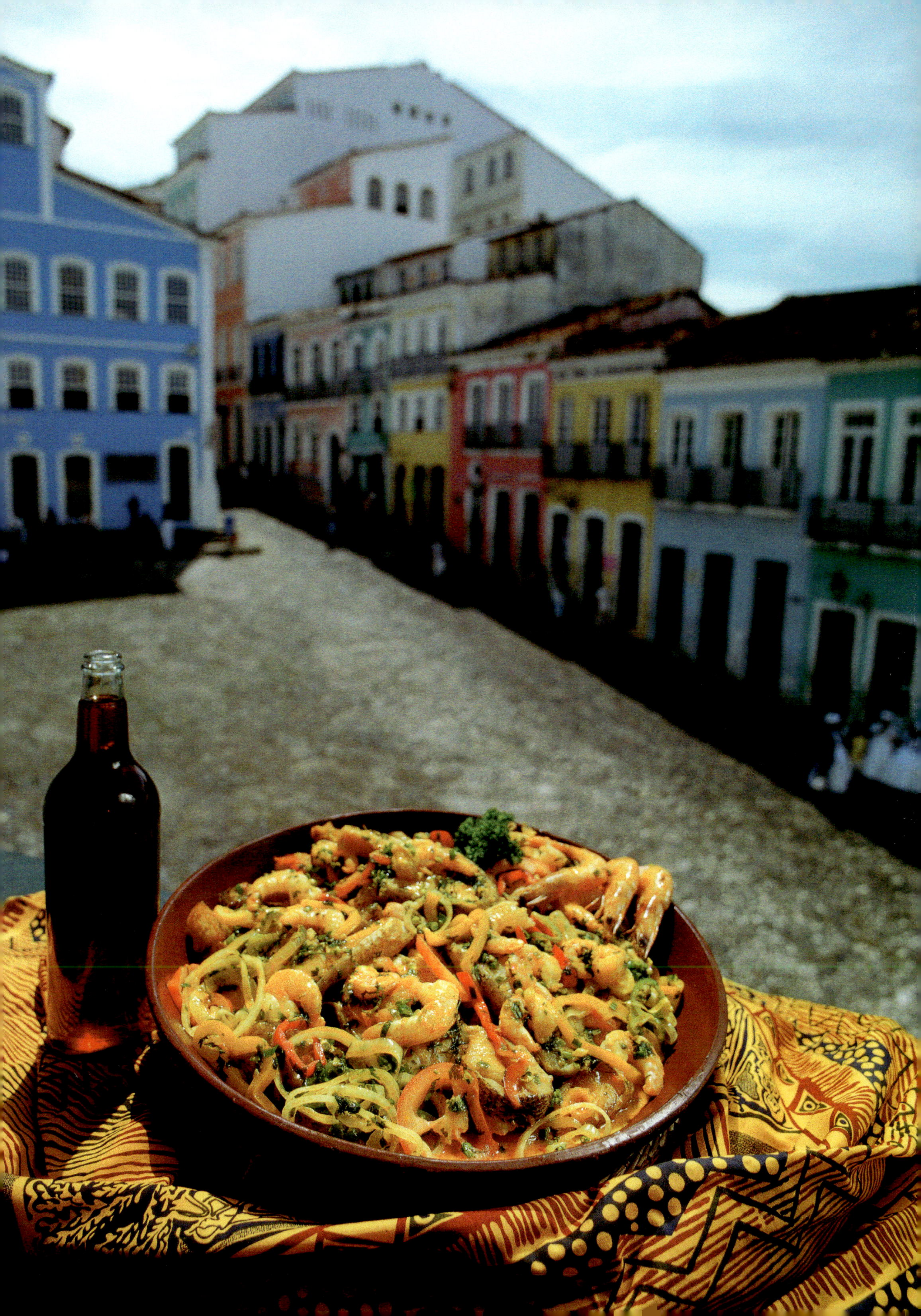

Nascida de uma família humilde da roça da pequena Sítio do Conde, interior da Bahia, Aldeci dos Santos teve muitos altos e baixos na vida antes de transformar-se na Dadá, hoje uma das mais famosas chefes de cozinha do Brasil. Famosa pelo seu tempero, fez de um modestíssimo endereço escondido atrás do Campo Santo, um cemitério no bairro da Federação, em Salvador, um ponto de encontro dos chamados multiplicadores de opinião. O resultado foi a abertura de mais um restaurante no Pelourinho, quando a sua fama saltou fronteiras até ser obrigada a abrir mais outro restaurante, desta vez na exigente São Paulo. O Tempero da Dadá, como se chamava o restaurante, não parava de crescer, e Dadá, com o seu sorriso, foi conquistando mais espaços até não poder mais e... estourar. Em mais um dos baixos da sua vida, Dadá deu a volta por cima e recomeçou o trabalho nos dois endereços que lhe deram fama, na Federação e no Pelourinho, desta vez com novos nomes: Varal da Dadá e Sorriso da Dadá. O nome Tempero da Dadá foi perdido para o ex-sócio e ex-marido. Mas o seu tempero inconfundível não se perdeu: continua a cair das suas mãos protegidas por Oxum, abençoando com alegria e prazer os pratos tradicionais da cozinha afro-brasileira.

Bobó de camarão da Dadá

4 PORÇÕES

CREME DE AIPIM
1 kg de aipim descascado e ralado
1 kg de cebolas picadas
1 kg de tomates maduros e firmes picados
2 pimentões verdes picados
1 ramo pequeno de coentro bem picadinho
leite grosso de 1 ½ coco
2 xícaras de azeite de oliveira

CAMARÕES
1/2 xícara de azeite de oliveira
1 dente de alho picado
sal a gosto
1 galhinho de coentro
3 tomates maduros e firmes picados
3 cebolas picadas
1 ½ pimentão verde médio picado
1 kg de camarões grandes descascados e limpos
leite grosso de 2 cocos
2 colheres (sopa) de azeite de dendê

1. Prepare o creme: numa panela grande, junte o aipim ralado, as cebolas, os tomates, os pimentões e o coentro. Leve ao fogo alto, juntando, aos poucos e alternadamente, o leite de coco e o azeite de oliveira, mexendo sempre, com cuidado, para não deixar o creme grudar no fundo. Continue mexendo por 10 minutos, até o creme se soltar do fundo da panela.
2. Prepare os camarões: numa panela média, deite o azeite de oliveira, o alho, o sal, o coentro, os tomates, as cebolas, o pimentão e os camarões e leve ao fogo alto. Introduza, aos poucos, o leite de coco e deixe no fogo alto por 5 minutos.
3. Mexendo sempre, junte o creme de aipim e deixe cozinhar por mais 5 minutos. Antes de tirar do fogo, acrescente o azeite-de-dendê. Sirva bem quente, acompanhado de arroz branco.

Vatapá

10 PORÇÕES

Há divergências a respeito da origem deste prato. Pode ser que, pela semelhança com a técnica de preparo da açorda portuguesa, seja de origem ibérica, com temperos africanos, aos poucos, introduzidos pelos escravos. O fato é que não é comida de santo. Alguns pesquisadores, entre eles Vivaldo da Costa Lima, o encontraram na África de hoje. Mas quem sabe se não foi levado pelos escravos libertos que retornaram da Bahia? As receitas mais antigas empregam galinha ou garoupa cozidas sempre com a menor quantidade possível de água. Outras utilizam carne verde, peixe assado ou salgado ou bacalhau, como aqui, numa receita aburguesada, tirada de um velho caderno da família Gama do Prado.

700 g de bacalhau
1 cebola grande cortada em pedaços
2 dentes de alho
2 tomates grandes, sem pele e sementes, cortados em pedaços
1 pimentão vermelho médio, sem sementes, cortado em pedaços
¾ de xícara de folhas de coentro
2 pães de fôrma sem casca
1 xícara de água
3 xícaras de leite de coco
½ xícara de azeite de dendê
1 xícara de camarões secos defumados sem casca e cabeças
2 colheres (sopa) de gengibre fresco ralado
1 xícara de castanhas de caju picadas
sal e pimenta-do-reino a gosto

1. Ponha o bacalhau com a pele voltada para cima numa tigela, cubra com água fria e deixe de molho por 36 horas, trocando a água 3 a 4 vezes por dia (se o tempo estiver quente, deixe a tigela na geladeira). No dia do preparo, escorra o bacalhau e elimine a pele e as espinhas.
2. Passe o bacalhau na máquina de moer ou no processador de alimentos junto com a cebola, os dentes de alho, os tomates, os pimentões e as folhas de coentro. Ponha a mistura numa tigela, cubra com papel-filme e deixe pegar gosto.
3. Enquanto isso, numa tigela grande, esmigalhe o pão com as mãos. Umedeça com a água e 1 xícara do leite de coco e deixe de molho por, no mínimo, 30 minutos. Ponha o pão no copo do liquidificador, bata em velocidade alta até triturar bem e passe para uma tigela.
4. Numa panela grande, deite o azeite-de-dendê, leve ao fogo alto, deixe aquecer e junte a mistura de bacalhau e os camarões secos defumados. Cozinhe, mexendo de vez em quando com uma colher de pau, por 15 a 20 minutos.
5. Acrescente o pão e o leite de coco restante e continue a cozinhar, mexendo sempre, até surgirem bolhas na superfície da mistura. Junte o gengibre e as castanhas de caju, cozinhe por mais 5 minutos, verifique o tempero e acrescente sal e pimenta a gosto.
6. Tire do fogo, passe para uma tigela de barro, de preferência, e leve à mesa.

Farofa amarela

6 PORÇÕES

½ xícara de azeite de dendê
1 cebola grande cortada em rodelas finas
2 xícaras de farinha de mandioca crua
sal a gosto

1. Numa frigideira grande, deite o dendê, leve ao fogo alto e deixe aquecer. Junte a cebola e frite, mexendo com uma colher de pau, até ficar dourada.
2. Aos poucos, acrescente a farinha de mandioca, mexendo sempre, até obter uma farofa não muito seca (se não for necessário, não use toda a farinha).
3. Tempere com sal a gosto, misture e sirva numa travessa.

Arroz de hauçá

8 PORÇÕES

Trazido pelos hauçás, muçulmanos (apelidados de *malês* pelos nagôs), habitantes do norte da Nigéria, este prato é um dos mais representativos da culinária afro-brasileira.

2 kg de charque (carne-seca) sem gordura
4 xícaras de arroz lavado e escorrido
½ colher (sopa) de farinha de arroz (creme de arroz)
1 ²/₃ de xícara de leite de coco
6 xícaras de água
½ xícara de óleo
1 kg de cebolas cortadas em rodelas bem finas
3 dentes de alho amassados

MOLHO
1 xícara de azeite de dendê
2 cebolas grandes picadas
1,5 kg de camarões secos defumados sem casca

1. Na véspera, corte o charque em tiras finas, ponha numa tigela, cubra com água fria e deixe de molho durante a noite.
2. No dia seguinte, escorra o charque, passe para uma panela grande, cubra com a água, leve ao fogo alto e deixe ferver.
3. Abaixe o fogo e continue o cozimento até a carne ficar macia. Tire do fogo, escorra e reserve.
4. Prepare o arroz: numa panela grande, ponha o arroz e a água e leve ao fogo médio para cozinhar, sem nenhum tempero, mexendo sempre com uma colher de pau para que fique bem grudento.
5. Quando o arroz estiver parcialmente cozido, dissolva o creme de arroz no leite de coco, acrescente ao arroz, misture e continue mexendo até que fique bem cozido e com uma consistência bem empapada.
6. Enquanto o arroz cozinha, prepare o molho: numa frigideira, deite o dendê e aqueça em fogo médio. Junte a cebola picada e cozinhe até ficar macia. Acrescente os camarões, misture, tampe a panela e cozinhe em fogo brando, juntando água aos poucos, se necessário, até os camarões ficarem macios. Tire do fogo e reserve.
7. Prepare o charque: numa frigideira grande, deite ½ xícara de óleo, as rodelas de cebola e o alho amassado, leve ao fogo alto e frite, mexendo até a cebola dourar.
8. Com uma escumadeira, passe a cebola para uma travessa. Acrescente à frigideira o charque, aos poucos, e frite até dourar. Junte a cebola e misture.
9. Distribua o arroz na borda de um prato de servir redondo, ponha a carne com cebola no centro e, por cima do arroz, distribua um pouco do molho.
10. Leve à mesa com o molho restante à parte.

NOTA

Se quiser, prepare o arroz à maneira brasileira, refogando 4 dentes de alho picados em 5 colheres (sopa) de óleo vegetal. Então, acrescente o arroz, mexa até dourar um pouco, acrescentando depois a água e o leite de coco. Deixe cozinhar mexendo sempre.

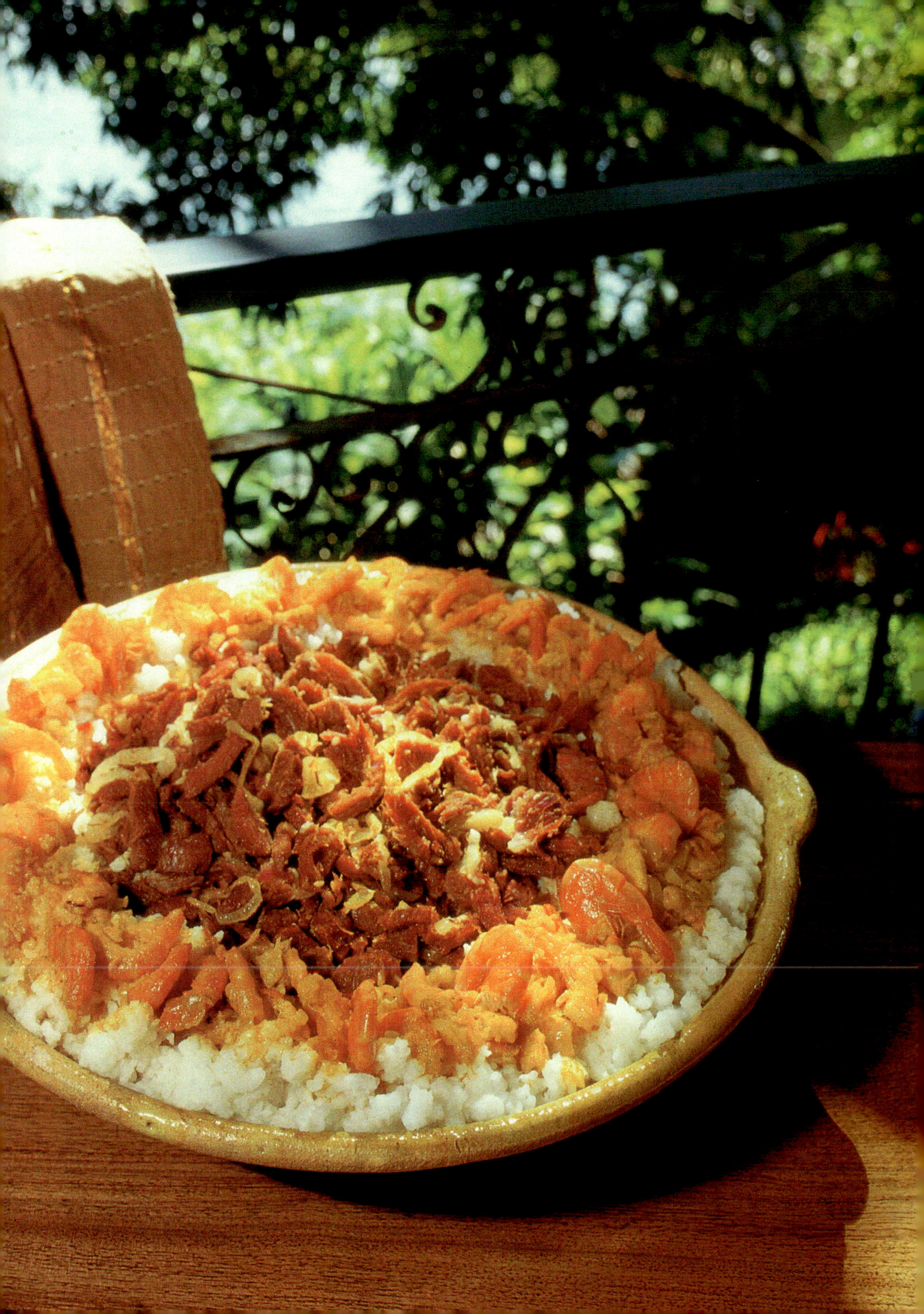

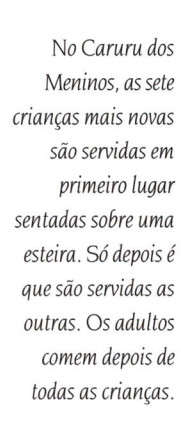

No Caruru dos Meninos, as sete crianças mais novas são servidas em primeiro lugar sentadas sobre uma esteira. Só depois é que são servidas as outras. Os adultos comem depois de todas as crianças.

A FESTA DOS MENINOS

Em 27 de setembro celebra-se o dia do Ibêji, ou Bêji, orixás gêmeos nagôs, festejados mais fora do que dentro dos candomblés. A cidade do Salvador torna-se uma festa só. Quase todas as famílias, mesmo as que dizem que não têm nada a ver com Candomblé ("Deus me livre..."), celebram a data com mesa farta. Muitos noivos, principalmente das classes mais baixas, escolhem essa data para se casarem. As festas são muitas, os almoços e jantares são tantos que o mês de setembro fica pequeno: seguem por outubro, novembro. Sincretizados com os santos católicos Cosme e Damião, os gêmeos trazem proteção contra as doenças e boa sorte, são casamenteiros, ajudam a recuperar coisas e causas perdidas. Abrem os caminhos. O caruru dos meninos, ou o caruru de Cosme, é uma refeição na qual entra obrigatoriamente o caruru, mas também comparecem vários pratos da culinária baiana: galinha de xinxim, vatapá, frigideiras, efó, etc.

O caruru de preceito, aquele que o devoto tem obrigação de oferecer, é uma festa dirigida às crianças. Nas famílias mais pobres, os meninos saem à rua três dias antes com a imagem de Cosme e Damião carregada numa caixinha recolhendo donativos para a festa. Muitas vezes é rezada uma missa, na qual a imagem de cada família é depositada no altar para ser abençoada, enquanto em casa as cozinhas ficam repletas de gente procurando um espaço para poder trabalhar melhor o seu prato. As promessas têm de ser cumpridas: prometem-se carurus de 300 quiabos, de 1.000, de 4.000... A casa é enfeitada como se fosse um aniversário de criança: balões de ar, flores de papel crepom, enfeites. São preparados saquinhos cheios de balas e guloseimas. Os meninos ainda ganham uma bola e as meninas, uma boneca. Todos ganham presentes: preparam-se tantos saquinhos quantas forem as crianças convidadas. E quanto mais crianças, melhor. Num altarzinho improvisado, ficam as imagens dos santos. Diante delas, três velas acesas, a terceira é para Doum, o *do meio*. Três pratinhos com todas as comidas da festa e mais um com a *comida de preceito*: nele entram as partes principais de um frango homem, a cabeça, os pés, as asas, os miúdos que não sejam tripas preparados com o sangue e mais dendê, tudo muito bem temperado com cebola, camarão seco e sal. Essa comida é a do santo, ninguém come. Fica três dias no altar, depois é levada para o mato, onde é depositada embrulhada em folha de bananeira, à beira de um regato de água doce.

Caruru

6 PORÇÕES

1 kg de quiabos
2 xícaras de camarões secos defumados
½ xícara de azeite de dendê
1 cebola grande bem picada
2 dentes de alho bem picados
½ xícara de castanhas-de-caju moídas
½ xícara de amendoim torrado e moído
sal e pimenta-malagueta moída a gosto
2 colheres (sopa) de suco de limão

1. Lave os quiabos em água corrente e enxugue bem com um pano de prato. Com uma faca afiada, tire as pontas dos quiabos e corte-os em cruz no sentido do comprimento. Em seguida, corte-os em fatias bem finas de modo que os quiabos fiquem separados em pedaços miúdos. Reserve.
2. Tire as cabeças dos camarões, ponha numa tigela, cubra com água e deixe de molho por 10 minutos. Escorra, pique bem fino e reserve.
3. Numa panela grande, ponha o azeite de dendê, acrescente a cebola e os dentes de alho picados, leve ao fogo alto e, mexendo sempre com uma colher de pau, deixe dourar. Abaixe o fogo e junte as castanhas, o amendoim e os camarões picados. Sem parar de mexer, cozinhe, acrescentando água aos poucos para a mistura não secar, até os quiabos ficarem macios.
5. Tempere a gosto com sal e pimenta-malagueta e junte o suco de limão para cortar a baba dos quiabos.
6. Tire o caruru do fogo, passe para uma terrina e leve bem quente à mesa.

QUIABO
(Hibiscus esculentus)

É o ingrediente principal do caruru baiano. Foi trazido da África para atender as necessidades alimentares dos escravos. O nome caruru é tupi, de caa-reru, comida de folhas, provavelmente o caruru amargoso (Senecio crassus), que os índios preparavam como um esparregado. Os africanos foram introduzindo os quiabos, o dendê e os demais ingredientes que resultaram no prato atual.

Frigideira de bacalhau

6 PORÇÕES

Originário das tigeladas portuguesas, que mantiveram esse mesmo nome no Sudeste e Centro-Oeste brasileiros, com o leite de coco, este clássico da culinária baiana, recebeu uma lufada de aroma e leveza. Tem muitas variações: pode ser preparada com carne de siri ou caranguejo, bacalhau, camarões, peixe, repolho, caju fresco ou maturi, a rara e deliciosa castanha ainda verde do caju. No norte, a frigideira é conhecida como *torta*.

1 kg de bacalhau
2 colheres (sopa) de azeite de oliveira
1 cebola grande ralada
1 chuchu grande ralado
½ pimentão vermelho grande com pele, sem sementes, bem picado
½ pimentão verde grande com pele, sem sementes, bem picado
1 colher (sopa) de salsa bem picada
1 colher (sopa) de coentro bem picado
1 xícara de leite de coco
sal e pimenta-do-reino a gosto
6 ovos
pimentão, cebola e azeitonas verdes cortados em anéis para decorar

1. Ponha o bacalhau numa tigela, com a pele voltada para cima, cubra com água e deixe de molho por 36 horas, trocando a água 3 a 4 vezes para eliminar o sal (se o dia estiver muito quente, deixe o bacalhau na geladeira).
2. Escorra, passe o bacalhau para uma panela grande, cubra com água fria e leve ao fogo alto. Assim que a água começar a ferver e antes que entre em forte ebulição, tire do fogo e escorra o bacalhau.
3. Deixe esfriar, elimine as peles, as espinhas, e desfie a carne (deve-se obter cerca de 500 g de bacalhau desfiado). Reserve.
4. Deite o azeite numa panela e aqueça em fogo alto. Junte a cebola e doure levemente. Abaixe o fogo, introduza o bacalhau e o chuchu e cozinhe, mexendo de vez em quando, por alguns minutos, somente para a mistura secar um pouco.
5. Junte os pimentões, a salsa e o coentro e cozinhe por cerca de 10 minutos. Acrescente o leite de coco, tempere a gosto com sal e pimenta e cozinhe por mais um pouco.
6. Tire do fogo e passe para uma frigideira de barro, de preferência, ou uma fôrma de vidro refratário.
7. Aqueça o forno em temperatura média (180°C). Ponha as claras na tigela da batedeira e bata em velocidade alta até ficarem em neve.
8. Junte as gemas e continue batendo até a mistura ficar homogênea. Despeje metade dos ovos batidos sobre o bacalhau e misture bem. Acrescente os ovos restantes, formando uma camada uniforme.
9. Leve ao forno preaquecido e asse por cerca de 3 minutos. Tire do forno e decore com os anéis de pimentão, cebola e azeitonas.
10. Leve novamente ao forno e asse por cerca de 30 minutos ou até dourar. Leve em seguida à mesa.

Carne de sol com pirão de leite

4 PORÇÕES

Prato comum a toda a região sertaneja do Brasil, esta receita é apresentada tal como é servida no Restaurante Paraíso Tropical, no Cabula, Salvador.

- 500 kg de carne de sol (carne de vento ou carne de sertão)
- 4 xícaras de leite
- 4 colheres (sopa) de óleo para fritar
- 1 cebola grande cortada em rodelas
- 2 tomates grandes, sem sementes, picados
- 4 colheres (sopa) de vinagre
- sal a gosto
- 4 colheres (sopa) de cheiro-verde (salsa, coentro e cebolinha) picado
- 2 xícaras de copioba (farinha de mandioca bem fina)

1. Lave a carne de sol, corte em pedaços grandes, ponha numa tigela, cubra com o leite e deixe de molho até o dia seguinte ou por 2 horas, no mínimo. Escorra a carne e reserve o leite para fazer o pirão. Enxugue com toalhas de papel e reserve.
2. Numa panela, deite o óleo e aqueça em fogo alto. Junte a carne e refogue, mexendo sempre, até ficar macia.
3. Introduza a cebola, os tomates e o vinagre, e continue cozinhando, mexendo de vez em quando, até a carne ficar bem frita. Verifique o tempero e acrescente sal a gosto, se necessário.
4. Junte 3 colheres (sopa) de cheiro-verde picado, misture bem e tire do fogo. Reserve em local aquecido.
5. Prepare o pirão: deite o leite reservado e a copioba numa panela, misture, leve ao fogo alto e cozinhe, mexendo sempre para não empelotar, até obter um pirão homogêneo.
6. Corrija o sal, se necessário. Junte o cheiro-verde restante e misture bem. Tire do fogo e sirva numa tigela de barro.
7. Passe a carne para um prato de servir e leve à mesa acompanhada do pirão de leite.

VOLTA ÀS ORIGENS

Beto Pimentel, dono do prestigiado restaurante Paraíso Tropical, em Salvador, além da paixão pelos galos de briga é um apaixonado pela cozinha baiana caseira, cujos princípios aprendeu com a mãe. Seus pratos são famosos pela leveza e delicadeza dos temperos, em geral tão fortes na culinária regional afro-brasileira. Isso foi conseguido através de uma volta às origens: o dendê e o leite de coco recebem tratamentos antigos que hoje se tornam absolutamente renovadores. O óleo do dendê é extraído, por ele próprio, como ainda é feito em algumas casas, tão pobres, que não podem comprar o óleo engarrafado. O fruto do dendê é cozido e depois espremido envolvido num pano. O resultado é um óleo leve e muito aromático. Com o leite de coco, outro estratagema é utilizado: em lugar do leite de coco engarrafado, é utilizada a polpa do coco verde simplesmente batida no liquidificador. O sabor é surpreendente. Outra marca registrada do Paraíso Tropical são os seus sucos: em copos altos são servidos sucos de polpas de frutas frescas, congeladas e batidas no liquidificador na hora de servir. Verdadeiros sorvetes tropicais, os sucos derretem-se generosamente em belas formações coloridas.

Dandá de camarões
4 PORÇÕES

Um delicioso tipo de bobó no qual, além do aipim, entra o palmito do coqueiro especialmente produzido para a exploração dessa especialidade tropical por Beto Pimentel, um inovador da culinária baiana.

500 g de camarões grandes limpos
2 xícaras de leite de coco
3 folhas de coentro
1 tomate médio sem sementes picado
1 cebola média picada
5 camarões defumados limpos
1 colher (sopa) de azeite de oliveira
1 colher (sopa) de azeite de dendê
sal a gosto
100 g de maturi
   (castanha-de-caju verde)
100 g de palmito cozido
100 g de aipim (mandioca) cru

1. Ponha os camarões numa panela média e reserve. No liquidificador, bata o leite de coco com o coentro, o tomate, a cebola e os camarões defumados, até obter um creme bem homogêneo.
2. Derrame o creme sobre os camarões, junte o azeite de oliveira e o de dendê e cozinhe, com a panela tampada por 3 minutos.
3. Enquanto isso, bata no liquidificador ou processador o maturi com o palmito, até ficar bem cremoso. Reserve.
4. Bata o aipim no liquidificador ou processador de alimentos até ficar muito bem moído.
5. Acrescente os ingredientes batidos ao camarão e mexa até ficar cozido e cremoso. Sirva em seguida.

Ultrapassando a borda de copos altos, os sucos de polpas frescas, batidos na hora, parecem sorvetes espetaculares

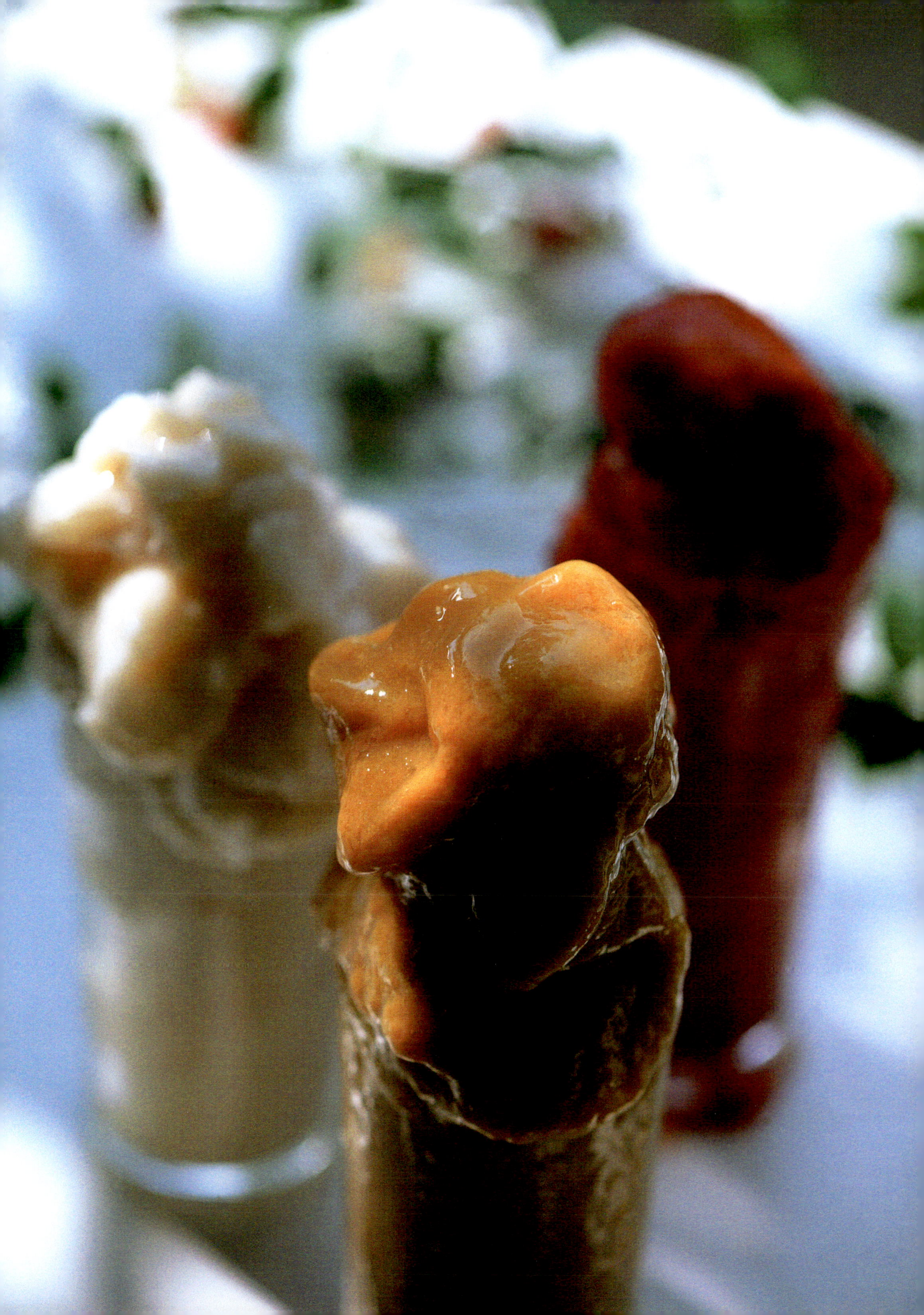

Buchada

6 PORÇÕES

Este prato, aqui como é apresentado no Restaurante Uauá, de Salvador, tem a sua origem na zona das Beiras, em Portugal, onde até hoje é preparado com requintes que passam de geração a geração com o nome de *maranhos*. No Brasil é comida sertaneja, ainda considerada nos meios ditos mais civilizados como esquisita, prova de fogo para testar a resistência de candidatos à presidente da República em banquetes intermináveis.

1 bucho (estômago) de cabrito (bode ou carneiro)
tripas, fígado, bofes (pulmões) e coração do animal
1 colher (sopa) de sal
suco de 3 limões médios
1 xícara de sangue aferventado
1 cebola grande picada
3 dentes de alho amassados
3 tomates grandes picados
2 pimentões grandes picados
2 colheres (sopa) de vinagre
pimenta-do-reino e cominho a gosto
½ xícara de cheiro-verde (coentro e cebolinha) picado
1 colher (sopa) de hortelã picada
1 pedaço (100 g) de toucinho fresco
farinha de mandioca para o pirão

1. Limpe e lave muito bem o bucho, as tripas e os miúdos. Ponha numa panela grande, cubra com água, leve ao fogo alto e deixe ferver por cerca de 5 minutos. Tire do fogo e escorra. Lave novamente e esfregue todos os pedaços com o sal e o suco de limão. Deixe o bucho inteiro. Corte o restante das carnes em pedacinhos e passe para uma tigela.
2. Pique o sangue aferventado (que estará sólido) e junte à tigela. Acrescente a cebola, o alho, os tomates, os pimentões, o vinagre, pimenta-do-reino e cominho a gosto, o cheiro verde e a hortelã e misture bem.
3. Recheie o bucho com a mistura de miúdos e temperos e costure as aberturas. Ponha numa panela grande, cubra com bastante água, junte o toucinho, leve ao fogo alto e deixe ferver. Abaixe o fogo, tampe a panela e cozinhe por cerca de 5 horas, juntando mais água quente à medida que for secando. Tire a buchada da panela e mantenha-a aquecida. Reserve o caldo.
4. Prepare o pirão: amasse o toucinho e devolva ao caldo de cozimento. Leve ao fogo brando, verifique o tempero e acrescente sal a gosto. Aos poucos, acrescente farinha de mandioca, mexendo sempre para não empelotar até obter um pirão homogêneo. Tire do fogo.

Nas bancas das feiras os buchos, recheados com uma mistura de miúdos de carneiro e temperos, semelhantes a pequenos embrulhos, são vendidos já prontos para irem à panela.

Doce de limõezinhos
30 LIMÕES

30 limões bem verdes e pequenos
4 xícaras de açúcar
4 xícaras de água
5 cravos-da-índia
1 colher (chá) de corante verde

1. Lave muito bem as cascas dos limões utilizando uma escovinha bem limpa. Com uma faca bem afiada, corte uma fatia da parte superior dos limões, fazendo uma abertura suficiente para dar lugar à entrada de uma colher de café.
2. Ponha os limões numa panela grande com bastante água e leve ao fogo para ferver. Deixe cozinhar por 10 minutos e escorra. Volte a encher a panela com água fria e repita a operação cozinhando por mais 10 minutos após a fervura. Escorra, encha novamente a panela com água fria e leve a cozinhar por mais 5 minutos depois de ferver. Retire a panela do fogo, escorra e deixe esfriar.
3. Quando estiverem bem frios, retire cuidadosamente toda a polpa dos limões, deixando apenas a casquinha inteira.
4. Ponha as casquinhas ocas numa panela e deite água fria até cobrir os limões. Deixe descansar por 3 dias trocando a água várias vezes.
5. Depois de escorrer pela última vez os limões, dê um retoque final eliminando o máximo que conseguir da polpa que ainda permanecer nas casquinhas.
6. Numa panela, ponha o açúcar e a água e leve ao fogo mexendo até o açúcar se dissolver. Ferva até obter uma calda rala. Retire do fogo e deixe esfriar totalmente. Junte o corante, mexa bem e mergulhe as casquinhas de limão nessa calda, deixando descansar até o dia seguinte.
7. No dia seguinte, leve os limões e a calda novamente ao fogo e deixe cozinhar até a calda engrossar ligeiramente. Deixe esfriar e sirva em compoteira com queijo de coalho ou fresco de minas.

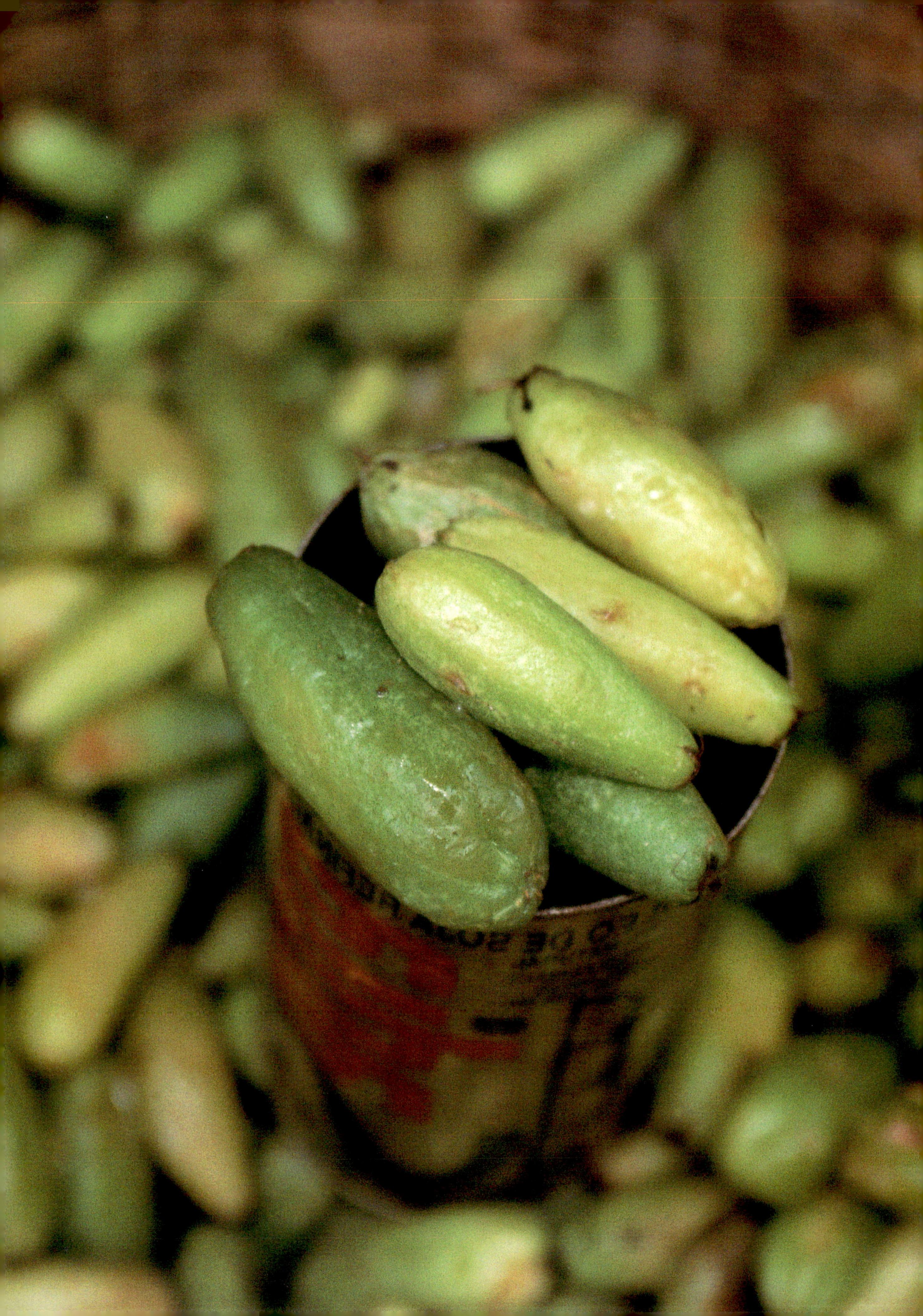

No Quadrado de Trancoso, povoado de origens indígenas próximo a Porto Seguro, Dôra Éthève, cozinheira e gerente do restaurante O Cacau, degusta a sua conserva de bilimbi.

Conserva de bilimbi

12 BILIMBIS

Quase todos os quintais de Porto Seguro, sul da Bahia, possuem um orgulhoso pé de biri-biri, que é como os baianos chamam o bilimbi. Uma fruta quase desconhecida no resto do país que prestou imensos serviços aos baianos do sul do estado, quando o limão por lá era raro e a comunicação com as outras cidades, muito difícil. O biri-biri limpa o peixe como se fosse limão, tira manchas de ferrugem e de tinta de escrever da roupa, combate as doenças da pele e alivia as dores febris. Hoje, conserva resquícios do seu passado culinário em conservas e geleias.

2 litros de água
sal marinho a gosto
12 bilimbis
pimenta-do-reino em grão
1 folha de louro
1 rodela de cebola

1. Numa panela grande, leve a água ao fogo até ferver. Desligue, introduza os bilimbis e tampe. Deixe esfriar.
2. Esterilize um pote de vidro, ponha dentro os bilimbis mais a água e enfeite com os temperos. Tampe e guarde na geladeira. Sirva acompanhando carnes ou como aperitivo.

Geleia de bilimbi

1 kg de bilimbi
4 xícaras de açúcar

1. Bata no liquidificador os bilimbis com água suficiente. Coe por uma peneira.
2. Numa panela média, ponha o bilimbi batido com o açúcar, leve ao fogo brando e mexa até obter um ponto leve de geleia. Não deixe muito tempo no fogo, pois a geleia fica mais espessa quando esfria, e poderá ficar muito consistente e amarga. Fica numa tonalidade castanha, com sabor acidulado como se fosse de limão.

BILIMBI
(Averrhoa bilimbi)

Também conhecido como biri-biri, caramboleira amarela, limão-de--caiena, não é uma espécie nativa e sua origem ainda não é conhecida: pode ter vindo da Índia (o mais provável) ou de alguma região americana.

Pingos de ovos

12 PORÇÕES

Seguindo a tradição da doçaria conventual portuguesa, também nos conventos baianos instalou-se a doce tentação da gula. Os pingos de ovos são uma das obras-primas preparadas pelas santas mãos franciscanas do Convento do Desterro.

- 4 xícaras de água
- 8 ½ xícaras (1 kg) de açúcar cristal (granulado)
- 1 colher (sopa) de essência de baunilha
- 24 gemas passadas por uma peneira
- 5 colheres (sopa) de farinha de arroz (creme de arroz)
- 2 colheres (sopa) de farinha de trigo

1. Na véspera, ponha o açúcar e a água numa panela grande e misture bem. Leve ao fogo alto e mexa sem parar, com uma colher de pau, até ferver. Pare de mexer, abaixe o fogo e cozinhe até a calda atingir o ponto de fio brando. Tire do fogo, ponha a metade numa tigela média, aromatize com a baunilha e reserve.
2. Numa outra tigela, junte as gemas peneiradas, as duas farinhas, misture bem e reserve.
3. Leve a calda restante novamente ao fogo até ferver. Reduza o fogo para brando e prepare os pingos. Use duas colheres de chá. Com uma apanhe uma colherada da massa de gemas e com a outra faça escorregar a massa para dentro da calda fervente, formando uma gota. Cozinhe por 1 a 2 minutos, tire com uma escumadeira e ponha na calda aromatizada. Faça o restante dos pingos até terminar a massa de gemas. Se a calda engrossar demais, junte um pouco de água para voltar ao ponto ideal. Deixe descansar até o dia seguinte. Sirva numa compoteira com a própria calda. Ou escorra-os e passe em açúcar cristal e sirva num pratinho.

Quindins de Iaiá

12 QUINDINS

Estes doces tão característicos da Bahia, dos poucos que não têm origem conventual, são encontrados em doceiras portuguesas, como na Pastelaria Periquita, em Sintra, Portugal, de onde provavelmente se originaram, uma vez que o coco indiano já era lá conhecido antes de 1500, quando ainda não haviam desembarcado no Brasil trazidos pelos colonizadores.

Mas, quem sabe se sua receita não foi desenvolvida aqui, com o coco ralado substituindo as amêndoas moídas, e devolvida aos portugueses com o sabor baiano?

- manteiga ou margarina para untar
- 1 xícara de açúcar
- 1 xícara de coco fresco ralado fino
- 8 gemas

1. Aqueça o forno em temperatura média (180°C). Unte 12 forminhas de buraco no meio ou 12 forminhas de empada com 5,5 cm de diâmetro e reserve.
2. Numa tigela, junte o açúcar, o coco ralado e as gemas e misture bem com uma colher de pau ou uma espátula.
3. Despeje a massa nas forminhas e distribua numa assadeira. Encha a assadeira com água até a metade da altura, leve ao forno preaquecido e asse por 1 hora ou até os quindins ficarem dourados.
4. Tire do forno, deixe amornar, desenforme, passe para um prato de servir e leve à mesa.

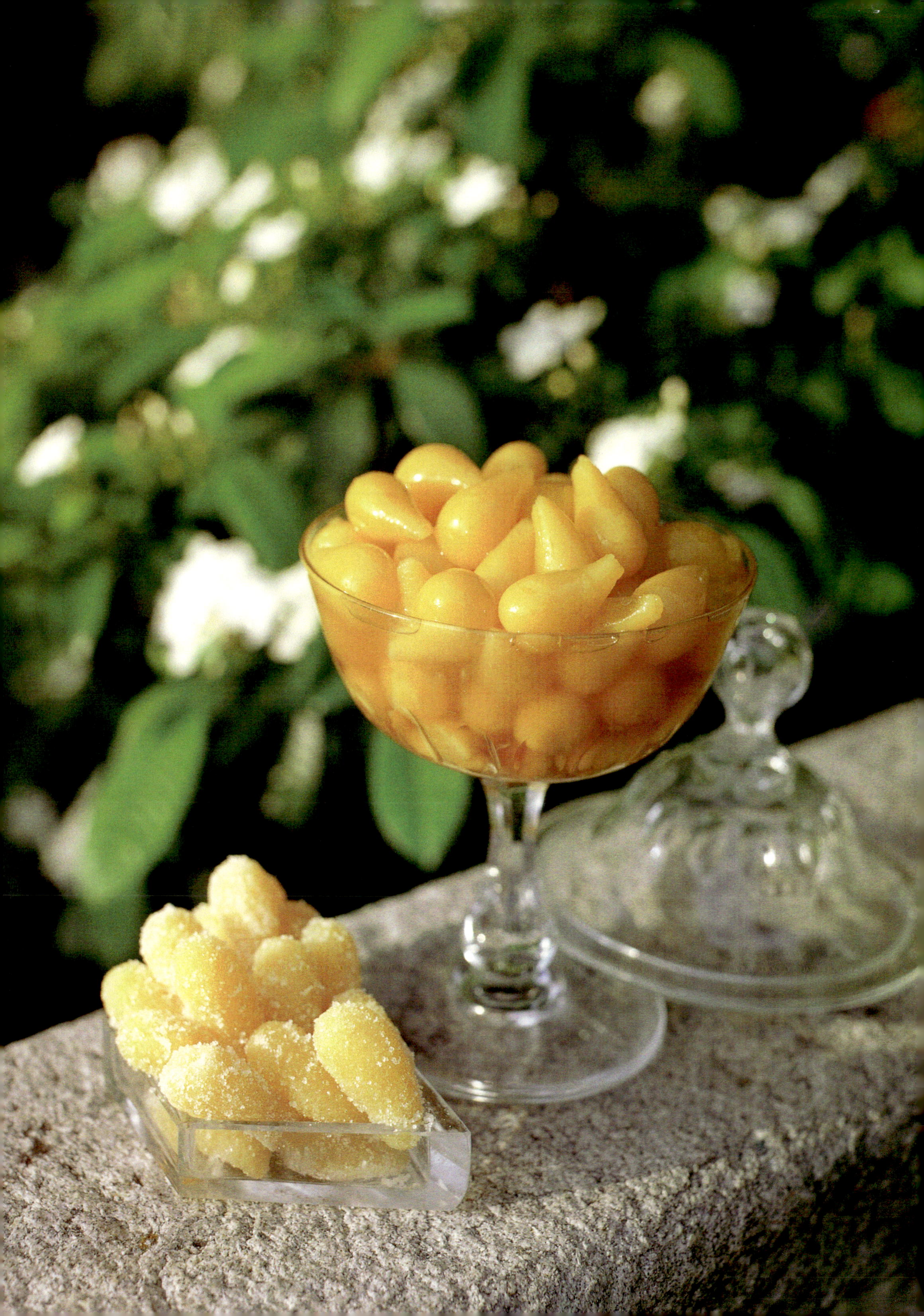

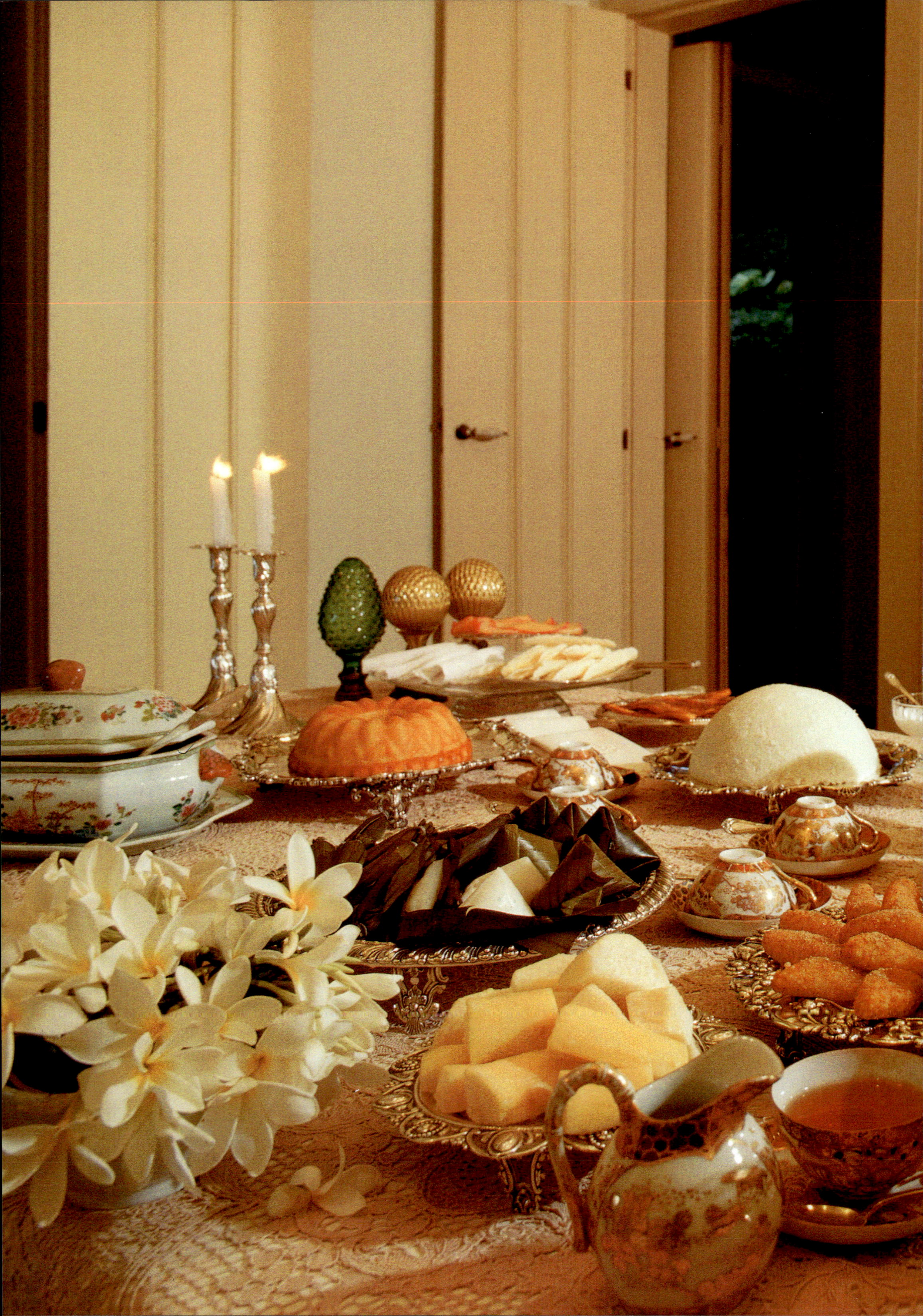

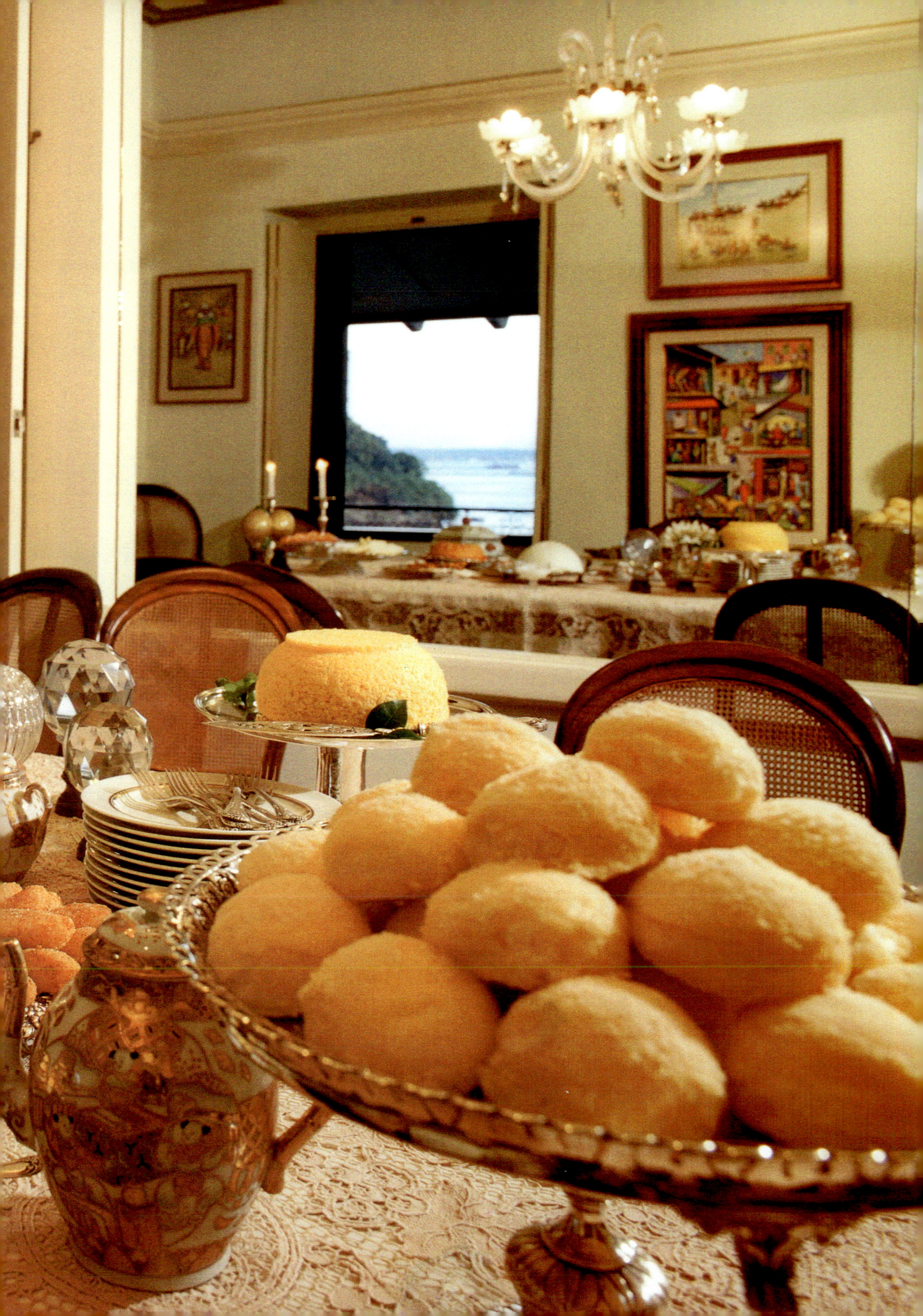

CEIA BAIANA

Nos finais das tardes de domingo, ou em datas especiais, os baianos gostam de celebrar a festa dos sabores reunindo a família em torno de uma refeição a que chamam ceia. Os pratos servidos formam um verdadeiro painel da nossa história gastronômica: mingaus, aipins e beijus indígenas convivem com inhames e cuscuz de origem africana, ao lado de pães e bolos de técnica portuguesa, utilizando sabiamente os ingredientes da terra. Nas páginas anteiores, a mesa pronta espera seus convidados dominicais para um festim de sabores antigos e eternos.

Cuscuz de tapioca
12 PORÇÕES

2 xícaras de leite de coco
4 colheres (sopa) de açúcar
1 pitada de sal

2 ¾ de xícaras de farinha de tapioca
1 xícara de coco fresco ralado grosso

1. Reserve metade do leite de coco. Junte 4 xícaras de água à outra metade, tempere com 2 colheres (sopa) do açúcar e uma pitada de sal, e também reserve.
2. À parte, misture a tapioca, o coco ralado, o açúcar restante e uma pitada de sal.
3. Leve um cuscuzeiro ao fogo alto, com água na parte inferior, e deixe ferver. Forre a parte superior do cuscuzeiro com um pano fino úmido.
4. Ponha a mistura de tapioca sobre o pano, dobre as pontas do pano sobre a mistura formando uma trouxinha, e cozinhe até ficar firme.
5. Tire do fogo, transfira a trouxinha de pano com o cuscuz para uma tigela e regue com o leite misturado com a água.
6. Deixe descansar por cerca de 30 minutos ou até a tapioca absorver o líquido.
7. Desenforme num prato de servir e leve à mesa acompanhado do leite de coco restante.

COMO EXTRAIR O LEITE DE COCO

LEITE GROSSO – Parta o coco, tire-o da casca dura e retire a película que envolve a polpa. Corte em pedacinhos e divida em duas partes: bata uma parte no liquidificador, aos poucos, juntando 1 xícara de água. Coe num pano limpo, sobre uma tigela, espremendo para extrair o leite. Bata a outra parte do coco no liquidificador juntando o leite obtido com a primeira parte. Coe novamente através do pano.

LEITE FINO – Depois de extrair o leite grosso, divida o bagaço que restou em duas partes. Bata a primeira parte no liquidificador, aos poucos, juntando 1 xícara de água. Coe num pano limpo, sobre uma tigela, espremendo para extrair o leite. Bata a segunda parte do bagaço com o leite extraído da primeira parte. Coe novamente através do pano.

NOTAS
1. Para cada coco, usa-se uma xícara de água.
2. Receitas registradas no livro *Tempero da Dadá*, Editora Corrupio, Salvador, 1998.

Cuscuz de carimã

12 PORÇÕES

Apreciadíssimo no café da manhã, tanto em casa como servido na rua, no tabuleiro das baianas de mingau.

6 xícaras de carimã
2 colheres (sopa) de farinha de mandioca
1 coco grande
açúcar e sal a gosto

1. Ponha a carimã sobre um pano bem fino. Faça uma trouxa e lave em água corrente por alguns minutos, esfregando bem entre as mãos. Esprema bem e deixe secar em lugar exposto ao sol. Passe numa peneira apoiada numa tigela e reserve.
2. Rale o coco e ponha numa tigela forrada com um pano de prato limpo. Regue com um pouco de água, esprema bem para retirar o leite grosso e reserve.
3. Divida o coco ralado em duas partes: à primeira parte, acrescente 2 xícaras (cerca de meio litro) de água e esprema para retirar o leite ralo; à segunda parte, junte a carimã, acrescente a farinha de mandioca, açúcar e sal a gosto e misture bem.
4. Leve um cuscuzeiro, com água na parte inferior, ao fogo alto e deixe ferver. Forre a parte superior do cuscuzeiro com um guardanapo umedecido com água, ponha a mistura de carimã sem apertar, tampe e cozinhe por cerca de 30 minutos.
5. Tire do fogo, deixe amornar e regue com o leite ralo.
6. Ponha num prato de servir e leve à mesa acompanhado do leite grosso, que deve ser adicionado no momento de comer.

Bolo de carimã

10 PORÇÕES

6 xícaras (1 kg) de carimã
1 coco grande
1 xícara de manteiga
1 ½ xícara de açúcar
1 pitada de sal
4 ovos
1 colher (sopa) de fermento químico em pó

1. Ponha a carimã sobre um pano bem fino. Faça uma trouxa e lave em água corrente por alguns minutos, esfregando bem entre as mãos.
2. Esprema bem e deixe secar em lugar exposto ao sol. Passe numa peneira apoiada numa tigela e reserve.
3. Rale o coco e esprema para retirar o leite grosso e o leite ralo. Junte à carimã na tigela a manteiga, o açúcar, a pitada de sal, os ovos, o fermento e o leite de coco e misture bem até obter uma massa homogênea.
4. Aqueça o forno em temperatura alta (220°C). Unte bem com manteiga uma fôrma de 28 cm de diâmetro.
5. Ponha a massa na fôrma, leve ao forno preaquecido e asse por cerca de 15 minutos. Reduza a temperatura para média (180°C) e asse por mais 30 minutos ou até o bolo ficar dourado.
6. Tire do forno, desenforme, deixe esfriar, ponha num prato de servir e leve à mesa.

A carimã, ou puba (apodrecido, em tupi), é uma massa obtida da mandioca posta de molho durante vários dias até fermentar e perder o seu veneno tóxico. Escorrida e embalada inteira ou em pequenas bolas achatadas, necessita ser bem lavada antes da sua utilização.

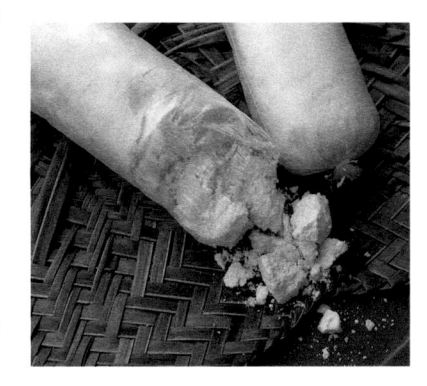

Pão delícia
CERCA DE 50 PÃEZINHOS

Presença obrigatória em todas as festas, coquetéis, passeios, piqueniques: uma receita deliciosa que já começa a se espalhar pelos estados do sul, onde os pãezinhos são vendidos em supermercados e *delicatessen* especiais.

½ xícara de açúcar
1 ¾ de xícara de leite morno (35°C)
3 tabletes (45 g) de fermento biológico fresco
2 ovos ligeiramente batidos
1 xícara de óleo
1 colher (sopa) de sal

1 xícara de leite frio
1 kg de farinha de trigo peneirada
manteiga ou margarina para untar
farinha de trigo para enfarinhar
queijo parmesão ralado para polvilhar os pãezinhos

1. Numa tigela grande, misture o açúcar, o leite morno e o fermento. Cubra a tigela com papel-filme e deixe descansar por cerca de 20 minutos ou até a mistura espumar.
2. Junte os ovos, o óleo, o sal, o leite frio e mexa para misturar. Acrescente a farinha de trigo aos poucos e bata bem com colher de pau ou batedeira até a mistura ficar bem homogênea e fofa.
3. Cubra novamente a tigela e deixe em lugar protegido até a mistura dobrar o volume. Unte 2 assadeiras grandes e enfarinhe-as. Quando a massa tiver dobrado de volume, unte as mãos e forme bolinhas de massa com cerca de 5 cm de diâmetro, vá arrumando nas assadeiras, deixando espaço entre elas, pois a massa crescerá. Cubra as assadeiras e aguarde cerca de 20 minutos.
4. Aqueça o forno em temperatura média (180°C).
Leve ao forno, uma de cada vez, por cerca de 10 minutos ou até os pães ficarem muito levemente dourados. Guarde a segunda assadeira em lugar protegido enquanto a primeira assa, para não perder a fermentação. Assim que tirar os pãezinhos do forno, passe manteiga sobre eles e polvilhe com queijo parmesão ralado.

NOTA
Se quiser, corte os pãezinhos ao meio e recheie com uma pasta de queijo.

Cuscuz de milho
8 PORÇÕES

1 xícara de coco ralado grosso
2 ⅓ de xícaras de flocos de milho pré-cozidos

1 xícara de açúcar
1 pitada de sal
2 xícaras de leite de coco

1. Numa tigela, ponha o coco ralado, os flocos de milho, metade do açúcar e a pitada de sal e misture bem.
2. Leve um cuscuzeiro ao fogo alto, com água na parte inferior, e deixe ferver.
3. Enquanto isso, abra um quadrado de pano fino (morim, por exemplo) sobre uma superfície de trabalho e ponha a mistura de coco e flocos de milho no centro.
4. Dobre as pontas do pano sobre a mistura e ponha na parte superior do cuscuzeiro. Tampe, leve ao fogo alto e cozinhe por 10 a 15 minutos ou até ficar firme.
5. Tire do fogo e deixe amornar com o cuscuzeiro tampado.
6. Prepare um molho misturando o leite de coco com o açúcar restante. Passe o cuscuz para um prato de servir e regue com metade desse molho. Sirva o restante numa molheira para acompanhar o cuscuz.

Beiju de folha
12 porções

6 xícaras de leite de coco
2 ¾ de xícaras de farinha de tapioca
sal e açúcar a gosto
folhas de bananeira para enrolar

1. Numa tigela, ponha o leite de coco e a tapioca, tempere com sal e açúcar a gosto e deixe descansar por cerca de 1 hora ou até a tapioca absorver todo o leite de coco e inchar.
2. Lave bem as folhas de bananeira, corte em 12 quadrados de 20 cm de lado e mergulhe-as rapidamente em água quente para poder embrulhar os beijus sem quebrá-las.
3. Distribua o beiju nos quadrados de folha de bananeira e enrole formando canudinhos. Serve-se em bandejas ou tabuleiros ornamentados com folhas de bananeira.

Mingau de carimã
6 porções

1 xícara de carimã
1 coco grande
½ xícara de açúcar
cravos-da-índia e canela em pó a gosto

1. Ponha a carimã sobre um pano fino. Faça uma trouxinha e lave em água corrente por alguns minutos, esfregando bem entre as mãos. Esprema bem e deixe secar em lugar exposto ao sol. Passe numa peneira apoiada numa panela e reserve.
2. Rale o coco e esprema para retirar o leite grosso e o leite fino (ver a receita de cuscuz de tapioca). Junte o leite fino à carimã, leve ao fogo brando e cozinhe, mexendo com uma colher de pau, até a mistura engrossar, acrescentando um pouco de água, se necessário.
3. Junte o leite grosso, o açúcar, cravo e canela a gosto e continue o cozimento até o mingau ficar espesso.
4. Tire do fogo, ponha em pratos fundos e leve em seguida à mesa.

Ao contrário das baianas do acarajé, que vendem os seus quitutes durante todo o dia, as baianas do mingau só aparecem nas ruas no horário do café da manhã, servindo cuscuz e bolos, além dos mingaus de milho, carimã ou tapioca. Habitualmente, vestem trajes simples: as desta foto estão especialmente trajadas para um desjejum festivo celebrado em 25 de novembro, dia das suas colegas do acarajé.

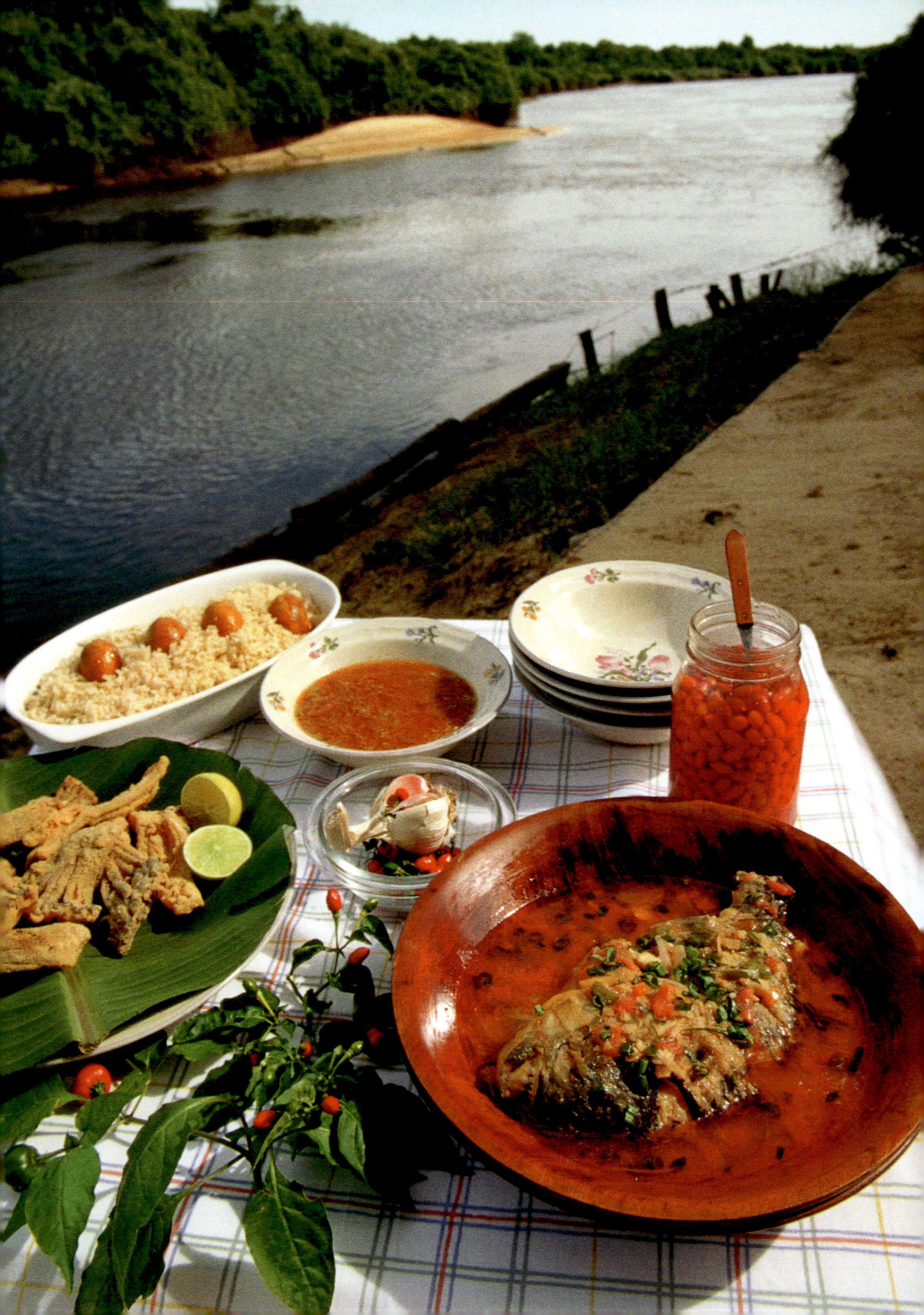

UM ALMOÇO NO PANTANAL

Uma refeição típica pantaneira não pode deixar de incluir peixes no seu cardápio, preparados de várias maneiras. Praticamente no quintal da sua casa localizada à beira do rio Negro, o cantor Almir Sater, pescador hábil, pesca algumas piranhas, que, para além de constituírem um excelente caldo que ele próprio prepara, são utilizadas como iscas para peixes maiores. Com a sua mulher Ana Paula, cria os filhos, meninos de 4 e 6 anos em contato direto com a natureza. Brincam livremente pela praia, saltando jacarés sonolentos e espantando piranhas desinteressadas. Nos dias de muito calor, Almir recorre ao tereré, o mesmo mate apreciado pelos gaúchos, servido no interior de chifres de bois e preparado com água gelada. Para conservar os peixes apanhados, Almir guarda-os vivos num cercado construído por troncos de tucum dentro do próprio rio: melhor que um *freezer*, só na hora de ir para a panela é que os peixes são apanhados. Este almoço da família Sater, além do caldo de piranhas, do pacu empanado no fubá de milho e frito e a escabeche, também inclui o arroz de pequi (pág. 150), típico de todo o Brasil Central.

Escabeche de pacu
8 PORÇÕES

1 pacu limpo e sem pele
(cerca de 1,5 kg)
3 colheres (sopa) de suco de limão
sal e pimenta-do-reino a gosto
1 ½ xícara de farinha de trigo
óleo para fritar

MOLHO
6 colheres (sopa) de azeite de oliveira
3 dentes de alho bem picados
3 cebolas grandes cortadas em rodelas finas
sal e pimenta-malagueta a gosto
½ xícara de cheiro-verde picado
½ xícara de vinagre de vinho tinto

1. Tempere o peixe com o suco de limão, sal e pimenta a gosto. Deixe tomar gosto por 30 minutos.
2. Passe o peixe na farinha de trigo e frite-o em óleo quente que o cubra, deixando dourar dos dois lados. Retire e escorra em papel absorvente.
3. Prepare o molho: junte numa panela aquecida o azeite com o alho e a cebola, tampe, abaixe o fogo e mexa de vez em quando até a cebola ficar transparente.
4. Acrescente os ingredientes seguintes, tampe e deixe ferver por 10 minutos, sempre em fogo brando.
5. Arrume o peixe frito num refratário e cubra-o com o molho. Sirva, de preferência, no dia seguinte.

Caldo de piranhas
10 PORÇÕES

Com suas pequeninas escamas brilhando ao sol como se estivesse com a pele coberta de purpurina, a piranha (*Pygocentrus nattareri*), apesar de ser um peixe assustador pela sua lendária agressividade, é um dos mais saborosos dos nossos rios. Vive em grandes cardumes, é carnívora e extremamente voraz. Em geral de porte pequeno, há espécimes que chegam a atingir cinquenta centímetros e três quilos. Os pantaneiros garantem que ela só ataca quando fica retida em águas paradas, poças ou lagoas. De qualquer maneira, é melhor não testá-las a não ser depois de cozidas... O caldo é uma das melhores e mais conhecidas formas de prepará-las na região do Pantanal.

2 kg de piranhas (cerca de 10 piranhas)
3 dentes de alho amassados
3 colheres (sopa) de suco de limão
1 colher (sopa) de vinagre
sal e pimenta-do-reino a gosto
½ xícara de óleo
2 colheres (sopa) de óleo
2 tomates grandes, pelados e sem sementes, picados
1 pimentão vermelho grande cortado em tiras
1 cebola média picada
1 colher (sopa) de cebolinha verde picada
2 colheres (sopa) de coentro picado

1. Limpe, remova as escamas e corte as piranhas em pedaços grandes. Ponha numa tigela, tempere com o alho, o suco de limão, o vinagre, sal e pimenta a gosto, e deixe descansar por cerca de 2 horas.
2. Numa panela grande, deite ½ xícara de óleo e aqueça em fogo alto. Acrescente as piranhas e refogue por alguns minutos. Encha a panela com água fervente até a metade, tampe e cozinhe cerca de 30 minutos ou até as piranhas ficarem macias. Tire do fogo, coe o caldo e reserve.
3. Elimine cuidadosamente todas as espinhas das piranhas. No copo do liquidificador, introduza a carne das piranhas e o caldo coado, e bata até obter uma mistura cremosa. Reserve.
4. Deite as 2 colheres (sopa) de óleo numa panela e aqueça em fogo alto. Junte os tomates, o pimentão e a cebola e refogue até ficarem bem macios. Acrescente o caldo de piranhas, a cebolinha e o coentro, misture e deixe ficar bem quente.
5. Tire do fogo, ponha num prato de servir e leve imediatamente à mesa, acompanhado de molho de pimenta-malagueta.

Às margens do rio Negro, no Pantanal, um pantaneiro prepara, com troncos da palmeira-tucum (Bactris glaucescens), um moquém à maneira indígena, onde serão assados pacus (Piractus mesopotamicus) de formas arredondadas, e piraputangas (Brycon microlepsis), de carne rosada. Ambos saborosíssimos, cozinham ao calor de cascas de anjico, cujo fumo aromático é o único tempero. Só depois de assados é que têm o couro retirado, resultando uma carne extremamente bem preparada e saborosa. As espinhas abundantes são eliminadas através de inúmeros cortes paralelos ao longo dos peixes.

Sopa paraguaia
30 PEDAÇOS

Uma sopa que não é sopa. Um bolo salgado delicioso que combina perfeitamente com o café da manhã.

2 cebolas grandes cortadas em rodelas
½ xícara de manteiga
1 litro de leite fervente
2 xícaras de fubá de milho ou flocos de milho pré-cozidos
sal a gosto
2 xícaras de queijo de minas, ralado grosso
5 gemas
5 claras em neve
1 colher (sopa) de fermento químico em pó
manteiga ou óleo para untar

1. Numa panela média, leve ao fogo a cebola com a manteiga, mexendo de vez em quando até a cebola amolecer.
2. Junte o leite quente, misture bem e acrescente o fubá ou os flocos de milho, aos poucos, mexendo sempre até obter um angu, como massa mole de bolo.
3. Tempere com sal a gosto, retire do fogo e adicione o queijo ralado e as gemas, misture bem, junte o fermento e as claras, misture novamente até ficar homogêneo. Aqueça o forno em temperatura quente (200°C).
4. Passe para uma assadeira média untada e leve ao forno preaquecido até dourar e ficar firme (cerca de 40 minutos). Retire do forno, aguarde 5 minutos, desenforme e corte em pedaços antes de servir.

Fronteira com o Paraguai e Bolívia, é natural que a gastronomia mato--grossense receba pinceladas de influência dos países vizinhos. A sopa paraguaia, as chipas e as saltenhas são exemplos representativos dessa corrente "migratória", presentes à hora do café da manhã ou do lanche da tarde.

Chipas

40 pãezinhos

Um tipo de pão de queijo que, ao contrário do mineiro, não leva leite escaldado. Aqui apresentado em forma de pãezinhos, também é preparado no formato de rosquinhas.

3 xícaras de queijo meia cura ralado (cerca de 400 g)
3 ¼ xícaras de polvilho azedo
8 colheres (sopa) de manteiga
5 ovos batidos levemente
½ colher (sopa) de fermento químico em pó
½ colher (chá) de sal

1. Numa tigela grande, misture bem todos os ingredientes e sove bem até obter uma massa que se solte das mãos. Aqueça o forno em temperatura quente (200°C).
2. Forme bolinhas ou pãezinhos com a massa e passe-os para uma assadeira sem untar, bem afastados uns dos outros.
3. Leve ao forno preaquecido por cerca de 15 minutos ou até que dourem levemente. Retire do forno e sirva quentes ou mornos.

Saltenhas

20 unidades

Um pastel assado no forno, parente próximo das empanadas argentinas, recheado de carne de frango.

MASSA
1 ½ xícara de óleo de urucum (veja pág. 157)
1 ½ xícara de água
1 colher (sopa) de sal
1 kg de farinha de trigo especial

RECHEIO
2 colheres (sopa) de óleo de urucum
4 colheres (sopa) de farinha de trigo
1 ½ xícara de água
sal e pimenta a gosto
1 pitada de cominho em pó
2 colheres (sopa) de banha de porco

1 colher (chá) de óleo de urucum
1 cebola grande bem picada
2 dentes de alho amassados
1 kg de carne de frango cozida e desfiada
sal, pimenta e cominho em pó a gosto
1 colher (chá) de orégano seco
3 batatas médias cozidas em cubinhos
1 xícara de passas sem sementes
1 xícara de azeitonas pretas pequenas sem caroço
1 xícara de ervilhas em conserva escorridas
2 ovos cozidos duros picados

1. Prepare a massa: leve ao fogo o urucum, a água e o sal e deixe amornar. Acrescente a farinha, aos poucos, amassando até obter uma massa que se solte das mãos. Embrulhe com papel-filme e deixe descansar por 30 minutos.
2. Prepare o recheio: numa panela pequena misture bem o urucum com a farinha e a água. Leve ao fogo mexendo sempre até engrossar, sem criar grumos. Tempere com o sal, a pimenta e o cominho, tire do fogo e reserve.
3. Numa panela grande ponha a banha com o óleo de urucum, a cebola e o alho. Frite, sem deixar queimar, mexendo sempre. Acrescente a carne desfiada, tempere a gosto e refogue por 5 minutos, mexendo. Retire do fogo, junte a batata e deixe esfriar.
4. Numa tigela, misture as passas com as azeitonas, as ervilhas e os ovos picados. Reserve. Aqueça o forno em temperatura média (180°C).
5. Divida a massa em 20 bolinhas. Abra cada uma com o rolo, em superfície enfarinhada, num círculo com 20 cm de diâmetro. Misture o molho com o frango e a mistura de passas e distribua entre os círculos de massa. Feche as bordas da massa, torcendo as beiradas de forma decorativa. Ponha as saltenhas em pé em assadeiras polvilhadas com farinha, assentando-as para não tombarem.
6. Leve por 30 minutos ao forno preaquecido até assar e corar.

Linguiça de Maracaju

Desde o início do século passado é feita artesanalmente nas fazendas da serra de Maracaju. Nela só são utilizadas carnes bovinas de primeira qualidade, picadas em cubos, e não moídas. Quando criança, d. Namir Barbosa Silva, nascida em 1920 na Fazenda Sete Voltas, em Maracaju, ajudava na lida do preparo dessa famosa linguiça do sul de Mato Grosso. Hoje é procurada pelos mais novos, interessados em aprender os segredos desse delicioso enchido. Ironicamente, a linguiça teve o seu nome patenteado e, mesmo quando for preparada com o gado e na serra de Maracaju, não pode ser comercializada com esse nome. A receita a seguir, da própria d. Namir, é narrada à maneira dela, sem as quantidades definidas, pois, segundo ela, isso depende do gosto e da vontade de cada um.

CARNES: deve-se escolhê-las sempre gordas pois a sua gordura será utilizada na confecção da linguiça. Deve-se preferir coxão mole, miolo de paleta, alcatra, lombo, filé mignon, fralda. Devem ser cortadas em cubinhos "do tamanho do artelho do dedinho", ou seja, cerca de 2,5 cm.

TEMPEROS: sal e alho, obrigatoriamente, a gosto. Pimenta-cumari vermelha a gosto; mesmo que não se queira um resultado muito apimentado, ela deve ser sempre bem utilizada para realçar o sabor.

SEGREDOS: misture as carnes e os temperos numa bacia esmaltada ou de cerâmica, nunca use suco de limão e, em seu lugar, use suco de laranja azeda, a que é usada para doces, de uma maneira parcimoniosa, por isso, observe se não está se acumulando suco demais no fundo da bacia, retirando o excesso.

TRIPAS: compradas limpas e secas nos mercados ou em casas especializadas, devem ficar de molho em água fria para que fiquem moles e possam ser recheadas com a ajuda de um funil. A parte gordurosa da tripa deve ficar voltada para fora. Depois de enchê-las não fure as linguiças para guardá-las (o que deve ser feito no *freezer*) nem para prepará-las. Isso provocará perda dos sucos das carnes.

COZIMENTO: pode ser preparada na grelha, ou no espeto, na churrasqueira. Para fritá-la, deite 1 ½ dedo de água numa frigideira e leve ao fogo com a linguiça, até a água ficar reduzida à metade. Nesse ponto, vire a linguiça do outro lado, tomando o cuidado de não espetá-la, deixe secar toda a água e fritar até o ponto desejado.

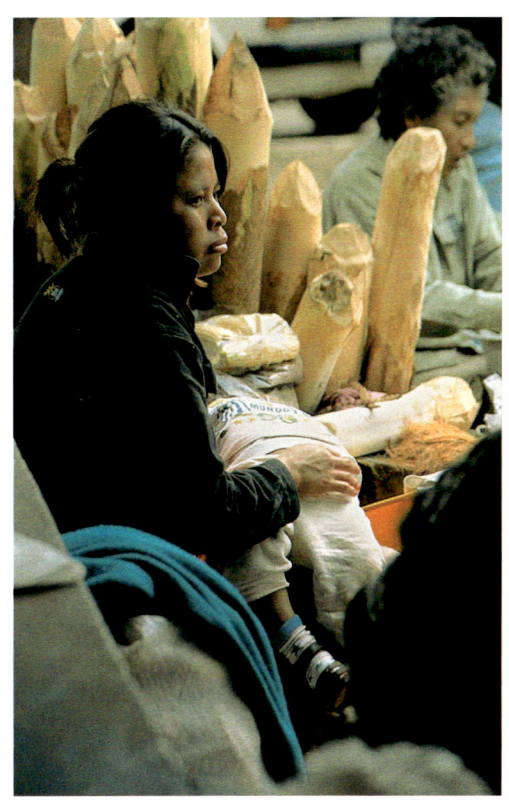

As cores atraentes do açafrão-da-terra (Curcuma longa), e do urucum, dispostos no mercado de Campo Grande, são presenças constantes nas refeições diárias. Na feira dos índios, em frente ao mercado, são vendidos produtos das roças e do artesanato das aldeias indígenas.

Arroz com guariroba

6 PORÇÕES

A guariroba, com o seu sabor ligeiramente amargo mas delicioso, é um dos ingredientes mais apreciados não só em Mato Grosso como em Minas Gerais e Goiás. É um palmito de grandes proporções, utilizado em receitas que se tornaram lendárias, como este arroz.

4 colheres (sopa) de gordura de porco
4 dentes de alho amassados
1 guariroba limpa cortada em pedaços grandes
sal e pimenta a gosto
3 xícaras de arroz lavado e escorrido

1. Aqueça a metade da gordura e doure levemente metade do alho. Acrescente a guariroba e refogue por 3 minutos. Tempere a gosto com sal e pimenta, cubra com água fervente e cozinhe até ficar macio. Escorra bem e reserve.
2. Leve ao fogo uma panela média e aqueça a gordura restante. Junte o alho restante e doure levemente. Adicione o arroz e refogue bem, mexendo sempre.
3. Acrescente a guariroba escorrida, cubra com água fervente, tempere com sal e pimenta e cozinhe até o arroz ficar macio. Retire do fogo e sirva em seguida.

NOTA
Quando cortar a guariroba, ponha-a em água fria para que não escureça.

GUARIROBA
(Syagrus oleracea)

Palmeira que chega a atingir 20 metros de altura, muito cultivada por causa do seu palmito, deliciosamente amargo. Também conhecido como coco-babão, catolé, gueiroba, coco-amargoso, pati amargoso.

SURPRESAS DE MATO GROSSO

Quando não estão dentro d'água, os jacarés ficam horas imóveis ao sol, boca aberta, preguiçosos e inofensivos apesar da sua aparência pré-histórica. A sua cauda é apreciadíssima, resultando em pratos saborosos cuja carne tem sabor semelhante à dos peixes. O camambuco, bolinho frito preparado com a carne do jacaré, purê de batata e temperos, é um tira-gosto disputadíssimo. Caribéu, ao lado, é um belo ensopado de charque com mandioca mansa servido nas noites frias do inverno. Deliciosos e originais são os bolinhos de arroz (foto abaixo), preparados com farinha de arroz e enformados em latas vazias de sardinhas.

Caribéu

6 PORÇÕES

- 1 kg de carne-seca lavada e cortada em cubos pequenos
- 4 colheres (sopa) de óleo
- 2 cebolas médias picadas
- 2 dentes de alho amassados
- 700 g de mandioca (aipim ou macaxeira) descascadas e cortadas em cubos pequenos
- 2 tomates médios sem sementes picados
- 2 pimentões verdes e 2 pimentões vermelhos médios picados
- sal e pimenta-do-reino a gosto
- 1 xícara de cebolinha verde picada

1. Deixe a carne-seca coberta com água por 24 horas, trocando a água duas ou três vezes nesse período. Ponha a carne-seca numa panela, cubra com água, leve ao fogo alto e deixe ferver. Tire do fogo e escorra.
2. Numa panela, deite o óleo e aqueça em fogo alto. Junte a cebola e o alho, e frite até dourar levemente. Acrescente a carne-seca e frite bem. Regue com 2 xícaras (cerca de meio litro) de água quente e cozinhe por algum tempo até a carne ficar quase macia.
3. Junte a mandioca, os tomates, os pimentões e a pimenta-do-reino a gosto, misture bem, cubra com água, prove, verifique e acrescente mais sal se achar necessário.
4. Tampe a panela, reduza o fogo para brando e cozinhe por cerca de 20 minutos ou até a mandioca ficar macia e o caldo espessar, juntando mais água quente se achar que é preciso.
5. Acrescente a cebolinha picada, misture, tire do fogo e sirva com arroz, feijão e farinha de mandioca torrada.

Bolinho de arroz caseiro

CERCA DE 80 BOLINHOS

- 1 kg de arroz ou 750 g de fubá de arroz
- 1 ¼ de xícara de manteiga
- 2 ½ xícaras de açúcar
- 1 ½ xícara de óleo
- 1 colher (chá) de sal
- ½ colher (chá) de fermento químico em pó
- 1 pacote (100 g) de coco ralado
- 1 colher (chá) de erva-doce
- 2 xícaras de leite
- ½ kg de mandioca (batata-doce ou cará)
- óleo, para untar

1. Numa panela deixe o arroz de molho de um dia para o outro, escorra e seque numa peneira ao sol.
2. Bata no processador ou liquidificador e depois passe pela peneira.
3. Numa vasilha ponha o fubá, o açúcar, a manteiga, o coco, o sal, o óleo, a erva-doce e o fermento e vá despejando o leite. Misture tudo e deixe descansar por 5 minutos. Aqueça o forno em temperatura média (180ºC).
4. Descasque e rale a mandioca, ponha numa panela com 1 ½ xícara de água, leve ao fogo até virar um grude. Adicione esse grude ao fubá de arroz e vá mexendo, deitando mais leite até virar um mingau.
5. Deixe descansar por 45 minutos até começar a fermentar.
6. Unte forminhas e asse por cerca de 45 minutos, até dourar.

Caburé

10 porções

½ kg de mandioca (aipim) ralada
1 xícara de queijo ralado
1 ovo
sal a gosto
½ colher (sopa) de açúcar
1 colher (sopa) de manteiga

1. Aqueça o forno em temperatura média (180°C).
2. Misture todos os ingredientes numa tigela média. Se a mistura não ficar firme, junte 1 colher (sopa) de polvilho doce (goma).
3. Distribua a mistura por uma assadeira às colheradas. Leve ao forno preaquecido até dourar.

Biscoito do céu

20 dúzias

3 cocos ralados e água de um coco
500 g de açúcar refinado
1,5 kg de polvilho
4 ovos
1 ¼ de xícara de manteiga
1 pitada de sal
canela em pó a gosto
manteiga ou óleo, para untar

1. Para fazer o leite de coco, leve o coco ralado e a água de coco ao fogo e esquente bem. Depois ponha num guardanapo e esprema para sair um leite grosso. Numa tigela misture o açúcar e o polvilho. Depois adicione o leite de coco e amasse bem.
2. Junte 2 ovos (se for preciso ponha também os outros dois), a manteiga e só no final acrescente o sal e a canela. Amasse aos poucos e com paciência, porque a massa é dura.
3. Faça bolinhas e asse em assadeira levemente untada em forno moderado (180 °C), preaquecido, por 20 minutos, ou até dourar a parte inferior.

Furrundum

60 PORÇÕES

5 mamões médios bem verdes
5 rapaduras simples (cerca de 1,5 kg)
1 pedaço de gengibre (cerca de 7 cm) ralado

1. Abra os mamões ao meio, retire as sementes e lave bem. Rale-os num ralo grosso e ponha numa panela grande ou tacho, cubra com água e leve ao fogo forte deixando ferver por 30 minutos.
2. Passe o mamão para um saco de pano e lave-o em água corrente, amassando e espremendo até esfriar.
3. Corte as rapaduras em pedaços e leve ao fogo com o mamão, mexendo de vez em quando até a rapadura derreter. Nesse ponto, mexa até que a colher de pau faça aparecer o fundo da panela.
4. Acrescente o gengibre ralado, misture ao doce e retire do fogo. Deixe esfriar e guarde na geladeira, em recipientes com tampa.

Empadão goiano

20 EMPADAS

Apesar do nome, o empadão não é grande. Mede uns quinze centímetros de diâmetro. É perfeito para um lanche rápido ou uma refeição ligeira acompanhado de salada. Sempre foi chamado de empada goiana, até que, nos anos oitenta, dona Maria Valadão, primeira-dama goiana naquela altura, criou o Centro de Tradições Goianas, onde havia um restaurante que batizou a empada de empadão. Empada ou empadão, o sabor é o mesmo e a sua identidade com Goiás também. Ao lado da pamonhada, é um dos grandes pratos regionais.

MASSA
1 kg de farinha de trigo
500 g de margarina (ou banha de porco)
1 colher (sopa) de fermento químico em pó
1 xícara de água, em temperatura ambiente
1 pitada de sal
3 gemas ligeiramente batidas, para pincelar

RECHEIO
3 kg de peito de frango, temperado, frito e desfiado
½ kg de lombo ou pernil de porco, temperado e frito, cortado em cubos
4 ovos cozidos duros, cortados em cubinhos
300 g de queijo de minas meia-cura, cortado em cubinhos
20 azeitonas
1 guariroba, cortada bem fininho e refogada (ou 1 pote de palmito em conserva)
salsa e cebolinha verde

MOLHO
2 latas de molho de tomate
1 lata de extrato de tomate
salsa e cebolinha
pimenta-bode
pimenta-do-reino
4 colheres (sopa) de farinha de trigo

1. Ponha todos os ingredientes da massa numa tigela, misture e junte, aos poucos, 1 xícara de água morna salgada com ½ colher (sopa) de sal, enquanto vai amassando com as mãos até obter uma massa maleável. Forme uma bola, cubra com um pano e deixe descansar 1 hora.
2. Prepare o molho: na frigideira onde foram fritos o frango e o lombo de porco, acrescente o molho de tomate, o extrato, salsa e cebolinha e as pimentas.
3. Junte 2 ½ xícaras de água e junte a farinha dissolvida num pouco d'água. Mexa até ficar bem uniforme. Deixe esfriar completamente antes de rechear.
4. Aqueça o forno em temperatura média (180°C).
5. Prepare as fôrmas de empada de 10 cm de diâmetro: abra a massa com o rolo e forre-as. Distribua o recheio assim: em cada fôrma ponha, na ordem, uma camada de frango, a seguir o lombo, os ovos, o queijo, uma azeitona e o palmito. Regue com o molho, cubra com a massa restante. Faça o torcidinho tradicional ao redor da empada, pincele com uma gema e leve ao forno preaquecido para dourar.

Pastelinho
100 PASTELINHOS

A mesma massa do empadão, salgadinha mesmo, pode resultar num docinho desses que não abandonam a nossa memória gustativa. Parecem ser, na concepção e aspecto, uma adaptação dos famosos Pastéis de Belém, de Lisboa, recheados com o nosso doce de leite. Os pastelinhos, assim como o empadão, eram feitos, antigamente, com massa folhada. O que os aproxima ainda mais dos seus parentes portugueses.

1 kg de farinha de trigo
500 g + 2 colheres (sopa) de margarina
1 colher (sopa) de fermento químico em pó
1 xícara de água na temperatura ambiente
1 pitada de sal
canela em pó, para polvilhar

1. Ponha todos os ingredientes numa tigela média, junte 1 xícara de água, misture e amasse com as mãos.
2. Aqueça o forno em temperatura média (180°C).
3. Forre forminhas pequenas para empadinhas com a massa. Com uma colherzinha forme ondas ao redor da forminha. Leve ao forno preaquecido até dourar a massa.
4. Tire do forno, recheie com doce de leite e leve de volta ao forno apenas para derreter o doce. Sirva polvilhados com canela.

PAMONHAS DE SAL

A nossa pamonha é de origem indígena. A palavra vem do tupi, *pamunha*, e até hoje é um quitute saboreado quase que em todas as regiões brasileiras sem nenhuma nostalgia. É o "hambúrguer" nacional, com casas de pamonha espalhadas por várias estradas. Em Goiás, a pamonha recebe um verdadeiro culto. Não é doce, como nas outras regiões, principalmente no Sudeste. É salgada e recebe recheios diversos segundo o gosto do freguês. As pamonharias se espalham pelas cidades goianas, em feiras, mercados e restaurantes especializados, vendendo não só a pamonha pronta, como a massa já preparada para se fazer a pamonha em casa. É só rechear as folhas de milho, que também são vendidas tiradas da espiga e arrumadinhas. A pamonha goiana é uma marca registrada do estado. Cremosíssima, desmancha-se ao abrir o pacotinho de palha, deliciosa, inesquecível lembrança de viagem.

Pamonha
30 PAMONHAS

30 espigas (cerca de 6 kg) de milho-verde
4 colheres (sopa) de banha de porco ou manteiga bem quente
sal a gosto
1 colher (sopa) de tempero desidratado
1 pitada de açúcar
1 kg de linguiça calabresa cortada em rodelas

1. Com uma faca afiada, corte a base das espigas de milho, tire as palhas, reserve-as para embrulhar as pamonhas e elimine os cabelos. Rale as espigas e, com a faca, raspe o sabugo para extrair o milho restante. Passe para uma peneira grossa, junte a banha de porco ou manteiga, tempere com sal a gosto, tempero desidratado e o açúcar. Acrescente as rodelas de linguiça e misture bem.
2. Faça pacotinhos com a palha de milho, encha com a mistura preparada e amarre a extremidade com uma tira de palha molhada ou barbante.
3. Encha uma panela grande com bastante água, leve ao fogo alto e deixe ferver.
4. Junte as pamonhas e cozinhe até a palha ficar amarelada.
5. Tire a pamonhada do fogo e sirva quente acompanhada de café e manteiga.

NOTA
Para embrulhar as pamonhas, use palhas grandes de milho aferventadas para que fiquem macias (elimine as palhas externas, que sao muito duras). Junte as bordas da palha e dobre-a ao meio formando uma espécie de "copo". Encha com a massa de milho e amarre a ponta com tiras de palha ou barbante. Depois de cozida, deixe a pamonha esfriar completamente e guarde na geladeira por até 48 horas.

Viagem gastronômica através do Brasil / Centro-Oeste / Goiás / **149**

Nas fotos, realizadas na Pamonharia da Vovó, em Goiânia, as várias etapas da trabalhosa e delicada realização da pamonha. O milho verde é ralado e depois as espigas são raspadas à faca para total aproveitamento. A massa é temperada, coada, e depois recheia as palhas de milho que, logo depois de serem retiradas das espigas, ficam abertas nas coxas para facilitar o seu manuseio.

PAMONHAS "DI A MODA"

Goiás prepara também surpresas com as antigas pamonhas: também as serve, como o povo deliciosamente as chama, *di a moda* de sal, fritas ou assadas, ou *di a moda* de açúcar, o que é mais raro. Podem ser fritas no dia seguinte ao seu cozimento. Mas também podem ser preparadas especialmente para a fritura: nesse caso a massa não precisa ser coada nem precisa levar óleo, para ficar mais leve. Para assar, a massa é a mesma da cozida, e pode receber queijo ralado ou coco. A tradicional é servida dispondo de vários recheios a escolher: de requeijão; de linguiça com frango, pimenta e guariroba; de pequi com frango, pimenta e queijo; de queijo com linguiça, cheiro-verde e pimenta-bode. A pamonha *di a moda* de açúcar pode ser recheada com queijo mais creme de leite e coco ralado ou com queijo tipo minas.

Arroz de pequi
6 PORÇÕES

5 pequis bem amarelos, lavados
4 colheres (sopa) de óleo ou banha de porco
2 dentes de alho amassados
1 cebola grande, picada
2 xícaras de arroz lavado e escorrido
4 xícaras de água quente
sal e pimenta-de-cheiro ou pimenta-malagueta fresca, picada, a gosto
1 colher (sopa) de cheiro-verde (salsa e cebolinha verde) picado

1. Tire a casca dos pequis, ponha-os numa panela, junte o óleo ou a banha, o alho e a cebola. Leve ao fogo brando e refogue, mexendo sempre, até a cebola e o alho ficarem dourados.
2. Acrescente o arroz e frite um pouco. Junte a água, tempere com sal a gosto e cozinhe até o arroz ficar macio e a água secar. Acrescente pimenta a gosto e misture delicadamente.
3. Tire do fogo, polvilhe com cheiro-verde e mais um pouco de pimenta, e leve à mesa.

PEQUI, OU PEQUIÁ
(Caryocar coriaceum Wittm. ou Caryocar Villosum – Aubl.)

Fruto do tamanho de uma laranja, casca verde, que traz dentro de si de uma a quatro sementes grandes, do tamanho de pequenos ovos, envolvidos por uma espécie de polpa muito aromática e saborosa. É essa polpa que tem de ser raspada apenas com os dentes da frente, para ser saboreada cuidadosamente, pois a semente não pode ser rompida devido à presença de espinhos finos e longos. O pequizeiro é uma árvore de grande porte, chegando a atingir 15 metros de altura, e tronco muito grosso.

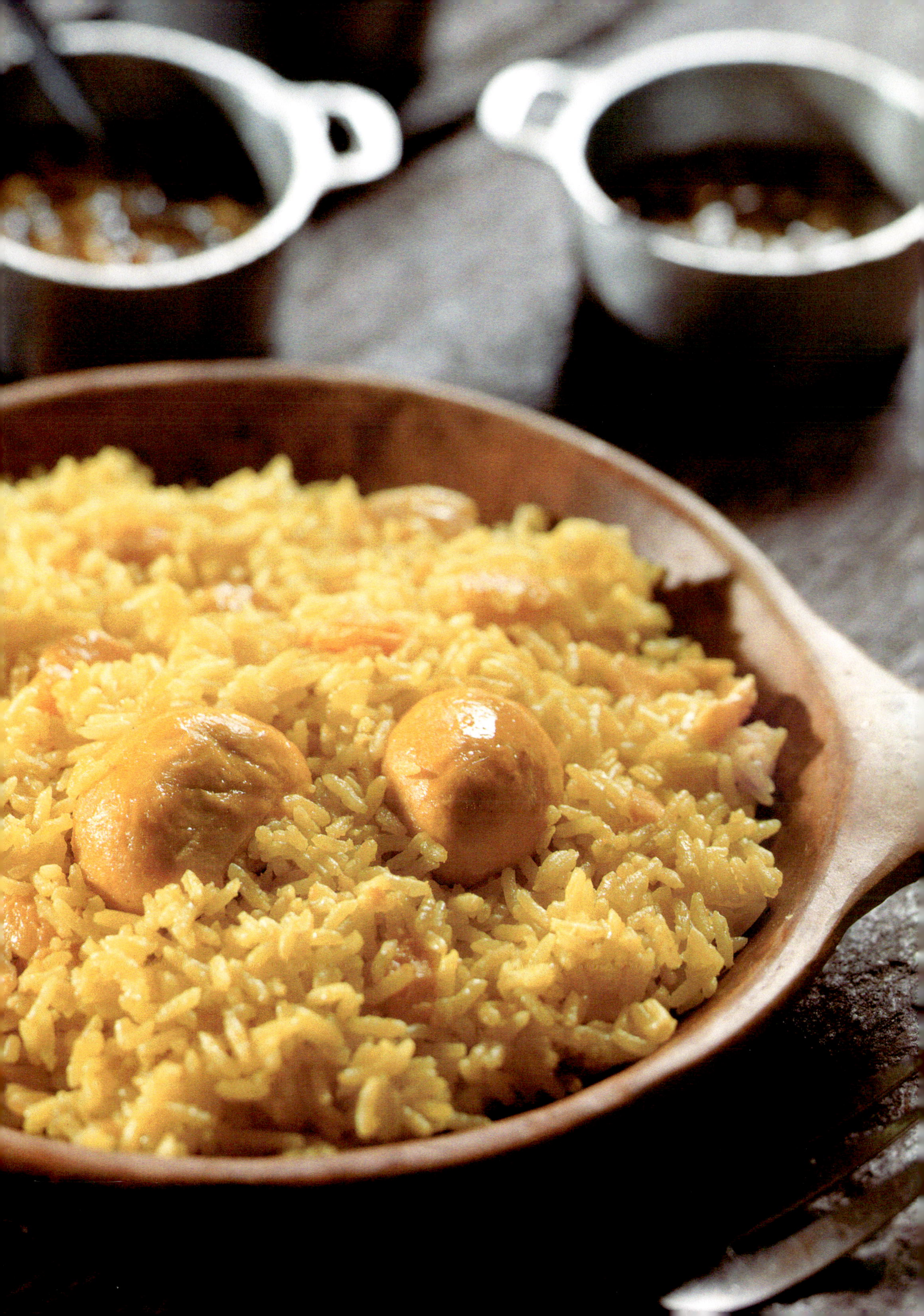

Com arte e paciência, as irmãs Elba e Nilza Sarmento puxam a massa elástica de açúcar e esculpem flores, bichinhos, bonecos, dando continuidade a uma doçaria vinda dos Açores e, há muitos séculos, levada pelos árabes para Portugal, de onde se espalhou pelas antigas colônias.

Alfenins
20 DOCES

½ kg de açúcar refinado
1 ½ xícara de água
20 gotas de sumo de limão
polvilho doce (goma)
1 tesourinha de bico virado

1. Numa panela pequena junte o açúcar, a água, e as gotas de sumo de limão. Misture bem e leve ao fogo forte. Não mexa mais para não açucarar.
2. Numa assadeira espalhe uma boa quantidade de polvilho.
3. Numa panela grande ponha água e bastante gelo.
4. A calda que está no fogo irá formar uma espuma que subirá até o alto da panela e depois descerá, suavizando a fervura, tornando-se ligeiramente amarelada.
5. Com uma colher de sopa, inclinada, tire um pouco da calda e deite na água gelada para testar o ponto. Pegue a calda com a mão e amasse. O fio formado deverá "triscar", ficará quebradiço, estalando quando partido. Isso ocorrerá uns 25 minutos depois de iniciada a fervura da calda que em Goiânia é chamada de "melado".
6. Para esfriar mais rapidamente, divida a calda por 4 vasilhas ou panelas pequenas e deixe descansar uns 25 minutos, até esfriar e secar. Leve novamente ao fogo apenas para se tornar maleável.
7. Tire a calda de uma das vasilhas e comece a trabalhar puxando a massa com as duas mãos, puxando aquela massa elástica, tornando a juntá-la, afastando novamente, até ficar branca e ainda maleável. Como se estivesse puxando uma massa de bala de coco.
8. Divida em bolinhas do tamanho de uma noz, deposite as bolinhas sobre a assadeira polvilhada. Comece então a formar as figuras desejadas, recorrendo à tesourinha para ajudar a "esculpir". Se a massa endurecer demais, umedeça ligeiramente os dedos para que amacie um pouco. Cada vez que apanhar uma nova bolinha, puxe-a novamente até que volte a ficar firme e maleável.
9. Vá polvilhando as mãos e os dedos à medida que forem ficando melados e difíceis de trabalhar. As caldas que ficam nas outras vasilhas ficam frias e firmes. Junte ½ colher (sopa) de água e leve ao fogo por uns 15 segundos apenas para que se torne maleável.
10. Para pintar os bichinhos use corante alimentício para bolo dissolvido em água adoçada com açúcar cristal para ficar mais firme e não escorrer. Como pincel, utilize um palito
11. Leve ao sol da manhã para secarem por 2 horas.

NOTAS

Encontrei alfenins também em Sobral, no Ceará, esculpidos envolvendo uma castanha-de-caju torrada, recebendo também o nome de *castanhas cobertas*, ou *castanhas confeitadas*.
Os alfenins devem ser trabalhados durante as horas de pouco calor e também não gostam dos dias de chuva.

Arroz de puta rica

8 PORÇÕES

O tradicional mesmo, em Goiás, é o *arroz de puta pobre*, uma receita que junta arroz, provavelmente sobras, e também sobras de carne e de feijão. Nesta geração, o arroz ficou rico e muito mais saboroso, transformando-se num prato requintado para figurar nas mesas de ocasiões felizes.

- 4 fatias finas de toucinho defumado (bacon) picado
- 2 colheres (sopa) de azeite de oliveira
- 1 gomo (cerca de 250 g) de linguiça calabresa fresca em rodelas
- 2 coxas com sobrecoxas de frango cortado à passarinho
- 300 g de carne de sol demolhada, cortada em cubos
- 1 linguiça defumada (cerca de 200 g)
- 6 costelinhas de porco defumadas
- 3 dentes de alho amassados
- 3 xícaras de arroz agulhinha lavado e escorrido
- sal e pimenta a gosto
- 6 xícaras de água fervente
- 1 xícara de milho-verde em conserva, escorrido
- 1 pote de palmito, em conserva
- 1 xícara de ervilha em conserva (ou congelada) escorrida
- ½ xícara de azeitona verde picada
- ½ xícara de uvas-passas

1. Numa panela grande junte o toucinho e o azeite e leve ao fogo alto, mexendo até dourar. Acrescente a linguiça fresca, os pedaços de frango e a carne e deixe dourar, mexendo sempre.
2. Adicione a linguiça defumada em rodelas, as costelinhas e o alho. Deixe fritar levemente, junte o arroz e refogue por 3 minutos.
3. Cubra com a água fervente, tempere a gosto com sal e pimenta, tampe parcialmente a panela e cozinhe em fogo brando, até as carnes ficarem macias. Se preciso acrescente mais água fervente, aos poucos.
4. Adicione o milho, o palmito cortado em rodelas, a ervilha, a azeitona e as passas, misture com um garfo e sirva em seguida.

DICA
Se usar ervilha congelada, acrescente-a no final do cozimento.

Um regato rasga esta cozinha nas proximidades de Goiatuba, Goiás. Domesticado por uma canalização a céu aberto ele se transforma em pia ideal, com água corrente, sempre límpida e fresca. Espaçosa, sem paredes externas porque o bom tempo permite, a cozinha comporta um fogão a lenha, dois fogões a gás, mesa de trabalho, mesa de refeições. Uma cozinha típica das nossas roças, e como ela ainda há várias em casas privilegiadas do nosso interior.

Flores de coco

10 COCADAS

Estas bonitas cocadas podem ser apresentadas como docinhos ou para decorar bolos confeitados.

1 coco médio
500 g de açúcar de confeiteiro
1 xícara de água

1. Corte a polpa do coco em fitas finas usando um cortador de legumes ou cepilho (ferramenta de marceneiro). Reserve.
2. Leve ao fogo o açúcar com a água, mexendo até o açúcar se dissolver. Pare de mexer e deixe ferver até o ponto de fio grosso.
3. Acrescente o coco e deixe ferver até o coco ficar macio o suficiente para poder enrolar (cerca de 10 minutos).
4. Retire a panela do fogo e, com a ajuda de dois garfos, tire bocados das fitas e ponha-os em montinhos sobre papel-manteiga ou celofane. Leve ao sol por algumas horas, até secar o excesso de calda.

NOTA

Para colorir, ponha gotas de corante alimentício na calda e depois enrole as tiras de coco em forma de rosa.

Autoria: Neusa Gonçalves Chaves, de Goiânia.

Moqueca capixaba
4 PORÇÕES

2 dentes de alho amassados
sal a gosto
3 colheres (sopa) de suco de limão
1 kg de postas de peixe (robalo ou badejo)
3 colheres (sopa) de azeite de oliveira

1 cebola grande picada
4 tomates grandes pelados e sem sementes picados
2 colheres (sopa) de cebolinha verde picada
2 colheres (sopa) de coentro picado

1. Misture o alho amassado, o sal, o suco de limão, e tempere o peixe.
2. Unte uma panela de barro que possa ir ao fogo com 1 colher (sopa) de azeite. Distribua as postas de peixe na panela, uma ao lado da outra, sem sobrepor, e cubra com a cebola, o tomate, a cebolinha e o coentro. Regue com as 2 colheres (sopa) de azeite e 3 colheres (sopa) de óleo de urucum.
3. Leve a panela ao fogo alto e deixe começar a ferver. Verifique o tempero e acrescente mais sal, se necessário.
4. Abaixe o fogo, tampe a panela de vez em quando para o peixe não grudar no fundo, cerca de 20 minutos ou até as postas ficarem macias.
5. Tire do fogo e sirva na própria panela, acompanhada de arroz branco, pirão de peixe e molho de pimenta.

Torta capixaba

10 PORÇÕES

O prato mais famoso da culinária do Espírito Santo tem origem no século XIX, preparado para o período de abstinência de carne da Semana Santa. Transformo-se numa delícia obrigatória tanto na Páscoa como fora dela.

3 colheres (sopa) de azeite de oliveira
3 dentes de alho amassados
1 cebola grande bem picada
4 tomates sem sementes, picados
½ xícara de cebolinha verde, picada
1 colher (sopa) de coentro, picado
1 colher (sopa) de óleo de urucum
1 pimentão vermelho picado
500 g de peixe em postas
500 g de sururu (mariscos)
500 g de carne de siri
250 g de ostras aferventadas sem conchas (opcional)
500 g de camarões frescos e limpos
500 g de bacalhau, previamente demolhado e aferventado
sal a gosto
2 xícaras de leite de coco
1 xícara de coco ralado
1 pitada de cravo moído
1 pitada de canela em pó
2 colheres (sopa) de vinagre
1 pote de palmito (350 g) picado
½ xícara de azeitonas verdes picadas
4 ovos mexidos
6 ovos

1. Numa panela aquecida junte o azeite com o alho e a cebola, mexendo sempre até dourar levemente. Acrescente o tomate, a cebolinha, o coentro, o urucum, o pimentão e misture bem.
2. Adicione as postas de peixe, o sururu, a carne de siri, a ostra, misture e polvilhe com sal a gosto. Tampe e deixe ferver em fogo alto. Quando ferver, abaixe o fogo e cozinhe até o peixe ficar macio. Acrescente os camarões e o bacalhau e deixe cozinhar uns 2 minutos, até os camarões ficarem rosados.
3. Retire do fogo, tire as espinhas do peixe e do bacalhau. Tire a pele do bacalhau e separe-o em lascas. Leve tudo de volta ao fogo, tempere com o sal, acrescente o leite de coco, o coco ralado, o cravo, a canela, o vinagre, o palmito e as azeitonas. Deixe cozinhar até reduzir bem o molho, mexendo de vez em quando.
4. Junte os ovos mexidos e passe para uma forma refratária, redonda e funda, de preferência de barro, levemente untada com azeite. Reserve. Aqueça o forno em temperatura média (180°C).
5. Bata os ovos até obter uma mistura clara e fofa. Espalhe sobre o preparado reservado no refratário e leve ao forno preaquecido até os ovos ficarem quase cozidos. Decore com fatias de tomate e cebola e deixe no forno até dourar. Retire do forno e sirva em seguida.

COMO PREPARAR ÓLEO DE URUCUM

Deite 2 xícaras de óleo numa panela pequena, junte 5 colheres (sopa) de sementes de urucum, leve ao fogo alto e deixe aquecer até o óleo ficar bem vermelho. Tire do fogo, deixe esfriar e coe. Pode ser guardado para ser utilizado em várias preparações.

URUCUM
(Bixa orellana)

A palavra vem do tupi e significa vermelhão. Era utilizado pelos indígenas para tingir e proteger o corpo contra os mosquitos e também para colorir utensílios domésticos. Na culinária é empregado como corante, vendido nos supermercados como colorífico, quase sempre confundido com o saboroso colorau espanhol, que é proveniente de pimentões vermelhos. Roucou, em francês, anatto, em inglês, orleansbaum, em alemão, axiotl em espanhol do México (nome pelo qual foi primeiramente conhecido na Europa).

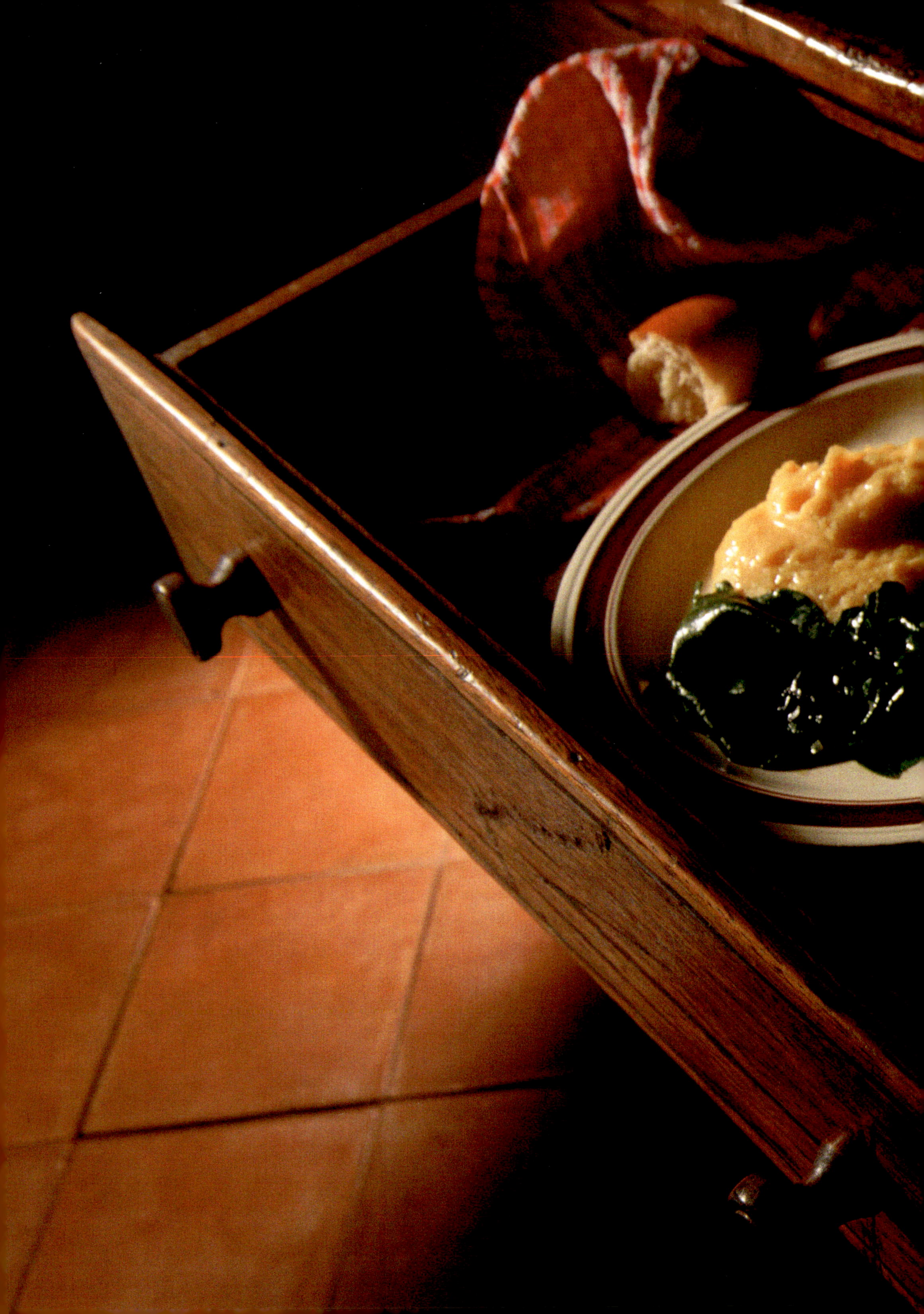

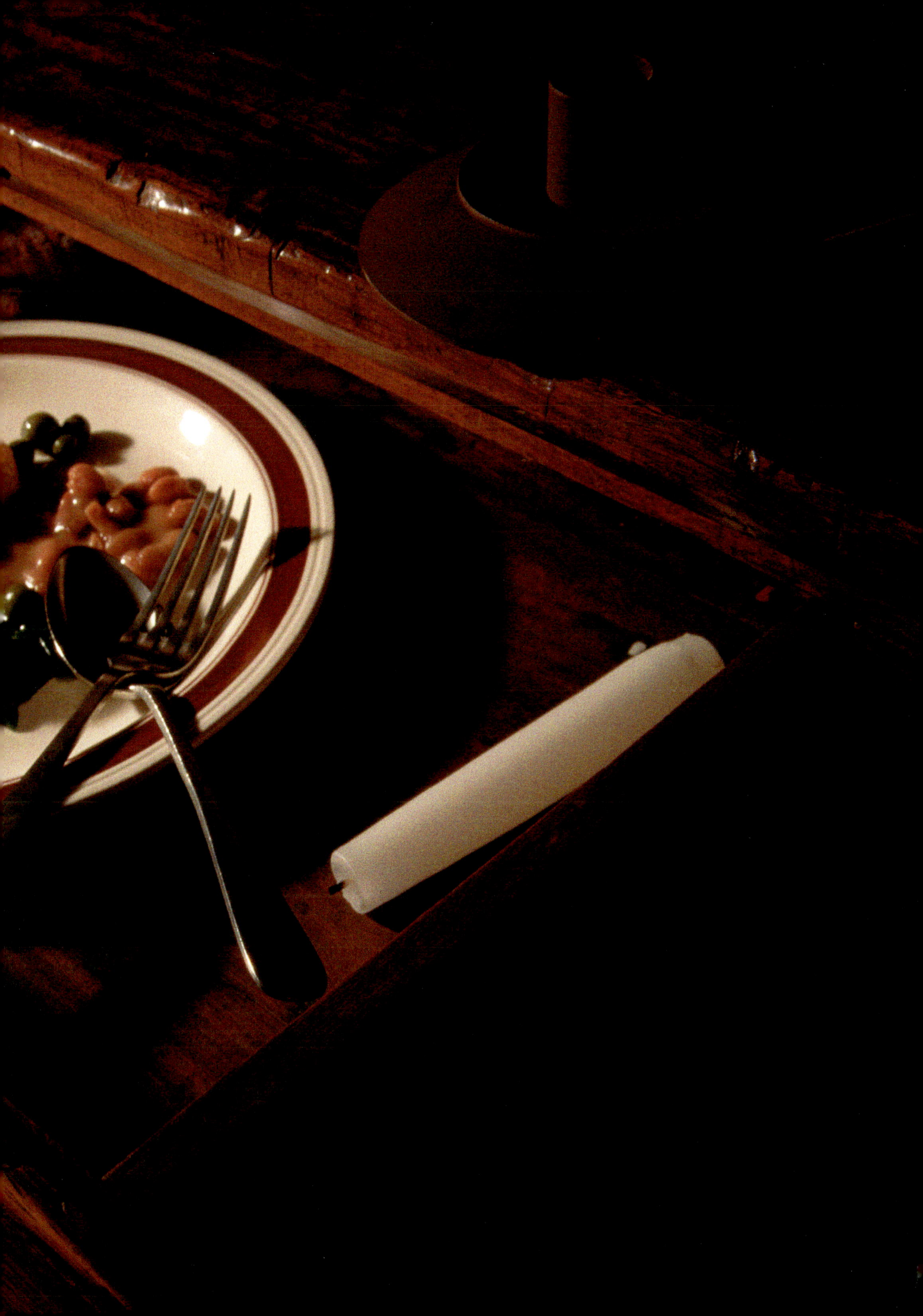

GAVETAS E SEGREDOS

As montanhas de Minas Gerais costumam guardar segredos, lendas e mistérios bizarros. A velha história das gavetas das mesas e da sovinice mineira é uma das mais polêmicas. Segundo Eduardo Frieiro no seu livro *Feijão, angu e couve*, o mineiro escondia a comida na gaveta da mesa porque teria vergonha de comer angu, dita comida de escravos. Mônica Chaves Abdalla em *Receita da mineiridade* diz que, se o hábito existiu, deveria estar ligado à vergonha de mostrar o prato em que se come, já remexido e de mau aspecto. Há autores que afirmam ter o hábito se desenvolvido num período de grande escassez, em que era melhor esconder-se o prato miserável do que passar pelo constrangimento de não ter o que oferecer ao visitante repentino. Esta talvez seja a versão mais plausível. De qualquer maneira, depois de percorrer cidades, vilas e povoados onde reina a mais gentil e hospitaleira arte de receber, é difícil acreditar-se que, num dia distante, dono de uma das mais características cozinhas do Brasil, o mineiro tenha tido a fama de ser sovina.

Feijão
6 PORÇÕES

2 xícaras (chá) de feijão cru
6 xícaras (chá) de água fria
1 folha de louro
2 colheres (sopa) de óleo
2 dentes de alho amassados
1 cebola pequena bem picada
sal a gosto

1. Escolha o feijão, eliminando gravetos e grãos estragados. Lave em água corrente e escorra. Ponha numa tigela e junte a água (3 a 4 vezes o volume do feijão). Deixe de molho durante a noite. Elimine os grãos que boiarem porque podem estar estragados.
2. No dia seguinte passe o feijão com a água para uma panela, acrescente o louro, ½ colher (sopa) do óleo, leve ao fogo alto e deixe ferver.
3. Baixe o fogo, tampe a panela e continue o cozimento até os grãos ficarem macios. O tempo de cozimento vai depender do tipo e da idade do feijão.
4. Se você esquecer de pôr o feijão de molho na véspera, ponha os grãos escolhidos e lavados numa panela, junte água fria e deixe no fogo alto até ferver. Ferva por 2 a 3 minutos, tampe a panela, desligue o fogo e deixe o feijão de molho por 1 hora antes de continuar o cozimento para amaciá-lo.
5. Depois, numa panela pequena, deite o óleo e aqueça em fogo alto. Junte o alho e a cebola e refogue até ficarem levemente dourados.
6. Acrescente ao refogado de alho e cebola 2 conchas do feijão cozido e amasse levemente. Acrescente essa mistura ao feijão cozido e tempere com sal a gosto. Tampe a panela, leve ao fogo alto e deixe ferver por 5 minutos ou até o feijão tomar aquele gostinho característico.

Ora-pro-nóbis refogada
6 PORÇÕES

1 maço de ora-pro-nóbis limpa, lavada e escorrida
2 colheres (sopa) de azeite de oliveira
2 dentes de alho amassados
1 cebola pequena bem picada
sal a gosto

1. Ponha a verdura numa panela somente com a água que ficou nas folhas, tampe e leve ao fogo médio até cozinhar (cerca de 5 minutos).
2. Escorra bem, ponha na tábua de cozinha e bata com a lâmina de uma faca, picando bem.
3. Numa panela aquecida junte o azeite, o alho e a cebola, mexendo sempre até dourar levemente. Acrescente a verdura cozida e refogue, mexendo sempre por cerca de 3 minutos. Tempere com sal a gosto, misture bem e sirva em seguida.

ORA-PRO-NÓBIS
(Peireskia aculeata)

Também conhecida como "orapinóbis", ou quiabinho-do-reino. Depois de cozida fica com aspecto semelhante ao espinafre, e quase muliciginosa, o que a leva a ser chamada também de "quiabinho". Riquíssima em ferro, foi extremamente utilizada no interior de Minas em deliciosos refogadinhos, sendo uma das responsáveis, ao lado da farinha de mandioca e do feijão, pela resistência extraordinária do homem dos nossos sertões.

Torresmo
10 PORÇÕES

Vilipendiado pelos tratados de saúde e pelas dietas de emagrecimento, o torresmo tornou-se, nos dias que correm, apesar de toda a sua simplicidade, um verdadeiro luxo proibido, um objeto de desejo quase inatingível. Saboroso, crocante, absolutamente irresistível, é também um dos pratos ícones do imaginário nacional.

1,5 kg de toucinho fresco magro
½ colher (sopa) de sal
2 dentes de alho

1. Usando uma faca afiada, tire o couro do toucinho. Corte o toucinho em cubos, ponha numa tigela e tempere com o sal e os dentes de alho bem amassados. Deixe descansar por cerca de 1 hora.
2. Ponha o toucinho numa panela de ferro, de preferência, ou então use uma panela reforçada, leve ao fogo alto e deixe começar a fritar.
3. Abaixe o fogo e frite o toucinho, mexendo de vez em quando, até ficar dourado.
4. Tire os torresmos com uma escumadeira e deixe escorrer sobre papel absorvente. Passe para um prato de servir e leve imediatamente à mesa.

Tutu de feijão

10 PORÇÕES

2 xícaras de feijão-roxinho
3 colheres (sopa) de óleo (ou de gordura de torresmo)
1 cebola grande bem picada
2 dentes de alho amassados
1 xícara de farinha de mandioca
½ xícara de cheiro-verde (salsa e cebolinha verde) bem picado
sal e pimenta-malagueta bem picada a gosto

LINGUIÇAS FRITAS
1,5 kg de linguiça de porco fresca
2 colheres (sopa) de óleo (ou de gordura de torresmo)
2 xícaras de água

GUARNIÇÃO
2 colheres (sopa) de óleo (ou de gordura de torresmo)
1 colher (sopa) de vinagre
2 cebolas grandes cortadas em rodelas
sal a gosto
5 ovos bem cozidos e cortados em rodelas

1. Limpe o feijão, lave em água corrente, escorra, ponha numa tigela, cubra com água fria (até atingir cerca de 7 cm acima da superfície do feijão) e deixe de molho por cerca de 4 horas.
2. Ponha o feijão e a água numa panela de pressão, leve ao fogo e cozinhe por cerca de 40 minutos ou até ficar bem macio. Tire do fogo.
3. No copo do liquidificador, ponha o feijão e o caldo e bata até obter um purê. Reserve.
4. Numa panela grande, deite o óleo e aqueça em fogo alto. Junte a cebola e o alho e deixe dourar levemente. Acrescente o purê de feijão e deixe ferver. Aos poucos, junte a farinha de mandioca como se fosse uma chuva fina, mexendo sempre para não empelotar, e cozinhe até obter um pirão bem mole. Acrescente o cheiro-verde, tempere a gosto com sal e pimenta e tire do fogo. Reserve em local aquecido.
5. Enquanto o feijão cozinha, prepare as linguiças: numa panela ponha as linguiças, o óleo e a água, leve ao fogo alto e deixe a água secar. Frite as linguiças na própria gordura, virando-as de vez em quando, até ficarem douradas por igual. Tire as linguiças do fogo, escorra, corte em pedaços de 3 cm e reserve em local aquecido.
6. Prepare a guarnição: deite o óleo numa panela e aqueça em fogo alto. Junte o vinagre e as cebolas e frite até ficarem macias. Tempere com sal a gosto e tire do fogo.
7. Monte o tutu: numa travessa grande, ponha metade do tutu e cubra com metade das rodelas de ovo, dos pedaços de linguiça e do refogado de cebola. Cubra com o tutu restante e decore com o ovo, a linguiça e a cebola restantes. Sirva acompanhado de lombo, couve, torresmos e arroz branco.

Lombo assado
10 porções

1,5 kg de lombo de porco
½ xícara de vinho branco seco
½ xícara de suco de limão
3 dentes de alho
1 cebola grande cortada em quartos
10 folhas de manjericão
sal e pimenta-malagueta a gosto
3 colheres (sopa) de óleo (ou gordura de torresmo)
2 folhas de louro

1. Limpe, lave e enxugue o lombo de porco com papel absorvente. Com um garfo, fure a carne em vários lugares e ponha numa tigela.
2. No copo do liquidificador, introduza todos os ingredientes (exceto o louro) e bata bem. Regue o lombo com a mistura, junte as folhas de louro e deixe descansar por cerca de 4 horas, virando de vez em quando para pegar gosto por igual.
3. Aqueça o forno em temperatura alta (220°C). Ponha o lombo numa assadeira untada com óleo, leve ao forno preaquecido e asse por 15 minutos.
4. Regue com os temperos, cubra bem com o papel-alumínio, reduza a temperatura do forno para média (180°C) e asse por cerca de 1 hora ou até o lombo ficar macio, regando sempre com o molho formado na assadeira (se for preciso, junte água ou caldo quente).
5. Nos últimos 10 minutos, tire o papel e deixe a carne dourar.
6. Tire do forno, deixe amornar por 5 minutos e corte em fatias. Ponha num prato de servir e leve à mesa.

Cozinha da família Ribeiro, produtora de um dos queijos mineiros mais famosos, na Fazenda Boa Vista do Curral da Pedra, arredores da cidade do Serro.

Angu de milho
6 porções

Ao lado do feijão e do ora-pro-nóbis constitui um dos mais característicos pratos nacionais, presente em todas as mesas e no imaginário de todos nós. As frutinhas amargas da jurubeba, em conserva, condimentam de uma maneira especial essa refeição tipicamente mineira.

1 pacote de fubá mimoso de milho
3 colheres (sopa) de óleo
1 cebola pequena bem picada

1. Numa tigela dissolva o fubá, aos poucos, em 2 xícaras de água fria.
2. Numa panela média deite o óleo e a cebola picada, leve ao fogo médio, mexendo constantemente, até amaciar a cebola.
3. Junte 3 xícaras de água e, quando ferver, acrescente o fubá dissolvido até obter o ponto desejado: angu mole ou espesso. Não acrescente sal.

Broinhas de milho da Dita

18 BROINHAS

Levíssimas, ocas, muito fofas, verdadeiras obras-primas desenvolvidas pelo talento da Dita, cozinheira da Fazenda Água Comprida, arredores de Uberaba.

1 xícara de leite em temperatura ambiente
1 xícara de óleo
erva-doce a gosto
1 xícara de fubá mimoso de milho
1 xícara de farinha de trigo
½ xícara de açúcar
6 ovos médios em temperatura ambiente

1. Numa panela grande deite o leite, 1 xícara de água, o óleo e a erva-doce. Leve ao fogo forte até ferver.
2. Tire do fogo e junte os ingredientes secos. Misture e leve ao fogo brando, mexendo sempre até a massa começar a "pegar" ligeiramente no fundo da panela. Aqueça o forno em temperatura alta (220°C).
3. Junte os ovos, um a um, e vá amassando pacientemente com as mãos até obter uma massa maleável.
4. Unte uma assadeira com óleo e polvilhe com farinha de trigo, invertendo a assadeira e sacudindo-a para retirar o excesso.
5. Umedeça com água uma xícara, encha com farinha de trigo e esvazie-a completamente para que fique enfarinhada.
6. Com uma colher de sopa, colha um pouco da massa, ponha dentro da xícara e, com movimentos circulares, forme uma bolinha dentro da xícara. Passe a bolinha para a assadeira preparada. Repita esse procedimento até terminar toda a massa, enfarinhando a xícara sempre que for preciso.
7. Deixe espaço entre uma bolinha e outra, pois irão dobrar de tamanho.
8. Leve ao forno preaquecido e deixe até dourarem e ficarem com a superfície rachada (cerca de 25 minutos).

Doce de limõezinhos

Uma receita trabalhosa, nada ingênua na sua simplicidade aparente, mas que precisa ser preservada. Um dos doces mais saborosos da nossa doçaria popular, presente em quase todas as regiões sertanejas. Esta versão é uma receita de Maria Celeste Moura, famosa quituteira da tradicional arte doceira da cidade de Pedra Azul.

> 1 kg de limões verdes pequenos
> 1 kg de açúcar
> 1 xícara de água

1. Ponha os limõezinhos verdes numa tigela grande com um ou dois punhados de sal grosso e vá rodando os limõezinhos contra o sal de maneira a "quebrar" o sumo da casca do limão. Essa operação também pode ser feita raspando a casca com a superfície de uma pedra áspera.
2. Lave os limõezinhos em bastante água corrente e corte-os ao meio, ou em cruz. A seguir, tire o máximo que puder da polpa, com o auxílio de uma colherzinha ou com a ponta de uma faca.
3. Ponha os limões assim preparados dentro de uma panela grande com água fria. Leve ao fogo para cozinhar um pouco sem deixar ferver.
4. Em outra boca de fogo deve estar preparada uma panela com água bem quente. Tire os limõezinhos da panela onde cozinharam ligeiramente para essa panela de água quente e deixe cozinhar um pouco também sem ferver, cobertos por um pano limpo.
5. Repita essa operação, levando os limões de uma panela de água quente para outra de água quente, umas 6 ou 7 vezes, não se esquecendo de cobrir com o pano e lavá-lo todas as vezes que a água for trocada.
6. Deixe descansar um pouco, amornar, e prove para ver se o amargor saiu. Caso permaneça, repita a operação lembrando: *limão frio, água fria; limão quente, água quente*.
7. Quando estiver sem amargor deixe cozinhar até ficarem macios e deixe descansar até esfriar. Depois de frios faça o acabamento das cascas dos limõezinhos retirando os resquícios de polpa, com bastante cuidado, para não furar as cascas.
8. Leve novamente ao fogo em água fria (*limão frio, água fria*) para cozinhar mais um pouco sem se partirem.
9. Numa panela grande deite o açúcar, a água e os limões e leve ao fogo forte até dar o ponto de fio fino. Retire os limões, deixe-os escorrer através de uma peneira e passe-os no açúcar de confeiteiro. Deixe secar numa superfície lisa e guarde em latas ou em potes bem vedados.

Biscoito holandês (ou meia-lua)

30 BISCOITOS

Biscoitos, rosquinhas, sequilhos, esse conjunto delicado de biscoitinhos, cujas receitas são passadas de geração a geração pelas nossas famílias do interior, é geralmente servido à hora do chá, ou depois das refeições juntamente com o cafezinho. Recebem o nome de "quitandas" em Minas Gerais. A sra. Eurídice Magalhães Porto, de Pedra Azul, mestra nesta especialização, é a autora desta receita.

> 3 xícaras (chá) de farinha de trigo
> 1 ½ xícara (chá) de açúcar refinado
> manteiga caipira (salgada)

1. Misture os ingredientes, colocando manteiga aos poucos e amassando até a massa ter consistência para ser aberta com um rolo.
2. Pegue um pouco da massa, ponha entre dois plásticos e em seguida passe o rolo, deixando com a espessura de mais ou menos 0,5 cm.
3. Retire o plástico, corte os biscoitos em formato de meia-lua, arrume num tabuleiro untado e polvilhado com farinha de trigo.
4. Passe gema sobre os biscoitos e polvilhe com amendoim torrado e moído.
5. Leve ao forno brando. Depois de assados, polvilhe com açúcar refinado.

Galhinhos do jardim
30 BISCOITOS

250 g de açúcar refinado
200 g de manteiga caipira (salgada)
1 ovo
gotas de essência de baunilha
500 g de farinha de trigo

1. Junte todos os ingredientes, misture e vá amassando com a farinha de trigo.
2. Quando a massa estiver em consistência de ser aberta com um rolo, pegue um pouco da massa, abra com o rolo numa espessura de 1 cm, recorte-a em forma de galhinhos, passe gema por cima e polvilhe com açúcar cristal.
3. Leve ao forno brando em tabuleiro untado e polvilhe com farinha de trigo.

Bolo de fubá secreto
30 PORÇÕES

Uma receita deliciosa que dá toques diferentes ao tradicional bolo de fubá, que faz parte da nossa memória afetiva gastronômica...

2 xícaras de fubá de milho
1 ½ xícara de açúcar
¾ de xícara de óleo
2 xícaras de leite
erva-doce a gosto
4 ovos
1 colher (sopa) de fermento químico em pó
100 g de queijo de minas curado ralado fino
açúcar e canela para polvilhar

1. Ponha o fubá, o açúcar, o óleo e o leite numa panela média, misture bem e leve ao fogo forte mexendo sem parar até engrossar. Mexa mais uns 3 minutos, desligue o fogo e deixe esfriar completamente.
2. Bata as claras em neve firme. Introduza as gemas, continue a bater e acrescente, aos poucos, a massa já fria.
3. Quando misturar bem, desligue a batedeira, junte o queijo ralado, mexa com uma colher de pau e acrescente o fermento químico em pó.
4. Numa assadeira previamente untada e polvilhada de farinha de milho, espalhe a massa e leve por cerca de 45 minutos ao forno preaquecido.
5. Tire do forno, espalhe açúcar e canela sobre a superfície do bolo. Corte em quadrados.

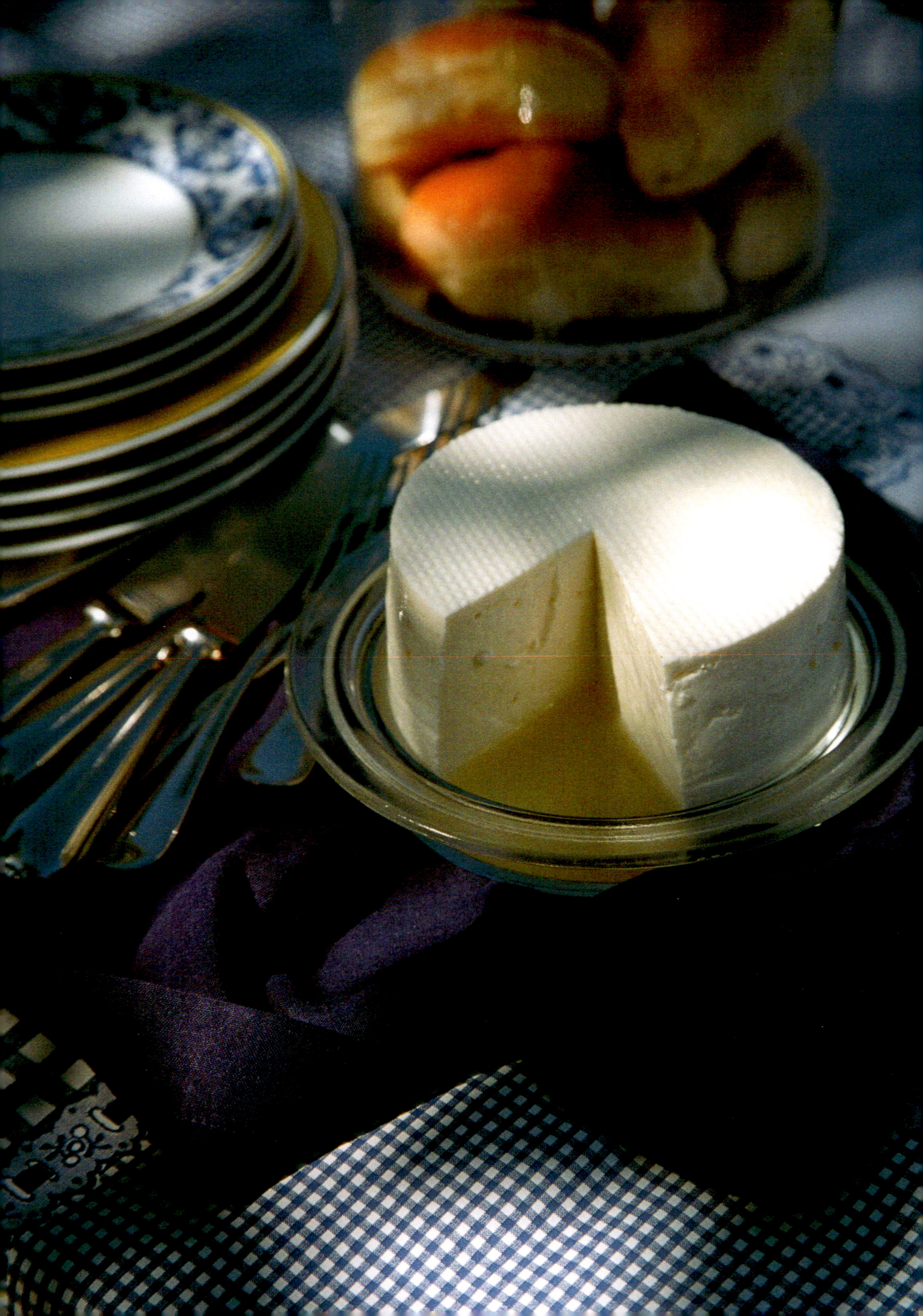

O QUEIJO DE MINAS

Uma tradição que os mineiros fazem questão de manter. O famoso queijo do serro, cidade montanhosa do interior, é o resultado de vários fatores, o principal deles é o capim que alimenta o gado, como o *braquiária*, que dá um leite saboroso, ideal para o queijo. Quase toda a família mineira tem a sua receita preferida de queijo. E, quando não a tem, recorre a um fornecedor de confiança, em geral às cooperativas.

Queijo caseiro
1 QUEIJO COM CERCA DE 1 KG

15 litros de leite
24 ml de coalho líquido
200 g de sal

1. Num caldeirão grande, aqueça o leite com o sal até atingir 35°C.
2. Dissolva o coalho em ½ xícara de água morna, misture bem e deixe descansar, tampado, durante 45 minutos até coalhar. Se até esse tempo não coalhar, é porque o coalho não está bom. Se coalhar em menos tempo, o queijo ficará amargo.
3. Com uma faca, corte o leite coalhado fazendo várias cruzes na superfície e reduza a coalhada em pedacinhos, utilizando uma colher de pau e fazendo movimentos em 8.
4. Escorra a coalhada num saco feito em tecido "volta ao mundo" (ou morim).
5. Esprema com as mãos até eliminar boa parte do soro. Transfira o saco para uma tábua dotada de um rego e termine de espremer a coalhada para tirar o soro. Passe o saco com a massa sem soro para dentro de uma fôrma e deixe terminar de escorrer o soro durante cerca de 10 minutos.
6. Vire a massa para dentro de uma fôrma, retirando dessa vez o saco coador. Ponha um peso sobre a fôrma e leve à geladeira até o dia seguinte.
7. Desenforme e embrulhe em papel absorvente até parar de soltar o soro. Troque as folhas de papel molhado por secas, embrulhe bem e leve à geladeira. Vá trocando o papel à medida que for ficando umedecido.
8. Depois de 3 a 4 dias, o queijo irá adquirir uma casca amarelada e macia. Está no ponto de ser degustado.

No Brasil, ao contrário dos países europeus que nos colonizaram, o queijo é comido juntamente com o doce, e não o precede, como seria o "correto" segundo os padrões estrangeiros. O casamento do queijo com o doce, que resultou no famoso "Romeu e Julieta" no caso da goiabada, também fica perfeito com a marmelada, aqui fotografada como é vendida na feira da cidade de Pedra Azul, envolvida numa embalagem de origem indígena, feita da casca da bananeira.

Feijoada carioca

15 PORÇÕES

O fato de que a feijoada teria se originado nas senzalas com o resto das carnes desprezadas pelos senhores foi durante muito tempo divulgado entre as nossas mesas. Mas a verdade é que os portugueses já apreciavam a feijoada havia algum tempo, principalmente os que habitavam as regiões montanhosas trasmontanas onde, até hoje, a feijoada é um dos pratos mais apreciados. Da mesma maneira entram chouriças e carnes salgadas de porco, mas o feijão utilizado é o branco. Como não é preto o feijão das feijoadas do nordeste brasileiro. O feijão é a estrela de muitos pratos internacionais: os americanos têm o seu *boston baked beans*, os franceses o seu *cassoulet*, os espanhóis a sua *favada*. No Rio de Janeiro, a feijoada recebeu as bênçãos alegres do feijão-preto que, muito provavelmente, pode ter sido introduzido por uma escrava na cozinha da sua senhora, numa hora de aperto em que não tivesse encontrado o branco... A troca foi das mais felizes e a feijoada carioca, conhecida em todo o mundo como brasileira, é o nosso prato nacional, sucesso em todas as mesas, festa obrigatória em todos os sábados em muitas das nossas cidades, acompanhada de caipirinha, cerveja e muita batucada.

10 xícaras (2 kg) de feijão-preto
750 g de carne-seca (charque) magra
300 g de toucinho salgado
2 rabos de porco (700 g) salgados
2 orelhas de porco (300 g) salgadas
1 kg de músculo
1 kg de alcatra
300 g de toucinho defumado (bacon)
300 g de paio
500 g de linguiça calabresa
300 g de lombinho de porco defumado
300 g de costelas de porco defumadas
4 colheres (sopa) de óleo
3 cebolas grandes picadas
6 dentes de alho amassados
4 folhas de louro
sal e pimenta-do-reino a gosto

1. De véspera, escolha o feijão, lave bem e ponha numa tigela. Cubra com água fria e deixe de molho durante a noite.
2. Lave a carne-seca, o toucinho salgado, os rabos e as orelhas de porco, ponha numa tigela bem grande e cubra com bastante água fria. Deixe também de molho durante a noite.
3. No dia seguinte, troque a água do feijão e ponha-o num caldeirão, leve ao fogo alto e deixe ferver. Baixe o fogo, tampe a panela e continue o cozimento até o feijão começar a ficar macio, juntando mais água, se necessário.
4. Assim que levar o feijão ao fogo, lave novamente a carne-seca e as carnes salgadas em água corrente, passe para uma panela grande, junte o músculo, a alcatra e o toucinho defumado, cubra com a água fria, leve ao fogo alto e deixe

começar a ferver. Abaixe o fogo, tampe a panela e cozinhe até as carnes ficarem macias (durante o cozimento, mexa de vez em quando com uma colher de pau e junte mais água, se for necessário, para as carnes não grudarem no fundo da panela). Passe as carnes com o seu caldo para o caldeirão de feijão.

5. Com um garfo, faça alguns furos no paio e na linguiça, e ponha no caldeirão. Junte também o lombinho e as costelas, e continue o cozimento.

6. Enquanto isso, numa frigideira, ponha o óleo, aqueça ligeiramente em fogo médio, junte a cebola e o alho, e frite, mexendo de vez em quando, até a cebola ficar levemente dourada, sem deixar queimar.

7. Tire 2 a 3 conchas de feijão do caldeirão, escorra, acrescente-as aos temperos na frigideira e, com as costas da concha, amasse bem. Despeje a mistura no caldeirão, junte o louro e mexa até misturar bem.

8. Prove para verificar o tempero, junte mais sal se for necessário e acrescente pimenta-do-reino a gosto.

9. Continue o cozimento até as carnes e o feijão ficarem bem macios. Se necessário, junte mais água. Se tiver muito líquido, aumente o fogo e cozinhe com a panela destampada para o caldo secar um pouco. Se quiser engrossar o caldo, vá amassando o feijão com as costas da concha.

10. Na hora de servir, retire todas as carnes do feijão, corte-as em pedaços individuais e distribua em travessas. Passe o feijão para uma tigela.

NOTA
Sirva a feijoada acompanhada de laranjas descascadas e separadas em gomos ou cortadas em rodelas, arroz branco, farinha de mandioca colocada numa tigela ou farinheira, couve refogada e molho de pimenta.

Na Cobal do Rio de Janeiro as bancas com artigos para a feijoada exibem os seus produtos com grande plasticidade. Em restaurantes de luxo, como o do Hotel Caesar Park, esse prato popular recebe tratamento nobre, onde se pode apreciar o prato mais democrático da nossa cozinha com uma belíssima vista do mar de Ipanema.

Caipirinha
1 DOSE

- 1 limão-galego
- 1 colher (sopa) de açúcar
- 2 cubos de gelo triturados
- 4 colheres (sopa) de pinga
- 1 colher (chá) de gim (opcional)

1. Lave bem o limão, corte em quatro pedaços e retire a parte branca interna.
2. Ponha o limão num copo baixo e largo, junte o açúcar e, com um socador, amasse até liberar todo o suco.
3. Acrescente o gelo triturado e a pinga, e misture bem.
4. Junte o gim, se quiser, misture novamente e sirva.

Bolinhos de bacalhau
CERCA DE 30 BOLINHOS

- 500 g de bacalhau
- 3 batatas médias cozidas em água fervente, escorridas e descascadas
- 2 colheres de salsa bem picada
- pimenta-do-reino a gosto
- 4 gemas
- 1 colher (sopa) de azeite de oliveira
- sal a gosto
- 4 claras batidas em neve bem firme
- 2 xícaras de óleo para fritar

1. Ponha o bacalhau numa tigela, cubra com água e deixe de molho na geladeira por 36 horas, trocando a água de vez em quando.
2. Passe as batatas cozidas no espremedor ou amasse bem com um garfo, e reserve.
3. Retire o bacalhau da geladeira, escorra, elimine a pele e as espinhas, e passe a carne no moedor ou a desfie com as mãos.
4. Ponha a carne do bacalhau moída numa tigela, junte as batatas amassadas, a salsa picada, pimenta-do-reino a gosto, as gemas e o azeite, e bata com uma colher de pau até misturar bem. Verifique o tempero e acrescente sal, se achar necessário.
5. Junte as claras em neve e misture até obter uma massa homogênea. Com 2 colheres de sopa, faça bolinhos ovalados e ponha-os numa assadeira.
6. Numa panela pequena, deite o óleo, leve ao fogo alto e deixe aquecer bem. Frite os bolinhos aos poucos, virando-os durante o cozimento para dourarem por igual.
7. Retire os bolinhos com uma escumadeira, escorra e deixe secar sobre toalhas de papel absorvente.
8. Passe para um prato de servir e leve à mesa.

Aipim frito
4 PORÇÕES

- 1 kg de aipim (mandioca ou macaxeira)
- 2 ½ xícaras de óleo

1. Descasque o aipim, corte ao meio e retire a fibra central. Em seguida, corte em pedaços.
2. Ponha numa panela, cubra com água, leve ao fogo alto e cozinhe até os pedaços ficarem macios, mas sem se desfazer. Tire do fogo e escorra bem.
3. Ponha o óleo numa panela, leve ao fogo alto e aqueça bem. Junte o aipim aos poucos e frite até dourar.
4. Retire com uma escumadeira e deixe escorrer sobre papel absorvente.
5. Polvilhe com sal a gosto e sirva bem quente.

A história gastronômica do Rio de Janeiro está toda ligada a restaurantes e botequins do passado. Na Cavé, apesar do nome francês, os doces de ovos portugueses são tradicionais, assim como os caramelos. A Colombo revive os seus dias de glória do passado com um cardápio atualizado. O Amarelinho é um dos inúmeros restaurantes do Rio que invadem a calçada com o seu chope e os seus salgadinhos. O Bar do Luiz, inaugurado em 1887, tem no bife à milanesa e no chucrute com salada de batata os seus pratos fortes. E nas margens da Lagoa Rodrigo de Freitas, os quiosques levam de volta para a Zona Sul, o tempo de se ver o tempo passar, contemplando a impressionante paisagem de uma das mais belas cidades do mundo.

SORVETERIA CAVÉ
CASA CAVÉ
CONFEITARIA
E
SORVETERIA
MENU

BAR RESTAURANTE
AMARELINHO

Bar Luiz

Filé Oswaldo Aranha

2 PORÇÕES

Segundo Odylo Costa Filho, "Leão Veloso não é o único homem público brasileiro que tem a imortalidade garantida com um prato. O filé Oswaldo Aranha é invenção de gênio". Criado no Cosmopolita, restaurante predileto de Donga, Pixinguinha, Madame Satã, em pleno coração da Lapa desde 1926 até hoje, agrada a paladares cariocas o imenso filé coberto com alho dourado e servido com arroz, farofa e batata portuguesa. Oswaldo Aranha, o homenageado, era gaúcho de Alegrete. Político e estadista, inaugurou, na primeira Sessão Especial da Assembleia Geral da ONU, em 1947, a tradição que se mantém até hoje de ser um brasileiro o primeiro orador desse grande e importante foro internacional. Como chanceler do Brasil durante a Segunda Guerra Mundial, colocou o país do lado dos aliados, conseguindo, com a vitória destes, importantes vantagens políticas e econômicas que propiciaram o início da nossa industrialização.

FAROFA
2 colheres (sopa) de manteiga
1 cebola pequena picada
1 xícara de farinha de mandioca

BIFES
2 bifes (200 g) de filé mignon
sal a gosto
4 colheres (sopa) de manteiga
8 dentes de alho bem picados

1. Prepare a farofa: ponha a manteiga numa frigideira e aqueça em fogo alto.
2. Junte a cebola e frite até dourar. Acrescente a farinha de mandioca aos poucos, mexendo sempre, até ficar tostada.
3. Tire do fogo e mantenha aquecida.
4. Prepare os bifes: tempere os filés com sal a gosto, ponha numa chapa bem quente e grelhe de ambos os lados até ficarem dourados.
5. Enquanto isso, ponha a manteiga numa frigideira e aqueça em fogo alto. Junte o alho picado e frite até dourar. Tire do fogo.
6. Ponha os bifes num prato de servir, regue com a manteiga de alho. Sirva-os acompanhados da farofa, de arroz branco e batatas fritas.

Sopa Leão Veloso

10 PORÇÕES

O quase centenário Cabaça Grande tem como carro-chefe a sopa Leão Veloso. Criada no restaurante especialmente para o jornalista e embaixador do Brasil na França, dr. Leão Veloso – que, aliás apresentou Villa Lobos ao compositor francês Darius Milhaud, que, anos depois, influenciado pelo brasileiro, compôs a suíte *Saudades do Brasil* – a sopa é a versão brasileira da famosa *bouillabaisse* francesa. Rica em frutos do mar é daquelas que levanta ou derruba o ânimo das pessoas, dependendo da temperatura do dia. No folclore do restaurante rola a história de uma turista japonesa, que chegou no restaurante diretamente do aeroporto e deliciou-se com a sopa. Seu segundo posto foi um hospital, depois de uma queda de pressão. Lá fora fazia 38°C, ao estilo carioca. Quem dá a receita da famosa Sopa Leão Veloso, servida sempre em pequenas cabaças de cerâmica, é o cozinheiro Mário Santino Ferreira.

500 g camarões pequenos
1 kg de mexilhões com as conchas
1 peixe inteiro (garoupa, cherne, badejo, mero) com cerca de 2 kg
1 amarrado de salsa, coentro, cebolinha verde e 1 folha de louro
3 dentes de alho
1 colher (chá) de coentro em grãos

1 xícara de cheiro-verde (salsa e cebolinha verde) picado
2 xícaras de tomates maduros, sem pele e sementes, picados
pimenta-de-cheiro a gosto
4 colheres (sopa) de azeite de oliveira
3 xícaras de carne de siri
3 xícaras de carne de lagosta

1. Lave cuidadosamente os camarões e os mexilhões e reserve. Retire a cabeça do peixe e ponha-a num caldeirão, cubra com cerca de 5 litros de água fria, tempere com sal a gosto, leve ao fogo alto e deixe ferver.
2. Junte o amarrado de ervas, tampe o caldeirão, abaixe o fogo e cozinhe por cerca de 1 hora e meia. Elimine a cabeça do peixe e o amarrado de ervas, e coe o caldo numa peneira. Leve o caldo novamente ao fogo.
3. Ponha os camarões numa cesta de arame para fritura, mergulhe-os no caldo e cozinhe somente até ficarem rosados. Tire do caldo, elimine as cascas, limpe e reserve. Faça o mesmo com os mexilhões; mergulhe-os no caldo e aqueça somente até as conchas se abrirem. Tire do caldo, remova-os das conchas e reserve. Mantenha o caldo em fogo alto.
4. Enquanto isso, amasse os dentes de alho com os grãos de coentro e a colher (chá) de sal até obter uma pasta. Acrescente ao caldo, junte o cheiro-verde, os tomates, e tempere com pimenta a gosto. Deixe ferver, tampe a panela, abaixe o fogo e cozinhe até os tomates ficarem macios.
5. Enquanto isso, corte o peixe em postas e tempere com sal e pimenta a gosto. Ponha o azeite numa panela e aqueça em fogo médio. Junte as postas de peixe e frite até ficarem douradas. Tire do fogo e elimine a pele e as espinhas. Desfie a carne do peixe e acrescente ao caldo junto com as carnes de siri e de lagosta, os camarões e os mexilhões.
6. Acrescente um pouco de água à panela onde o peixe foi frito e deixe ferver mexendo com uma colher de pau. Junte ao caldo, misture, verifique o tempero, acrescente mais sal, se achar necessário, e deixe ferver.
7. Tire do fogo e sirva numa terrina.

Iscas com elas

6 PORÇÕES

O Rio de Janeiro, como Recife, é das cidades brasileiras onde mais forte são sentidas as origens portuguesas da nossa gastronomia. Este prato, representante da cozinha lisboeta, mantém-se inalterado até os dias de hoje.

12 bifes de fígado (cerca de 1,2 kg) grandes e finos
2 colheres (sopa) de suco de limão
sal e pimenta-do-reino a gosto
6 batatas grandes
4 cebolas grandes
½ xícara de azeite de oliveira
1 xícara de azeitonas pretas
2 colheres (sopa) de salsa picada
azeite de oliveira para regar

1. Limpe os bifes de fígado e remova as membranas, gorduras e nervos. Corte-os em tirinhas finas, ponha numa tigela, tempere com o suco de limão, sal e pimenta a gosto, e deixe descansar por cerca de 30 minutos.
2. Enquanto isso, cozinhe as batatas com casca em água temperada com sal até ficarem macias. Corte as cebolas em rodelas finas, separe-as em anéis, ponha numa tigela, cubra com água fria temperada com sal e deixe de molho por cerca de 10 minutos. Escorra e enxugue com toalhas de papel.
3. Ponha metade do azeite numa panela e aqueça em fogo alto. Junte as cebolas e frite-as até ficarem douradas. Tire da panela com uma escumadeira e deixe escorrer sobre toalhas de papel. Mantenha-as aquecidas.
4. Junte o azeite restante à panela e aqueça em fogo alto. Tire as iscas de fígado da tigela (reserve o tempero em que ficaram de molho), ponha na panela e frite até ficarem douradas. Retire com a escumadeira e reserve numa tigela.
5. Junte o tempero das iscas ao molho que restou na panela, acrescente 1 xícara de água e deixe ferver por cerca de 3 minutos. Tire do fogo, junte as iscas e as azeitonas e misture.
6. Descasque as batatas e corte-as em rodelas grossas (cerca de 1 cm). Numa travessa grande, faça camadas alternadas de rodelas de batata e iscas com molho. Polvilhe com pimenta a gosto e a salsa picada. Decore com os anéis de cebola e regue com azeite a gosto.

Elas, do título da receita, referem-se às cebolas. Tradicional prato do restaurante Lisboeta, inaugurado há 80 anos, o prato existe desde a sua abertura. Quando o cliente pede batatas, como acompanhamento, passa a chamar-se iscas com elas e elas...

Camarão ensopado com chuchu

6 PORÇÕES

Um dos grandes símbolos cariocas, cantado por Carmen Miranda para atestar a sua brasilidade quando acusada de ter voltado americanizada: "Enquanto houver pandeiro, na hora das comidas, eu sou do camarão ensopadinho com chuchu". Esse prato é um dos carros-chefe do Penafiel, restaurante inaugurado em 1913.

750 g de camarões pequenos, descascados, limpos, lavados e escorridos
2 colheres (sopa) de suco de limão
sal e pimenta-do-reino a gosto
2 colheres (sopa) de salsa ou coentro picados

4 colheres (sopa) de azeite
1 cebola média picada
1 dente de alho picado
3 tomates grandes picados, pelados e sem sementes
2 chuchus médios descascados e cortados em cubinhos

1. Tempere os camarões com o suco de limão, sal e pimenta a gosto e metade da salsa ou do coentro e reserve.
2. Numa panela, deite o azeite e aqueça em fogo alto. Junte a cebola e o alho e doure-os levemente. Acrescente os camarões e refogue somente até levantar fervura. Junte os tomates e os chuchus, verifique o tempero e acrescente sal, se achar necessário.
3. Reduza o fogo para brando, tampe a panela e cozinhe, mexendo de vez em quando e juntando água quente aos poucos, se necessário, por cerca de 15 minutos, ou até os chuchus ficarem macios, mas não desfeitos.
4. Tire do fogo, polvilhe com a salsa ou o coentro restantes e misture.
5. Ponha num prato de servir e leve à mesa acompanhado de arroz branco e molho de pimenta.

Picadinho

8 PORÇÕES

O picadinho, um dos pratos cariocas mais tradicionais, é servido em muitos restaurantes do Rio. Mas é no Mistura Fina, inaugurado há 21 anos em forma de botequim (hoje é um complexo que reúne um restaurante sofisticado, piano-bar e casa de shows), que encontra a melhor das suas versões, disponível para os notívagos em busca de algo consistente para encerrar a longa e louca noite carioca.

1 kg de filé mignon
100 g de bacon
50 g de alho amassado
100 g de cebola picada
100 g de alho-poró picado
½ xícara de conhaque
½ xícara de molho madeira
½ xícara de molho de tomate
sal a gosto

1 colher (chá) de pimenta-do-reino
  (opcional)

PARA ACOMPANHAR
4 bananas fritas
arroz branco cozido
farofa
creme de milho-verde
8 ovos
salsa picada

1. Pique o filé mignon em cubos pequenos, tempere-os com sal e pimenta-do-reino. Reserve.
2. Em uma frigideira funda, frite o bacon. Na gordura por ele desprendida, doure a cebola e o alho. Quando estiverem dourados, acrescente a carne e refogue-a muito bem em fogo brando até reduzir à metade.
3. Quando o molho estiver reduzido, flambe com conhaque, junte o molho de tomate e o molho madeira. Deixe ferver brandamente. Quando o molho estiver grosso, prove o sal.
4. Em seguida, adicione o alho-poró e abafe alguns minutos até que ele cozinhe.
5. Montagem: em pratos individuais, distribua duas colheres (sopa) de picadinho, lado a lado na sequência, um ovo *poché*, meia banana frita, duas colheres de sopa de arroz branco, uma colher (sopa) de farofa, duas colheres (sopa) de creme de milho. Decore com salsinha picada.

Creme de milho-verde
8 porções

1 xícara de milho-verde cozido
1 ½ xícara de leite
½ colher (sopa) de farinha de trigo
1 colher (sopa) de manteiga
sal e pimenta a gosto
1 pitada de canela em pó (opcional)

1. Reserve ½ xícara do milho. Ponha o milho restante no liquidificador com o leite e a farinha e bata por 3 minutos.
2. Numa panela pequena, derreta a manteiga, junte o milho reservado e refogue por 2 minutos, mexendo sempre.
3. Acrescente o milho batido com o leite e a farinha e mexa até ferver e engrossar. Tempere a gosto com o sal e a pimenta, junte a canela, misture bem e sirva em seguida.

Farofa
8 porções

4 colheres (sopa) de manteiga
1 cebola pequena bem picada
1 xícara de farinha de mandioca crua
sal e pimenta a gosto
1 ovo cozido duro bem picado
8 azeitonas verdes sem caroço picadas
2 colheres (sopa) de cheiro-verde
(salsa e cebolinha) picado

1. Numa panela pequena aqueça a manteiga, junte a cebola e refogue, mexendo sempre, até a cebola ficar transparente. Acrescente a farinha e mexa até começar a dourar.
2. Tempere a gosto com sal e pimenta, acrescente o ovo picado, as azeitonas e o cheiro-verde, misture bem e sirva em seguida.

Banana frita
8 porções

4 bananas nanica (bananas d'água)
 não muito maduras
2 colheres (sopa) de manteiga

1. Descasque as bananas e corte-as ao meio, na largura.
2. Aqueça a manteiga numa frigideira média e frite os pedaços de banana, sacudindo a frigideira, até a banana dourar. Sirva em seguida.

Bertalha refogada
6 porções

1 maço de bertalha limpa, lavada e escorrida
2 colheres (sopa) de azeite de oliveira
1 dente de alho amassado
2 colheres (sopa) de cebola bem picada

1. Numa panela grande, ou caldeirão, ferva 2 litros de água com 1 colher (chá) de sal. Junte a bertalha e deixe a água ferver novamente. Escorra num escorredor ou peneira.
2. Ponha a bertalha na tábua de cozinha e pique-a bem com uma faca grande.
3. Numa frigideira funda aquecida, junte o azeite, o alho e a cebola, mexendo sempre até dourar levemente. Acrescente a bertalha picada e refogue por 3 minutos, em fogo alto, mexendo sempre. Sirva em seguida.

BERTALHA
(Basella rubra)
Erva trepadeira originária da Índia, pode ser bastante decorativa. Naquele país é utilizada para fazer sombra em elegantes caramanchões. No Brasil é extremamente apreciada pelos cariocas crua, em saladas, refogada, recheando tortas ou em qualquer prato onde se possa utilizar o espinafre.

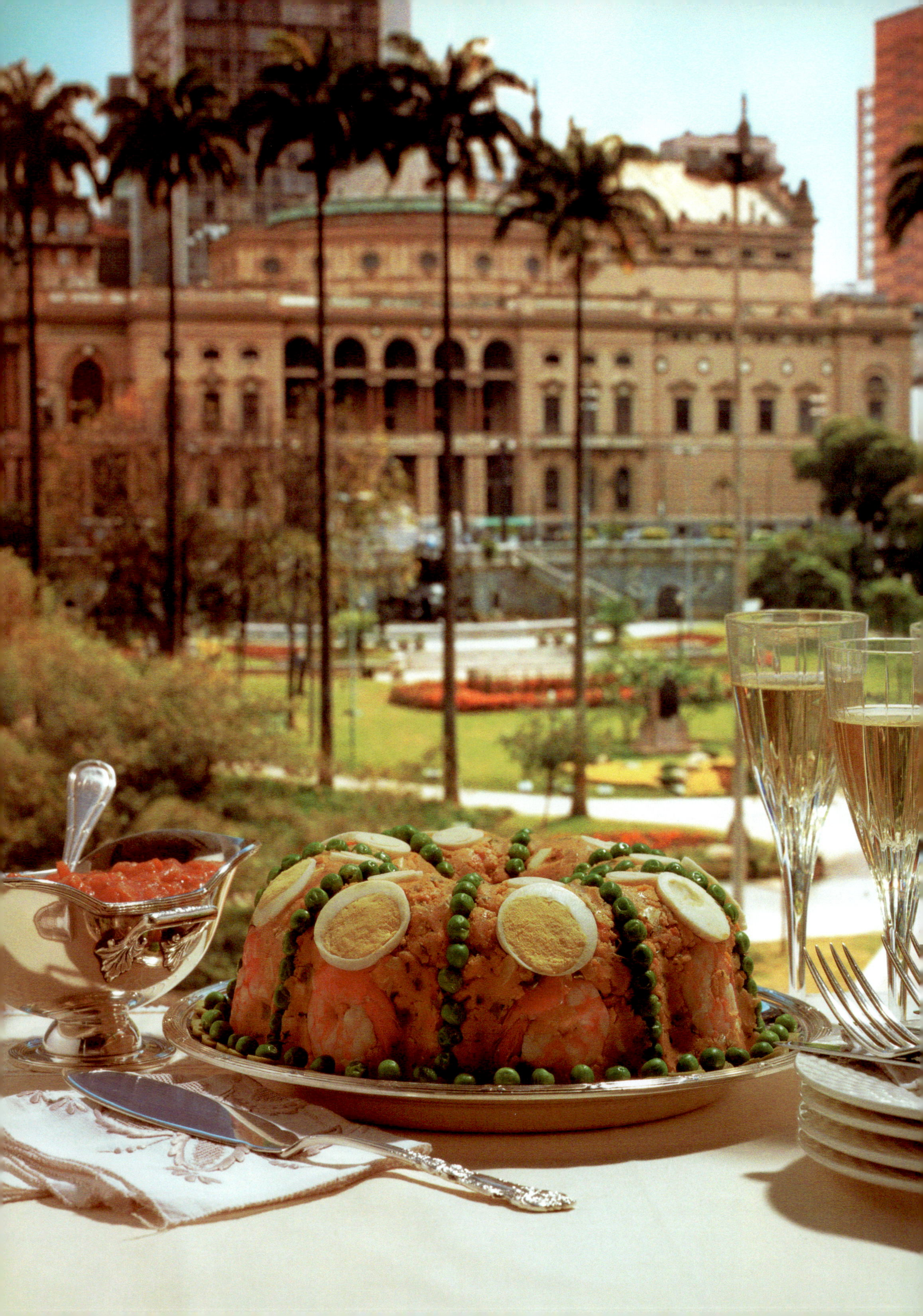

Cuscuz paulista
16 porções

Na grandiosidade da capital ou na simplicidade do campo, nas mesas populares ou nas de gala, nada representa mais São Paulo do que o cuscuz paulista. Descendente dos índios de onde herdou a farinha de milho, e dos bandeirantes com o seu primitivo farnel, o cuscuz chegou aos dias de hoje sofisticado na apresentação, mas ainda rústico e delicioso no seu caráter de prato aristocrata quase quinhentão. Esta é uma receita bastante simplificada, preparada numa panela normal, dispensando o cuscuzeiro, empregando o uso de molho de tomate industrializado. O sabor, porém, continua delicioso como se tivesse dado o maior trabalho exigido pelo cuscuz tradicional.

- 3 xícaras de farinha de milho em flocos
- 1 xícara de farinha de mandioca
- 6 colheres (sopa) de azeite de oliveira
- 4 dentes de alho amassados
- 2 cebolas médias bem picadas
- 1 pimentão verde pequeno em cubinhos
- 1 pimentão vermelho pequeno em cubinhos
- 1 pote (300 g) de palmito em conserva picado
- 1 lata (350 g) de molho de tomate refogado
- 500 g de camarões miúdos limpos
- 2 tabletes de caldo de camarão, frango ou galinha
- 2 xícaras de água fervente
- 1 pacote (200 g) de ervilhas congeladas (reserve ½ xícara para decorar)
- ½ xícara de azeitona verde picada
- 1 colher (chá) de colorífico
- ½ colher (chá) de louro em pó (ou 1 folha de louro)
- 1 xícara de salsa e cebolinha picadas
- 3 ovos cozidos e cortados em rodelas (reserve 8 rodelas para decorar)
- sal e pimenta a gosto

PARA A DECORAÇÃO
- 10 camarões médios, limpos, cozidos, com as caudas
- 1 pedaço de palmito
- ½ xícara de ervilha
- 8 rodelas bonitas dos ovos cozidos

MOLHO DE CAMARÕES
- 500 g de camarões miúdos, limpos
- 1 lata (300 g) de molho de tomate refogado
- 1 tablete de caldo de camarão
- salsa e cebolinha picadas, a gosto

1. Ponha uma peneira grossa sobre uma tigela grande e despeje a farinha de milho. Esfarele os flocos da farinha com as mãos forçando a sua passagem pela peneira. Acrescente a farinha de mandioca e peneire também.
2. Prepare o cuscuz: numa panela grande aquecida, junte o azeite de oliveira, o alho e a cebola, mexendo até a cebola ficar transparente. Acrescente os pimentões, o palmito, o molho de tomate, o camarão, os tabletes de caldo, a água e as ervilhas e deixe ferver por 5 minutos.
3. Adicione a azeitona, o colorífico, o louro, a salsa e a cebolinha, os ovos picados e tempere a gosto com sal e pimenta. Aos poucos e sempre mexendo, junte as farinhas, até obter uma massa macia e úmida.
4. Unte com azeite de oliveira o fundo e as laterais de uma fôrma de buraco no meio com capacidade para 3 litros, decore com o palmito em rodelas, as ervilhas, os camarões e as rodelas de ovo cozido.
5. Com uma colher, vá distribuindo a massa de cuscuz na fôrma, com cuidado para não estragar a decoração, até encher toda ela. Aperte levemente com as costas da colher e deixe descansar por 5 minutos.
6. Prepare o molho: numa panela média, leve ao fogo o molho de tomate com o caldo de camarão, tampe a panela e deixe ferver. Junte o camarão e cozinhe por 3 minutos. Retire do fogo, acrescente salsa e cebolinha picadas a gosto e passe para uma molheira. Desenforme e sirva.

Filé do Moraes

2 PORÇÕES

O primeiro nome do Moraes foi Esplanadinha, porque ficava ao dobrar da esquina do Hotel Esplanada, o Copacabana Palace paulista nos idos de 1914. Em 1929 mudou-se para onde está até hoje, em plena zona boêmia da noite paulistana, na célebre avenida São João, bem em frente a uma fonte monumental instalada desde 1923, de autoria de Nicolina Couto. Apesar de a fonte homenagear a pesca com as suas lagostas, quase todas vitimadas por ataques de vândalos, o Moraes especializou-se em carne, mais precisamente num filé que fez história. É uma peça de filé mignon de 500 gramas tostadinha por fora e sangrenta por dentro. O sonho de todo carnívoro fanático. Coberto por algumas dezenas de dentes de alhos torradinhos e acompanhado por uma farta salada de agriões gigantescos, o filé do Moraes atrai celebridades de todos os cantos do Brasil. Numa de suas mesas Adoniran Barbosa compôs a célebre T*rem das onze*. Sobre o filé contam-se muitas histórias: o velho Moraes expulsava do restaurante quem pedisse o filé bem-passado e o chopp sem colarinho. Hoje já se aceitam os dois pedidos, só que para ser bem-passado, o monumental filé tem de ser partido ao meio. A receita do filé do Moraes é segredo. A receita publicada aqui é uma interpretação da que é apresentada pelo famoso restaurante paulista. O resultado, se não for o mesmo, é muito semelhante.

FILÉ
1 pedaço de filé mignon, com cerca de 500 g
2 colheres (sopa) de azeite de oliveira
sal e pimenta a gosto

COBERTURA
1 xícara de óleo ou azeite de oliveira
8 dentes de alho, descascados e cortados ao meio no comprimento

1. Aqueça em fogo alto uma frigideira de fundo grosso (de preferência, de ferro). Junte o azeite e a carne temperada com sal e pimenta a gosto.
2. Vire a carne com 2 espátulas ou pinça de cozinha (para não furar a carne), deixando dourar bem e passando-a a gosto.
3. Enquanto isso aqueça bem o óleo ou o azeite de oliveira. Acrescente o alho que deverá dourar quase que imediatamente. Retire com uma escumadeira e reserve.
4. Passe o filé para o prato de servir, cubra-o com o alho dourado e leve à mesa.

Rãs à moda de Inezita Barroso
2 porções

Criado em 1927, o Parreirinha é outra lenda gastronômica paulistana, também encravado no que resta da boemia paulistana. Ao contrário do Moraes, a casa vai de peixes. Pescadas cambucu, polvos, lulas, camarões, esses são o ponto forte do Parreirinha. Mas, fama mesmo, têm as suas rãs. De início, nos anos 1940, eram caçadas nas várzeas e charcos paulistanos, hoje transformados em bairros nobres. Atualmente, as rãs são provenientes de criatórios, de onde chegam já limpinhas, congeladas e embaladas. Restaurante de artistas e boêmios, o Parreirinha homenageia a sua cliente mais assídua com uma mesa eternamente reservada a ela, complementada por uma cadeira especial de encosto de veludo com o seu nome e a sua viola bordados em dourado, louça especial e uma rosa artificial cor-de-rosa sempre à sua espera. Inezita Barroso, rainha da boa música caipira paulista, quase todas as noites está presente prestigiando as rãs que levam o seu nome, simplesmente grelhadas com sal e nada mais. E um uisquezinho para acompanhar e aquecer o bom tom da sua voz.

6 rãs limpas
2 dentes de alho amassados
sal e pimenta a gosto
1 colher (sopa) de azeite de oliveira

1. Tempere as rãs com o alho, sal e pimenta a gosto e o azeite. Deixe tomar gosto por 1 hora.
2. Na chama do fogo, aqueça bem uma grelha de ferro ou antiaderente. Unte com um fio de azeite e grelhe as rãs, duas a duas (ou mais, dependendo do tamanho da grelha) até ficarem macias, virando-as com uma pinça de cozinha para dourarem por igual. Sirva em seguida.

Frito na hora, entre barracas que exibem a famosa variedade das hortaliças paulistas, o chamado "pastel de feira" atrai até mesmo quem não vai às compras.

Pastéis de palmito

60 PASTÉIS

Os pastéis são uma verdadeira obsessão paulistana, servidos tanto em restaurantes requintados, acompanhando um luxuoso prato do nosso frugal arroz com feijão, como no C'a D'Oro; quanto nas feiras livres, preparados na frente da freguesia, onde são pausa obrigatória entre uma compra e outra.

RECHEIO
2 colheres (sopa) de manteiga
½ xícara de cebola picada
1 vidro de palmito em conserva, escorrido e picado
1 colher (sopa) de farinha de trigo
1 xícara de leite
sal e pimenta-do-reino a gosto
10 azeitonas verdes picadas
½ xícara de farinha de trigo

MASSA
5 xícaras de farinha de trigo
1 colher (sopa) de sal
½ colher (sopa) de açúcar
5 colheres (sopa) de aguardente
1 ¼ de xícara de água
óleo para fritar

1. Prepare o recheio: numa panela, coloque a manteiga, leve ao fogo médio e deixe aquecer. Junte a cebola picada e frite, mexendo de vez em quando, até ficar ligeiramente dourada.
2. Acrescente o palmito e continue o cozimento por cerca de 5 minutos.
3. Enquanto isso, dissolva a farinha de trigo no leite, junte à mistura de palmito, mexendo sempre para não empelotar, e continue o cozimento até a mistura engrossar. Tire o recheio do fogo, tempere com sal e pimenta-do-reino a gosto, junte as azeitonas picadas, misture bem e deixe esfriar.
4. Prepare a massa: numa tigela grande, peneire a farinha de trigo formando um monte. Faça um buraco no meio do monte da farinha e junte o sal, o açúcar e a aguardente. Aos poucos, vá juntando a água e amassando com as mãos até obter uma massa homogênea (dependendo do tipo de farinha, a quantidade de água poderá variar um pouco).
5. Polvilhe uma superfície de trabalho com farinha de trigo. Passe a massa para a superfície enfarinhada e continue amassando até ficar bem maleável e lisa. Com o rolo de cozinha, abra a massa até ficar bem fina. Usando um cortador de biscoitos com 7,5 cm de diâmetro, recorte a massa em círculos. Com uma colher de chá, distribua o recheio no centro de cada círculo de massa. Umedeça a borda com água, dobre a metade da massa sobre o recheio e aperte toda a borda com os dentes de um garfo para fechar bem os pastéis.
6. Numa panela média, ponha óleo em quantidade suficiente para mergulhar os pastéis, leve ao fogo alto e deixe aquecer bem. Frite os pastéis aos poucos, até ficarem dourados por igual. Retire com uma escumadeira e deixe escorrer sobre toalhas de papel.
7. Ponha num prato de servir e leve à mesa.

Farnel

6 PORÇÕES

Nas suas entradas pelo sertão, bandeirantes e depois os tropeiros, levavam um farnel que consistia basicamente em farinha, pedaços de frango guisado ou feijão cozido e ovos cozidos duros, tudo amarrado num guardanapo grande, como eram os guardanapos de então. Ao abrir o guardanapo para o repasto, farinha e demais ingredientes estavam todos revirados, virados, transformados no que viria a ser, muito possivelmente, a origem dos atuais virados ou cuscuzes paulistas. Em algumas fazendas de tradição, o farnel continua a ser apreciado como prato histórico que é, apresentado com requintado respeito num impecável guardanapo de linho adamascado branco, aberto à mesa na frente dos convidados. Nesta receita, apresentamos o farnel, como ainda é servido nos dias de hoje na Fazenda São Francisco, em Morungaba, interior de São Paulo.

- 1 frango (cerca de 1,8 kg) limpo, sem pele e cortado pelas juntas
- 2 colheres (sopa) de azeite de oliveira
- 4 dentes de alho amassados
- 2 cebolas médias bem picadas
- 6 tomates sem sementes picados
- 1 colher (sopa) de extrato de tomate
- 1 folha de louro
- sal e pimenta a gosto
- 1 colher (chá) de cúrcuma (açafrão-da-terra) em pó
- 1 xícara de cheiro-verde (salsa e cebolinha) picado
- ½ xícara de azeitona verde picada
- 4 ovos cozidos picados
- 3 pedaços de linguiça de carne de porco fresca (250 g) fritos e picados
- farinha de milho em flocos suficiente (cerca de 2 xícaras)

1. Numa panela aquecida, junte o óleo, ou o azeite, e os pedaços de frango, mexendo até dourar levemente.
2. Acrescente o alho e a cebola e mexa até a cebola ficar transparente. Adicione o tomate, o extrato, o louro, sal e pimenta a gosto, a cúrcuma e água suficiente para cobrir.
3. Leve ao fogo até ferver, tampe a panela e deixe cozinhar até a carne ficar macia e obter um molho denso. Tire do fogo, elimine os ossos e separe a carne em pedaços grossos. Junte a carne ao molho. Leve novamente ao fogo e acrescente o cheiro-verde, as azeitonas, os ovos e a linguiça, mexendo até ferver. Adicione a farinha, aos poucos, mexendo sempre, até ficar espesso e bem úmido (como cuscuz).
4. Ponha no meio de um guardanapo grande de linho engomado, amarre as quatro pontas, coloque num prato de servir. O guardanapo deverá ser desamarrado apenas quando todos os convidados estiverem à mesa para que todos possam ser surpreendidos pelo aroma extraordinário que, nessa altura, se desprende dele.

Bolo de quibebe

8 PORÇÕES

O quibebe, um prato de origens sertanistas, ganha um toque de originalidade nesta versão em que aparece enformado, como é apresentado no bufê de comidas brasileiras da filial paulista do Capim Santo, o famoso restaurante de Trancoso, sul da Bahia.

500 g de carne-seca (charque)
2 ½ kg de abóbora
6 colheres (sopa) de azeite de oliveira
½ cebola picadinha
2 cabeças de alho separadas em dentes pelados e esmagados
sal e pimenta-do-reino a gosto
folhas frescas de manjericão a gosto
1 maço de couve picado fininho

1. Na véspera lave bem o charque e deixe de molho em água de um dia para o outro, trocando de água várias vezes.
2. No dia seguinte leve o charque ao fogo numa panela com água fria, deixe ferver até amaciar a carne, desligue o fogo, escorra a carne. Misture o azeite, a cebola picada e o alho esmagado. Numa panela aquecida ponha 2 colheres (sopa) da mistura de azeite e a carne e leve ao fogo refogando até a cebola dourar ligeiramente. Verifique o sal, retire do fogo e reserve.
3. Leve a abóbora ao forno em temperatura alta (200°C) até amaciar. Tire do forno e deixe sobre um escorredor até perder todo o líquido.
4. Amasse a abóbora com um garfo, ou use o processador de alimentos, e leve ao fogo numa panela grande com 2 colheres (sopa) da mistura de azeite. Tempere com sal, pimenta e manjericão e deixe secar bem.
5. Numa panela média deite o restante da mistura de azeite (2 colheres de sopa) e leve ao fogo forte, mexendo sempre até a couve ficar bem verdinha e macia.
6. Desfie o charque e tempere com sal, pimenta e cheiro-verde.
7. Numa fôrma redonda de fundo desmontável forrada com papel de alumínio untado com azeite de oliveira espalhe metade da abóbora, cubra com a couve picada, espalhe a carne desfiada e termine com a abóbora restante. Leve por cerca de 40 minutos ao forno preaquecido até o bolo ficar bem firme. Desenforme para servir.

Quando as primeiras trovoadas anunciam as chuvas de verão, as içás abandonam os seus formigueiros, sendo alegremente caçadas pela garotada do Vale do Paraíba, que chega a vender por 10 reais um saquinho cheio delas.

COMIDA DE ÍNDIO

Os índios brasileiros foram mestres em descobrir alimentos saborosos e ricos em proteínas e sais minerais. Entre essas descobertas estão comidas hoje impensáveis para nós: macacos, cobras e lagartos estão na lista. Todos com fama de carnes saborosas, testemunhadas por viajantes estrangeiros que escreveram sobre as suas experiências. O bicho da taquara, aquela lagarta branca e gorda, foi apreciada até pelo Padre Anchieta, que declarou ser tão boa quanto a banha de porco. Um dos viajantes estrangeiros que nos visitaram no séc. XIX, Saint-Hilaire, garantiu que o sabor do bicho parecia com o mais delicado dos cremes. Com esses testemunhos, a içá, de todas essas iguarias esquisitas, foi a única que chegou até aos nossos dias, e ainda é apreciada em várias regiões brasileiras. É no Vale do Paraíba, porém, entre São Paulo e Rio de Janeiro, que a içá tem o seu maior número de admiradores.

A içá, ou tanajura (*Atta sexdena*), é a terrível saúva fêmea. Cabe a ela perpetuar a espécie criando asas e, entre os meses de setembro, outubro e até inícios de novembro, abandonar voando o formigueiro, atraindo os machos para o acasalamento. É nessa altura que elas estão prontinhas para ser torradas e preparadas em farofa, motivo de alegria em muitas casas do Vale. Monteiro Lobato era grande apreciador dessa delícia e, numa carta endereçada a uma tia, agradecia o envio de uma latinha de içás da sua Taubaté para a capital: "[...] o içá é o caviar da gente taubateana. Como você sabe, o famosíssimo e apreciadíssimo caviar da Rússia é a ova de um peixe de nome esturjão; e o que é o abdome (vulgo bundinha) do içá senão a ova da formiga saúva?" (em *Culinária tradicional do Vale do Paraíba*, de Paulo Camilher Lorençano e Maria Morgado de Abreu, Taubaté 1987, Fundação Nacional do Tropeirismo / Centro Educacional Objetivo).

Farofa de içás
4 porções

4 xícaras de içás
2 colheres (sopa) de sal
2 colheres (sopa) de banha ou 3 colheres de óleo
2 xícaras de farinha de mandioca

1. Limpam-se as içás tirando as perninhas, as cabeças, as asas se ainda restarem algumas. Apenas os abdomes, ou melhor, as bundinhas são aproveitadas.
2. Ponha as bundinhas das içás numa tigela, cubra com água e sal e deixe de molho de 30 a 40 minutos.
3. Escorra bem. Numa panela de fundo reforçado ou de ferro derreta a banha em fogo forte e acrescente as içás, mexendo sempre até torrarem. Junte a farinha de mandioca, aos poucos, e continue mexendo bastante para não queimar. Acompanhe, se quiser, com café forte.

Jacuba

1 PORÇÃO

Apreciada em todas as regiões roceiras do Brasil, onde geralmente é preparada com água e farinha de milho ou mandioca, a jacuba, uma espécie de papa, é preparada no interior paulista com café, comida na primeira refeição do dia do caboclo.

3 colheres (sopa) de rapadura ralada, ou em pedaços
2 xícaras de café preparado forte
farinha de milho, para engrossar

1. Leve ao fogo o café e a rapadura até derreter.
2. Passe para uma tigela e vá juntando farinha de milho até obter uma papa.

Cearense

6 PORÇÕES

Na cidade histórica de Porto Feliz, de onde saíram muitas bandeiras paulistas seguindo a correnteza do rio Tietê em direção ao interior, nasceu este prato criado por pescadores que, obrigados a pernoitar num rancho à beira do rio, resolveram juntar esforços misturando todas as marmitas que levavam. Não se sabe por quê, o resultado foi batizado de "cearense", transformando-se no prato típico da cidade.

1 kg de feijão carioquinha
3 folhas de louro
1 kg de peito de boi, limpo
200 g de toucinho defumado (bacon) picado
1 xícara de cheiro-verde (salsa e cebolinha) picado
1 kg de cebolas picadas
1 pimenta-dedo-de-moça picada
½ colher (sopa) de orégano seco
1 kg de tomate maduro e firme
200 g de linguiça calabresa aferventada cortada em fatias grossas
sal a gosto

1. Cozinhe o feijão na panela de pressão, coberto com água e uma folha de louro, até ficar macio (cerca de 30 minutos).
2. Numa panela comum cozinhe a carne com água e sal a gosto, cerca de 2 horas, em fogo brando.
3. Num caldeirão, ponha o toucinho e leve ao fogo até que comece a dourar. Junte a cebola, o louro restante (2 folhas), o cheiro-verde, a pimenta e o

orégano, mexendo até a cebola ficar transparente, adicione o tomate picado, sem sementes, e cozinhe até que comece a desmanchar.
4. Junte o feijão com o caldo, a carne, a linguiça e sal a gosto, tampe e cozinhe cerca de 4 horas ou até ficar bem encorpado (se preciso acrescente água fervente, aos poucos).
5. Sirva em seguida acompanhado de arroz branco, couve-flor, ou escarola refogada e farinha de mandioca crua. Como bebida, cerveja bem gelada.

Goiabada cascão
CERCA DE 800 G

O mais brasileiro dos doces ganha toques da mais sofisticada simplicidade preparado na cidade de Tietê, da maneira tradicional em fogão de chão por Luzia, ou Erotildes Alves, seu verdadeiro nome. Embalada em caixinhas de madeira ou em latas recicladas artesanalmente, são disputadíssimas durante a época da produção.

2 kg de goiabas-vermelhas grandes, maduras e lavadas (cerca de 14 goiabas)
3 $\frac{1}{3}$ de xícaras de açúcar
1 $\frac{1}{4}$ de xícara de água

1. Descasque as goiabas e reserve as cascas. Corte as goiabas em pedaços sem eliminar o miolo, bata no liquidificador até obter um purê, passe numa peneira fina e reserve.
2. Ponha o açúcar e a água numa panela, leve ao fogo alto e, mexendo sempre, deixe o açúcar se dissolver e a mistura começar a ferver. Pare de mexer e deixe a calda ferver cerca de 5 minutos.
3. Acrescente o purê de goiaba e 1/4 das cascas reservadas (não é necessário cortar as cascas, pois elas se desmancham durante o cozimento) e cozinhe, mexendo sempre com uma colher de pau, até a mistura se desprender do fundo da panela. Tire do fogo.
4. Despeje a goiabada numa fôrma de 15 cm de diâmetro forrada com papel-manteiga. Deixe esfriar completamente, desenforme e tire o papel.

NOTA
Para verificar se a goiabada está no ponto, tire uma pequena porção de doce da panela, ponha num prato e deixe esfriar; a goiabada deverá ficar consistente, sem se esparramar.

UM PRATO QUE FAZ A FESTA

O barreado tem por característica o seu dom de reunir amigos em grandes festanças. A sua origem é remota: há mais de 200 anos era o prato único e suficiente para recuperar as energias gastas nas festas do entrudo, que antecediam o carnaval, celebradas pelos caboclos da Serra do Mar paranaense, que passavam dias e noites dançando sem manifestar cansaço algum. A alta dosagem alcoólica consumida pouco efeito fazia: o barreado tratava de pôr tudo em ordem para que a festa seguisse com a sua alegria noite adentro.

Há anos o seu consumo ficou restrito a Antonina e Morretes, cidades litorâneas do início do século XVIII. Somente no ano de 1972, resultado das pesquisas históricas levantadas na região pelo jornalista paulista Avelar Livio dos Santos, o barreado ganhou notoriedade nacional, passando a fazer parte do currículo dos alunos e do cardápio do restaurante-escola do Senac no centro da cidade de Curitiba.

O seu preparo no fogo brando do fogão a lenha segue um verdadeiro ritual, e assim deve continuar a ser respeitado: um longo cozimento de 16 a 24 horas em panela de barro esmaltado, tapada e "barreada" com uma massa de farinha de mandioca para que não lhe escape vapor algum. As tentativas de preparo na prática panela de pressão e no contemporâneo fogão a gás falharam: o tempo e a paciência são ingredientes indispensáveis para seu resultado final. A vigília em torno do fogão já é uma festa em si. E o aroma inesquecível do autêntico barreado, exalado no meio das noites frias, pode ser sentido a uma centena de metros.

Barreado
15 PESSOAS

5 kg de paleta ou maminha de alcatra
1 kg de tomates pelados e sem sementes
1 kg de cebolas médias
3 talos de aipo com folhas (salsão) picados
3 alhos-porós picados
3 maços de cheiro-verde (salsa e cebolinha verde) picados
500 g de bacon defumado fatiado
1 colher (sopa) de cominho em pó
1 colher (sopa) de orégano em pó
5 colheres (sopa) de sal
3 colheres (sopa) de extrato de tomates
5 folhas de louro
1 cabeça de alho descascada e moída
1 noz-moscada ralada
4 colheres (sopa) de vinagre
3 folhas verdes e pequenas de bananeira, para sobrepor ao conteúdo da panela
1 kg de farinha de mandioca fina para o lacre e para a massa

PARA ACOMPANHAR
farinha de mandioca fina
banana caturra madura
pimenta-malagueta

Prepare 24 horas antes de servir:
1. Corte a carne no sentido do comprimento das fibras em tiras de 12 cm com 4 cm de largura e 2 cm de altura. Ponha as tiras numa tigela e reserve.
2. Em outra tigela, misture os tomates, as cebolas, o salsão, o alho-poró e o cheiro-verde, todos picados. Reserve.
3. Forre o fundo de uma panela grande de barro esmaltado com uma camada fina de bacon fatiado. Cubra com uma camada dos temperos picados e outra de tiras da carne. Repita as camadas até preencher ¾ da panela.
4. Regue com os caldos que ficaram nas tigelas da carne e dos temperos picados, polvilhe com o cominho, o orégano, o sal e a noz-moscada ralada. Espalhe de maneira uniforme o extrato de tomate misturado com o alho moído, as folhas de louro, regue com vinagre e cubra com as folhas de bananeira recortadas em círculos um pouco maiores que a boca da panela. Tampe a panela e leve-a ao fogo brando (veja nota).
5. Numa tigela, misture metade da farinha de mandioca com água fria suficiente para fazer uma massa que dê para enrolar. Pegue porções da massa e lacre (barreie) toda a volta da panela com a tampa, para que o vapor não escape. Refaça o lacre toda vez que a massa secar, rachar e o vapor escapar.
6. Deixe cozinhar por cerca de 18 horas (veja nota).

NOTAS:
1. Tradicionalmente o barreado é feito em fogão a lenha, mas, quando preparado em fogão a gás, deve ser cozido em fogo brando, com uma chapa de ferro ou alumínio entre a chama e a panela.
2. Como a panela está lacrada, o aroma forte exalado após 18 horas de cozimento é a única forma de saber se o barreado está quase no ponto. Dependendo do fogo, o barreado estará pronto para ser consumido após 16 ou 24 horas de cozimento.
3. Apague o fogo após abrir o lacre da panela, mas deixe a chapa sempre quente para reaquecer o barreado; não é preciso "barrear" novamente a tampa.
4. Se quiser, acompanhe com farofa, laranja-pera e um pirão feito com o próprio caldo, não se esquecendo de uma cachaça fina feita de banana como aperitivo. Na falta desta, sirva caipirinha e acompanhe com cerveja ou vinho.

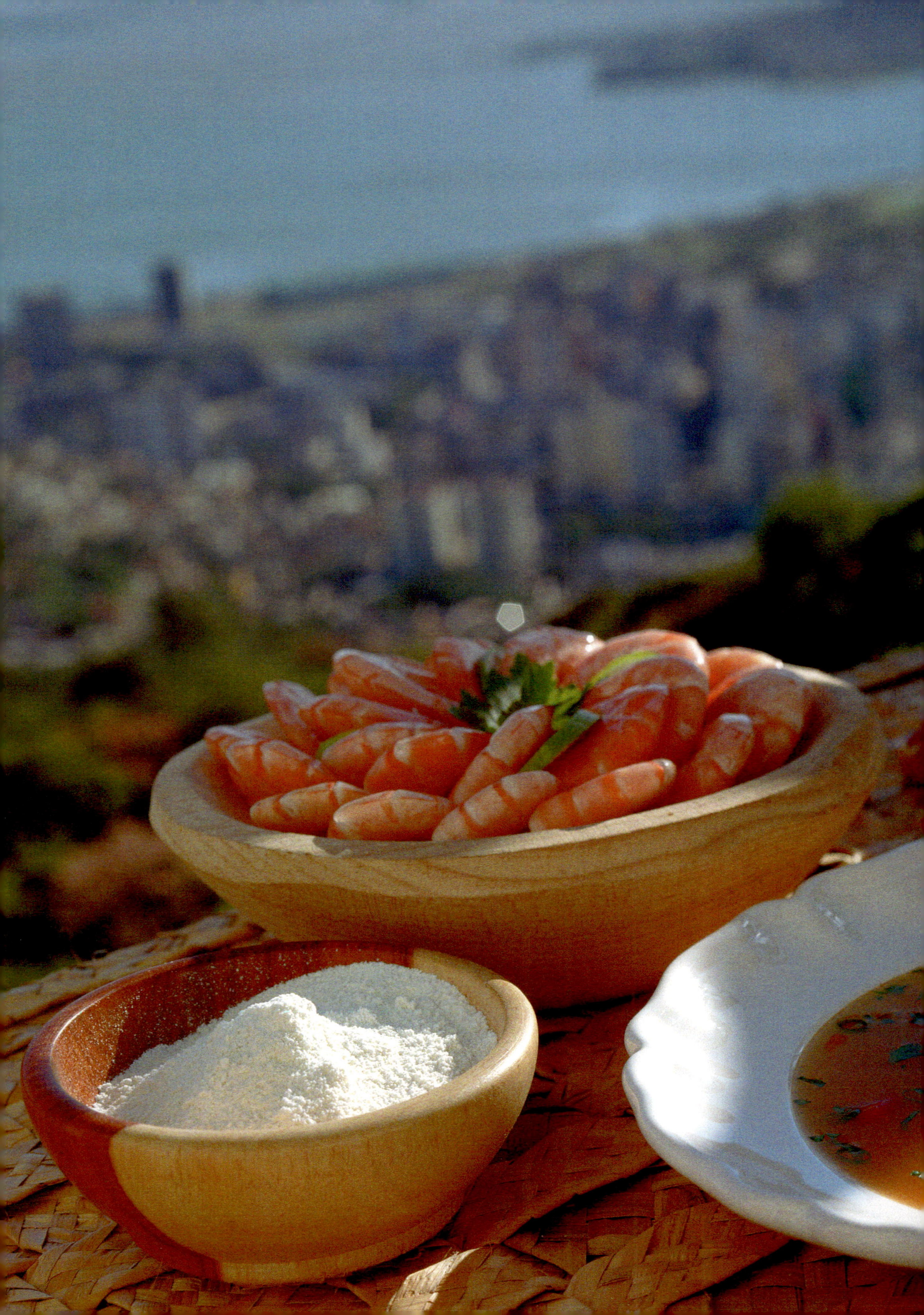

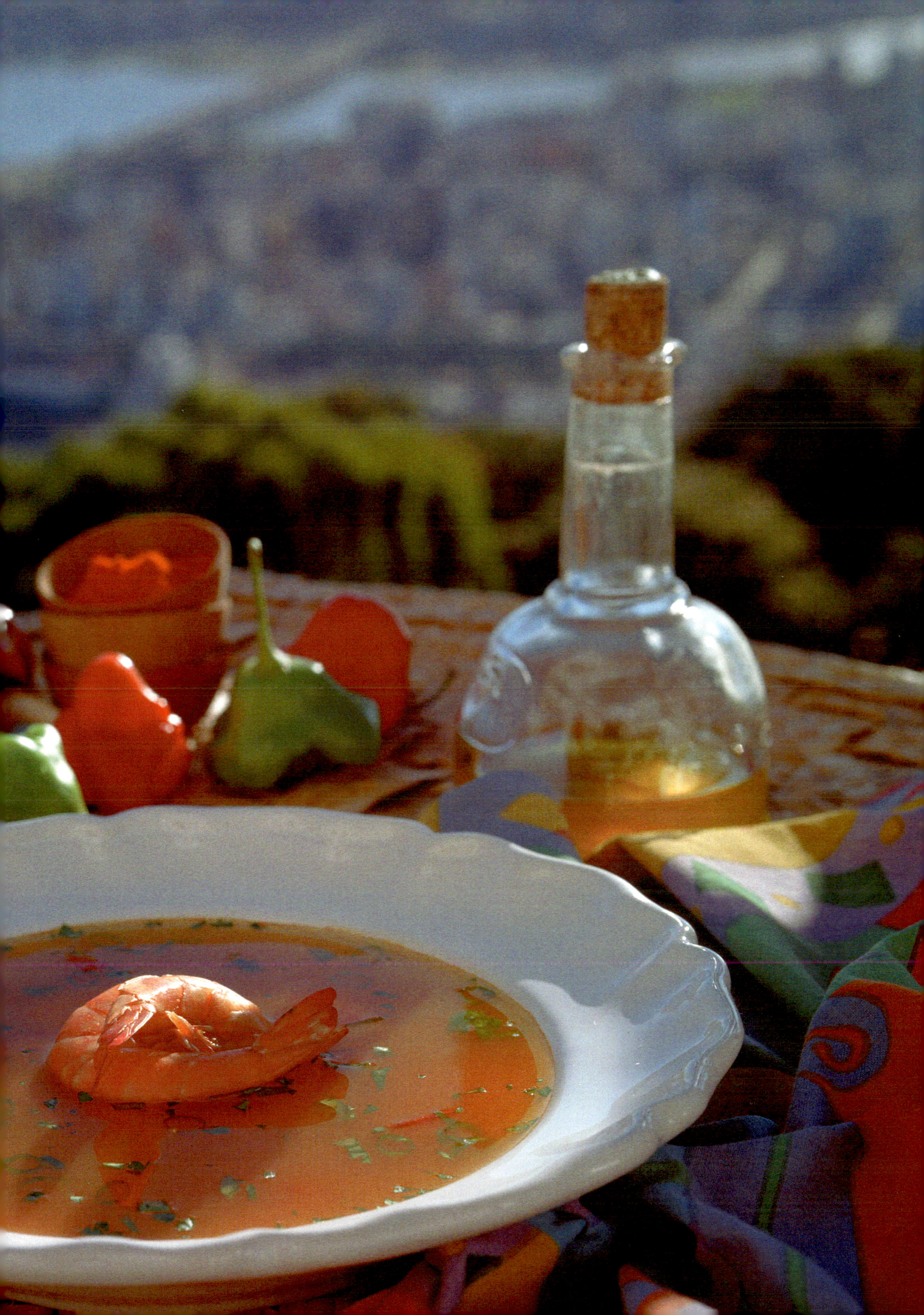

Caldo de camarões

10 PORÇÕES

Os restaurantes que se debruçam sobre a paisagem de sonho da Lagoa da Conceição em Florianópolis, Santa Catarina, oferecem um dos maiores festivais gastronômicos do país. Principalmente para quem aprecia camarões. Depois de um desfile quase interminável em que os crustáceos mais desejados do mundo se sucedem fritos, fritos com casca à maneira paulista, empanados, cozidos no vapor; a última apresentação é um caldo famoso, fumegante e saboroso que, misturado à farinha de mandioca também pode ser degustado como pirão.

3 kg de camarões grandes
4 xícaras de água
sal a gosto
2 colheres (sopa) de suco de limão
3 cebolas grandes, cortadas em quartos
½ colher (chá) de molho de pimenta-vermelha
3 tomates médios, pelados e sem sementes, picados
½ xícara de azeite de oliveira
10 ou 15 folhas de alfavaca
pimenta-do-reino a gosto
farinha de mandioca crua

1. Tire a casca de 8 camarões, limpe-os e lave-os. Ponha os camarões numa panela, cubra com a água, tempere com sal a gosto e ferva em fogo alto até ficarem rosados. Tire do fogo e reserve, separadamente, o caldo e os camarões.
2. Corte a cabeça e retire as pernas dos camarões restantes, remova as tripas e lave-os sem tirar as cascas. Passe os camarões para uma tigela, tempere com o suco de limão e sal a gosto e reserve.
3. Introduza no copo do liquidificador os 8 camarões cozidos reservados, a cebola, o molho de pimenta, 1 ½ xícara do caldo reservado, tempere e bata bem para obter uma pasta.
4. Passe para uma panela, acrescente os tomates picados, o azeite, a alfavaca e leve ao fogo brando mexendo sempre por 15 minutos, ou até os tomates se desmancharem, acrescentando, aos poucos, o caldo restante até obter uma mistura homogênea.
5. Adicione os camarões reservados e cozinhe por cerca de 5 minutos, somente até ficarem rosados. Retifique o tempero acrescentando sal e pimenta a gosto.
6. Transfira os camarões da panela para uma travessa e passe o caldo para uma terrina. Leve à mesa acompanhados de farinha de mandioca.

ALFAVACA
(*Ocimum basilicum* ou *O. pilosum*)

Como é conhecido em Santa Catarina o manjericão, tem sua origem da Índia, onde é considerada erva sagrada. Também é chamada de alfavaca-cheirosa, erva-real, manjericão-de-molho, quioiô em algumas regiões do Nordeste.

Serve-se assim: cada comensal põe um pouco de farinha num prato fundo e acrescenta, aos poucos, o caldo quente, mexendo bem para não empelotar, formando assim um pirão. Os camarões que foram cozidos no caldo são comidos alternadamente com o pirão preparado na consistência desejada por cada um. O caldo também pode ser apreciado sem a farinha.

Tainha na telha

6 PORÇÕES

A receita provavelmente é originária da região portuguesa do Ribatejo, onde é preparada com sável, um peixe do rio Tejo, de maneira muito simples: o peixe não é aberto, as vísceras são retiradas pelas guelras, apenas coberto com cebolas e tiras de bacon. Em Santa Catarina, a tainha, que invade os mares da região entre abril e julho, é aberta para receber um recheio com muitos temperos que animam a maioria dos pratos de peixe brasileiros. Da receita portuguesa, das duas telhas que envolvem o pescado formando um canudo, restou apenas uma, usada como se fosse uma assadeira comum. Isso pode revelar, também, uma outra origem deste prato reproduzido em várias regiões brasileiras (Ceará, Goiás, Mato Grosso), uma vez que a palavra italiana "teglia", que significa assadeira, pode ter sido traduzida como telha...

PEIXE
1 tainha (cerca de 3 kg)
2 colheres (sopa) de suco de limão
2 a 3 folhas de sálvia picadas (opcional)
sal e pimenta-do-reino a gosto

RECHEIO
3 colheres (sopa) de óleo
1 cebola média picada
½ xícara de cheiro-verde (salsa e cebolinha verde) picado
500 g de camarões pequenos sem casca e limpos
1 xícara de farinha de mandioca
6 azeitonas pretas picadas
sal a gosto

GUARNIÇÃO
20 batatas bem pequenas descascadas e inteiras
1 cebola média cortada em rodelas finas
1 tomate médio cortado em rodelas finas

1. Lave bem uma telha colonial e deixe secar. Vede as extremidades com pedaços de papel-alumínio.
2. Limpe a tainha e retire a espinha. Tempere com o suco de limão, a sálvia (se quiser), sal e pimenta a gosto e reserve.
3. Aqueça o forno em temperatura média (180°C). Preaqueça o recheio: deite o óleo numa panela e aqueça em fogo alto. Junte a cebola e o cheiro-verde, reduza o fogo para brando e refogue até a cebola ficar macia. Acrescente os camarões e cozinhe somente até ficarem rosados, mexendo de vez em quando. Acrescente a farinha de mandioca e as azeitonas, tempere com sal a gosto e cozinhe, mexendo sempre, até obter uma farofa. Tire do fogo.
4. Recheie o peixe com a farofa e ponha-o dentro da telha. Leve ao forno preaquecido e asse por cerca de 30 minutos.
5. Enquanto isso, prepare a guarnição: cozinhe as batatas em água temperada com sal até ficarem macias. Tire do fogo e escorra.
6. Tire o peixe do forno e cubra-o com as batatas e as rodelas de cebola e tomate. Leve novamente ao forno e asse por cerca de 15 minutos ou até o peixe ficar macio.
7. Tire do forno e leve à mesa acompanhado de arroz branco.

Arroz de carreteiro

6 PORÇÕES

Carretero, em espanhol, significa "condutor de carro de bois, ou de carroça". E, como o espanhol foi a primeira língua europeia ouvida nas bandas do sul, foi assim que ficaram conhecidos aqueles peões que percorriam os pampas e os caminhos gaúchos conduzindo cargas do que fosse preciso. Como alimento levavam o charque, de fácil conservação. E nas paragens agrupavam-se para fazer um arroz, produto sempre farto na região, onde o charque era o par perfeito. Até hoje o arroz de carreteiro, ou simplesmente carreteiro, é prato para reunir amigos. Como o churrasco. Como o mate. Sinal de que o gaúcho gosta mesmo é de gente, e muita, ao redor. Carreteiro, cada um tem a sua receita, o seu jeito de fazer, o seu toque pessoal. Mas há sempre um ritual básico a ser seguido. Esta receita é um caminho.

- 1 kg de charque
- 4 colheres (sopa) de óleo vegetal
- 2 cebolas bem picadas
- 2 dentes de alho amassados
- 2 xícaras de arroz sem ser lavado
- 3 colheres (sopa) de salsa picada

1. Na véspera, lave bem a carne em água corrente, corte em cubinhos, ponha numa tigela grande, cubra com água e deixe de molho até o dia seguinte trocando a água umas três ou quatro vezes, no mínimo.

2. Na hora do preparo, jogue fora a água. Aqueça uma boa panela de ferro e deite o óleo, a cebola e o alho, mexendo sempre. Quando a cebola ficar alourada, sem queimar, junte a carne, mexendo sempre com a colher de pau, até a carne dourar e fritar.

3. Junte o arroz e frite nesse refogado mexendo sempre para não pegar no fundo da panela. Cubra com água fervente até três dedos acima do nível do arroz e misture bem. Verifique o tempero, pare de mexer, reduza o fogo e deixe cozinhar com a panela tampada até o arroz ficar macio. Se, no final do cozimento o arroz ficar seco, junte mais água fervente, desligue o fogo, tampe a panela e deixe terminar de cozinhar no próprio vapor, pois o carreteiro deve ser apreciado bem molhadinho. Acrescente a salsa picada e sirva na própria panela.

NOTAS

A carne, se não foi deixada de molho, pode ser preparada assim: cubra a carne picada com água e leve ao fogo numa panela. Antes de ferver escorra, volte a cobrir a

O charque, em geral tirado da costela, é vendido nos mercados em atraentes mantas enroladas.

carne com água, leve novamente ao fogo e, antes de ferver, escorra, reservando desta vez a água para acrescentar ao arroz.

O charque pode ser frescal, também chamado de fresco ou verde, ou seco, que é o mais comum. O frescal é mais prático de ser preparado: basta uma fervura antes do preparo e, em geral, está dessalgado. Tem uma aparência mais encarnada, mais sanguínea, enquanto o seco é escuro, mais desidratado.

Para calcular a quantidade ideal de arroz, estimam-se 4 xícaras de carne picada para 1 xícara de arroz. Ou 3 xícaras de carne para 1 de arroz. Sempre mais carne. Pode-se acrescentar 2 tomates pelados e sem sementes, bem picados, no momento em que o arroz for acrescentado à panela.

O carreteiro é perfeito para se utilizar as sobras de um churrasco, picanha, costela, linguiça, etc., tudo picadinho em cubos, em lugar do charque: mais um bom motivo para continuar a roda animada do churrasco da véspera.

Há quem goste de polvilhar queijo ralado sobre o arroz na hora de servir.

Arroz com origone

12 A 15 PORÇÕES

Origone são pêssegos secos e prensados, vendidos numa embalagem cilíndrica, geralmente em porções de 500 gramas. O arroz de origone é uma sobremesa inusitada e deliciosa. Os gaúchos gostam da combinação pêssegos mais arroz: há uma receita onde são utilizados pêssegos frescos fatiados em lugar do origone, temperados com pouco sal, servido como acompanhamento de pratos de aves.

100 g de origone
4 xícaras de água fervente
1 ¼ de xícara de açúcar
5 cravos-da-índia
1 xícara de arroz
1 colher (sopa) de manteiga sem sal

1. Lave bem o origone e deixe de molho numa tigela com água cerca de 1 hora. Escorra os pêssegos reservando a água que deverá ser utilizada para completar as 4 xícaras pedidas pela receita.
2. Numa panela média introduza ¼ de xícara de açúcar e leve ao fogo até caramelizar o açúcar, sem queimar. Deite a água fervente, acrescente o origone e os cravos e deixe ferver cerca de 15 minutos, até os pêssegos ficarem cozidos.
3. Acrescente o arroz e deixe cozinhar, com a panela semitampada, até ficar macio. Junte a manteiga, o restante do açúcar menos 1 colher, mais 1 xícara de água fervente e deixe cozinhar sem tampar até o arroz começar a secar.
4. Caramelize 1 colher de açúcar, deite sobre o arroz, e tampe a panela com o fogo desligado por 10 minutos. Deverá ficar com aparência de arroz-doce, ou arroz de leite, como o chamam os gaúchos.

NOTA
Se utilizar açúcar mascavo não é necessário caramelizar o açúcar.

A ERVA DA ALMA

Como a colonização do Rio Grande do Sul iniciou-se do Paraguai para o litoral, o nome chimarrão também traz origem espanhola, de *cimarrón*, que pode ter dois significados, "bárbaro", "bruto", tentando assim descrever o sabor amargo da erva-mate, ou clandestino, uma vez que houve tempos em que o comércio e o preparo da erva foram proibidos no Paraguai. O fato é que tem origens pré-cabralinas, usada tanto pelos guaranis, que sorviam a *caa-í* (bebida de mato, de folha), e pelos incas, que chamavam de *matti* a cuia em que bebiam o chá da erva.

É hábito paraguaio, argentino, uruguaio e brasileiro, onde se fixou no Rio Grande do Sul, em Santa Catarina, no Paraná, e no Mato Grosso, onde é mais apreciada com água gelada por causa do calor, e recebe o nome de *tereré*.

É bebida ritualista, quase um cachimbo da paz. A cuia na qual é servida a erva-mate circula de mão em mão; a mesma bomba, o nome do canudo por onde a bebida é sorvida, vai de boca em boca. É sinal de confiança, de paz, de entendimento, de fraternidade. Todos transformam-se em irmãos. Mas também tem lá as suas regras, e bem rígidas.

A erva-mate deve encher o porongo, que é como se chama a cuia, sempre feita de uma cabaça. Inclina-se o porongo fazendo com que se forme um espaço, num dos lados, para que se possa meter a bomba com extremo cuidado. Nesse espaço deita-se água fria (morna nos dias extremamente frios), e deixa-se assim por uns minutos até a erva inchar e formar uma barreira entre a erva seca e a erva umedecida. É entre esses dois estados da erva que deve ficar a bomba: uma vez enfiada a bomba não deverá mais ser mexida.

Então, enche-se o espaço com água quente e bebe-se através da bomba, em geral de prata e com bocal de ouro, para não se queimarem os lábios. Mas há bombas de todos os tipos, de alpaca, de inox, de bambu, que é como os índios usam. Quando numa roda se recebe o chimarrão, bebe-se todo, aos poucos, até terminar toda a água. Só então é passado para o próximo que se incumbe de encher com água quente, sempre com muito cuidado para não se mexer na bomba.

A erva-mate (*Ilex paraguayensis*) é folha de uma árvore de bom tamanho, antigamente desidratada ao calor do fogo de madeiras especialmente escolhidas. Hoje passa por modernos procedimentos de secagem até chegar aos mercados basicamente em três tipos: o barbacuá, folhas moídas com o talo, de sabor mais ameno, o pura folha, com pouco ou nenhum resíduo dos talos, e o tereré, de folhas despedaçadas, pouco moídas, para ser tomado com água gelada.

Açúcar, nem pensar. O que pode ser feito é mordiscar um pedaço de rapadura, ou de um puxa-puxa, e sorver então o mate amargo, bebida da hospitalidade, da amizade, da alma.

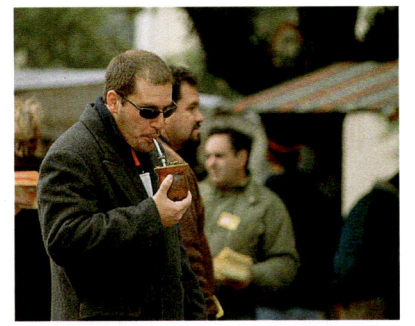

O Parque da Redenção, no centro de Porto Alegre, transforma-se, aos domingos, num ponto de encontro onde se vai passear equipado com o porongo e a garrafa térmica.

Chá Mate Verde
Kg 3,00
Chimarrita
Canarias
Elacy
Selva
Kg 1,80
Erva Mate Vier
Flor da Serra
Kg. 2,00
Copermate
Kg. 1,80
Rampanelli
Kg. 1,40

No imenso galpão do Pomar Cisne Branco, em São Francisco de Paula, o carneador e churrasqueiro Rodrigo Teles maneja com maestria uma enorme peça de costela.

Na sala da sua casa em Porto Alegre, o médico Dakir Lourenço Duarte Filho prepara cuidadosamente o churrasco dominical na sua churrasqueira.

Gravura europeia do século XIX retratando os índios charruas, da Patagônia, preparando churrasco de caça.

A ALMA DA CARNE

Também os índios estão por trás do churrasco, este hábito do sul espalhado por todo o Brasil. Um hábito que existe desde que o homem descobriu que o fogo poderia amenizar a crueza da sua alimentação. O churrasco faz parte da vida gaúcha desde sempre, mas a carne de vaca, hoje a preferida, só começou a tomar parte nas refeições bem depois de 1682, quando chegaram as primeiras cabeças de gado, e também os primeiro cavalos, trazidos do sul através do rio Uruguai. Durante muito tempo, do boi se aproveitava tudo, couro, chifres, ossos, mas a carne não tinha o menor valor, era distribuída entre os peões e ficava nisso. No início do século XIX é que a carne começou a ter valor comercial, com a prosperidade das vacarias, quando a região começou a praticamente abastecer o país inteiro.

O gaúcho de hoje consome a carne de carneiro, principalmente na região da Campanha, e a bovina. Os cortes preferidos para o churrasco dito "diário" são a costela, o osso do peito ou granito e o matambre, carne fibrosa que corre junto à costela. Nos fins de semana a picanha, a alcatra, o contrafilé, o vazio (fraldinha), a maminha (ponta de alcatra), a chuleta ou antrecô, o filé mignon, a linguiça e os galetos entram engalanados de acordo com o gosto e o bolso, para alegrar a roda dos amigos, quando os ares das cidades se enchem do aroma vindo das churrasqueiras espalhadas por toda parte. Na rua, em tonéis vazios improvisados, nos quintais e no alto das coberturas dos prédios, gaúchos felizes estão atentos ao fogo cuidadosamente aceso, separando os nacos de carne mais saborosos para distribuí-los aos seus convidados.

Há churrasqueiras de todas as espécies. No campo, continua a tradição dos churrascos de chão, também ainda utilizados em alguns restaurantes das estradas e das cidades: enormes espetos são cravados obliquamente ao chão, cozinhando lentamente a carne cuidadosamente escolhida. No churrasco de vala, reservado a grandes espaços, os espetos repousam horizontalmente sobre o calor das brasas. Nas casas, as churrasqueiras são construídas nos quintais ou, em muitos casos, nas salas, em cuidadosas proporções para que a chamada tiragem de ar possa livrar os anfitriões e convidados dos inconvenientes da fumaça, proporções essas que falham muitas vezes. Há também a parrilhada, de influência uruguaia, que consiste num engenho mecânico, movido a manivela, que dispõe a grelha em várias inclinações sobre o calor do fogo.

De qualquer maneira, a atenção se volta para a distância das brasas do carvão, a fonte de calor mais utilizada, até a carne. Nunca menos de 50 centímetros. O calor ideal mesmo é aquele que fica a 80 centímetros da carne. O fogo deve ser aceso de manhã, por volta das 7 horas, para o churrasco que será servido à hora do almoço. E as carnes não recebem tempero algum, a não ser generosa camada de sal grosso que impede a fuga dos seus próprios sucos, o que lhes confere um sabor admirável. Sabor importante, porém, no churrasco, é aquele dado pelos amigos e pelos participantes da confraternização. É disso que se alimenta a alma humana desde que o mundo é mundo.

GALETO DE TRADIÇÃO

O mais tradicional restaurante de galetos de Porto Alegre tem cerca de 40 anos. O Dom Nicola serve o galeto prensado, preparado por Luigi Magno, um calabrês que herdou a receita inventada por um tio lá pelos idos de 1926. Fazendo as contas, Luigi já deve ter feito na vida uns 2,5 milhões de galetos prensados entre duas chapas enormes, numa versão gigante das chapas que grelham misto quente nas lanchonetes, apenas acompanhados de salada de alface, tomate, beterraba e espaguete ao sugo. Não há nada mais no restaurante, mas isso basta. Servido apenas por Nino, um calabrês de fartos bigodes que trabalha no Dom Nicola há muitos anos, o restaurante não tem mais a aparência do passado, as paredes descascadas pedem tinta, as janelas pedem cuidados, as lâmpadas penduradas no teto pedem luminárias. Ou talvez esses pormenores não sejam mesmo necessários, já que os galetos continuam deliciosamente crocantes por fora, macios e úmidos por dentro, apresentando a mesma qualidade e servidos com a mesma simpatia. É Nino que resolve quanto uma mesa precisa pedir para se satisfazer. E é Nino que, além da simplicidade cativante do lugar, nos faz voltar mais vezes ao Dom Nicola.

Galeto "al primo canto"

6 PORÇÕES

Dizem que os imigrantes italianos introduziram o galeto, um franguinho com cerca de 25 dias de vida, pesando uns 500 gramas na época de dar o seu primeiro canto, na falta de passarinhos, difíceis de ser encontrados em quantidades como na sua terra, onde são comuns as passarinhadas no campo. Hoje há inúmeras "galeterias" espalhadas pelo Sul, onde são servidos os galetinhos grelhados, leves e saborosos, em geral acompanhados por espaguete ou talharim ao sugo e uma boa salada de *radicce*, que é como é chamado, assim mesmo em italiano, o almeirão; mais cebolas e pimenta-dedo-de-dama, a dedo-de-moça gaúcha. Como têm uma carne muito suave e sem sabor, é preciso que sejam minuciosamente marinados numa boa vinha-d'alhos.

6 galetos
2 cebolas médias
2 dentes de alho
3 xícaras de vinho branco seco
2 colheres (sopa) de sálvia fresca picada

3 colheres (sopa) de salsa e cebolinha picadas
3 galhinhos de manjerona
noz-moscada ralada a gosto
sal e pimenta-do-reino a gosto

1. Na véspera, prepare os galetos: tire a pele e parta-os ao meio, no sentido horizontal, de maneira a ficar uma metade com as asas e a outra com as coxas e sobrecoxas.
2. No copo do liquidificador ponha todos os ingredientes e bata até obter uma mistura líquida homogênea. Retifique o sal.

3. Numa bacia deite mistura e introduza os galetinhos, fazendo com que fiquem bem cobertos pelos temperos. Vez por outra vire os pedaços para que fiquem bem entranhados de tempero.

4. No dia seguinte ponha os frangos no espeto e leve à churrasqueira, molhando sempre com o tempero onde passaram a noite. Os galetinhos deverão ficar bem douradinhos e bem cozidos, com a carne úmida, mas sem nada de líquido saindo. Devem ser assados antes de todas as outras carnes do churrasco, pois levam mais tempo para cozinhar.

Ambrosia

8 PORÇÕES

Talvez a sobremesa preferida da família gaúcha, também servida na maioria dos restaurantes, dos mais simples aos mais requintados.

- 1 xícara de água
- 1 ½ xícara de açúcar
- 2 pedaços de canela em pau
- 3 cravos-da-índia
- 3 claras
- 5 gemas peneiradas
- 2 xícaras de leite

1. Numa panela média de fundo reforçado junte a água, o açúcar, a canela e os cravos e leve ao fogo alto para cozinhar, mexendo sempre, até o açúcar se dissolver. Então, pare de mexer e continue o cozimento até obter uma calda em ponto de fio grosso (veja página 206).

2. Enquanto isso, bata ligeiramente as claras e as gemas peneiradas, junte o leite, o açúcar e o suco de limão e misture bem.

3. Junte à calda quente e gire lentamente a panela no fogo alto, até a mistura empelotar. Baixe então o fogo e deixe cozinhar, mexendo de vez em quando, com cuidado, para o doce não pegar no fundo da panela.

4. Continue o cozimento, girando a panela e mexendo de vez em quando, por mais uns 20 ou 30 minutos, até o doce ficar encorpado. Se desejar um doce mais dourado, deixe cozinhar mais tempo, acrescentando um pouco mais de água, mexendo de vez em quando para não pegar no fundo da panela. Deixe esfriar antes de servir.

Vinho quente

6 CANECAS

Os gaúchos espantam o frio duro do inverno aproveitando a grande produção de vinho da Serra Gaúcha e da Campanha neste "grogue" que, além de gostoso, aquece depressa.

- 1 xícara de açúcar
- 2 colheres (chá) de canela em pó
- 5 cravos-da-índia
- 1 garrafa (750 ml) de vinho tinto, seco
- 4 xícaras de água
- 1 maçã gala descascada e cortada em fatias

1. Numa panela grande junte metade do açúcar e ½ xícara de água, a canela e os cravos, leve ao fogo alto e cozinhe, mexendo sempre, até o açúcar se derreter e dourar.

2. Junte o vinho misturado à água restante e deixe ferver. Acrescente o açúcar restante, as maçãs fatiadas e cozinhe, mexendo sempre, até dissolver o açúcar. Tire do fogo e sirva, bem quente, em canecas de cerâmica. Se quiser, acrescente ½ xícara de conhaque à panela, antes de servir a bebida.

Medidas utilizadas nas receitas

Nas receitas publicadas neste livros utilizamos as medidas padrão comercializadas em lojas especializadas em artigos para culinária. As equivalências são as seguintes:

  1 xícara de chá = 240 ml = 16 colheres de sopa
  1 colher de sopa = 15 ml = 3 colheres de chá
  1 colher de chá = 5 ml

Pontos de calda utilizados

Para reconhecer corretamente o ponto de uma calda de açúcar existe o caramelômetro, um termômetro especial à venda em lojas de artigos para doceiros profissionais ou em casas de artigos para culinária. Na falta dele, há um jeitinho caseiro, herdado de nossas avós, que sempre deu certo.

Leve ao fogo brando a água e o açúcar pedidos na receita, mexendo sempre, até o açúcar dissolver-se. Pare de mexer e verifique como chegar ao ponto desejado.

PONTO DE PASTA

Também chamado ponto de véu. Assim que a calda entra na fase de cozimento, mergulhe uma escumadeira na panela e levante-a perpendicularmente. A calda deverá cair como uma baba, ficando ligeiramente presa à escumadeira. É o ponto utilizado no preparo de xaropes e caldas ralas. O caramelômetro marcará de 95 a 100°C.

PONTO DE FIO FINO OU CALDA RALA

Continuando a cozinhar em fogo brando, cerca de 8 minutos após atingir a fase de cozimento, mergulhe uma colher na água fria e depois na panela para retirar um pouco de calda. Mergulhe os dedos em água fria e, com cuidado, pegue um pouco de calda entre o indicador e o polegar. Um fio fraco se formará e se romperá assim que os dedos forem afastados. O caramelômetro deverá marcar 105°C. É o ponto utilizado para adoçar alguns cremes e frutas.

PONTO DE FIO GROSSO

Dez minutos após a fase de cozimento, repita o teste anterior: um fio mais resistente se formará quando os dedos se afastarem. Levará mais tempo para se romper. É o ponto utilizado para preparar alguns cremes, doces de pasta e geléias. O caramelômetro marcará de 107 a 110°C.

Obras consultadas

Cascudo, Luís da Câmara. *História da alimentação no Brasil*. São Paulo: Nacional, 1983.
————. *Antologia da alimentação no Brasil*. Rio de Janeiro: Livros Técnicos e Científicos, 1977.
Abdalla, Monica Chaves. *Receita de mineiridade*. Uberlândia: Editora da Universidade Federal de Uberlândia, 1997.
Braga, Renato. *Plantas do nordeste*. 3. ed., Fortaleza.
Cavalcante, Paulo B. *Frutas comestíveis da Amazônia*. 6. ed., Belém: CNPq/Museu Paraense Emilio Goeldi, 1996.
Claret de Souza, Aparecida das Graças (et alii). *Fruteiras da Amazônia*. Brasília: Serviço de Produção de Informação, 1996.
Cortesão, Jaime. *A Carta de Pêro Vaz de Caminha*. Lisboa: Imprensa Nacional/Casa da Moeda, 1994.
Couto, Jorge. *A construção do Brasil*. Lisboa: Edições Cosmos, 1998.
Cozinheiro nacional. Rio de Janeiro: Livraria Garnier.
Dias, Malheiro. *História da colonização portuguesa do Brasil*. Porto: Litografia Nacional, 1921.
Freyre, Gilberto. *Açúcar*. São Paulo: Companhia das Letras, 1997.
Frieiro, Eduardo. *Feijão, angu e couve*. Belo Horizonte/São Paulo: Itatiaia/Edusp, 1982.
Gândavo, Pêro de Magalhães. *Tratado da terra & história do Brasil*. Leonardo Dantas Silva (org.). Recife: Fundação Joaquim Nabuco/Massangana, 1995.
Gomes Filho, António. *Um tratado da cozinha portuguesa do século XV*. Rio de Janeiro: Instituto Nacional do Livro/Ministério de Educação e Cultura, 1963.
Heck, Marina & **Belluzzo**, Rosa. *Cozinha dos imigrantes*. São Paulo: DBA-Melhoramentos, 1999.
Lancelotti, Sílvio. *Cozinha clássica*. São Paulo: Art Editora, 1991.
Léry, Jean de. *Viagem à terra do Brasil*. Belo Horizonte/São Paulo: Itatiaia/Edusp, 1980.
Livro de c•ozinha da infanta d. Maria, leitura de Giacinto Manuppella. Lisboa: Imprensa Nacional/Casa da Moeda, 1987.
Lloyd, Reginald (org.) *Impressões do Brasil no século XX*. Londres: Lloyd's Great Britain, 1913.
Lobo, Luiz & **Fernandes**, Carlos A. "A cozinha brasileira", *Claudia*. São Paulo: Abril, 1968.
Lorençano, Paulo Camilher e **Abreu**, Maria Morgado de. *Culinária tradicional do Vale do Paraíba*. Taubaté: Fundação Nacional do Tropeirismo/Centro Educacional Objetivo, 1987.
Lorenzi, Harri (et alii). *Palmeiras no Brasil nativas e exóticas*. Nova Odessa: Plantarum, 1996.
Loureiro, Chloë Souto. *Doces lembranças*. São Paulo: Marco Zero, 1988.
Mello, Silva. *Alimentação humana e realidade brasileira*. Rio de Janeiro: José Olympio, 1950.
Menezes, A. Inácio de. *Flora da Bahia*. São Paulo: Nacional, 1949.
Modesto, Maria de Lourdes. *Cozinha tradicional portuguesa*. 5. ed., Lisboa: Verbo, 1990.
Moraes, Jomar. *Guia de São Luís do Maranhão*. São Luís: Legenda, 1989.
Orico, Osvaldo. *Cozinha amazônica*. Belém: UFP, 1972.
Ortencio, Bariani. *A cozinha goiana*. Rio de Janeiro: Brasilart, 1967; 4. ed. ampl., Goiânia: Kelps, 2000.
Origines de Quelques Mots Français empruntés à la langue tupy-guarany. Lyon: Les Missions Catholiques, 1919.
Pelles, Divina Maria de Oliveira. *Antiga e m•oderna culinária goiana*. Brasília: Horizonte, 1979.
Pereira, Nunes. *Panorama da alimentação indígena*. Rio de Janeiro: São José, 1974.
Pereira, Raul. *Peixes de nossa terra*. São Paulo: Nobel, 1979.
Prado Jr., Caio. *História econômica do Brasil na Bahia*. Salvador/São Paulo: Brasiliense, 1961.
Querino, Manuel. *A arte culinária baiana*. Progresso, 1957.
Ribeiro, Emanuel. *A arte do papel recortado em Portugal*. Sintra: Colares, 1996.
Righi, Wilma. *Receitas e anfitriões*. São Paulo: Edição de Autor.
Rocha, Josephina. *Doces e manjares*. 2. ed., Rio de Janeiro: Tipografia de Álvaro Pinto.
Roosevelt, Anna. "Arqueologia amazônica" em *História dos índios no Brasil*. São Paulo: Companhia das Letras, 1992.
Rodrigues, Domingos. *A arte de cozinha*. Lisboa: Imprensa Nacional/Casa da Moeda, 1987.
Sampaio, A. J. *A alimentação sertaneja e do interior da Amazônia*. São Paulo: Nacional, 1944.
Simonsen, Roberto. *História econômica do Brasil*. São Paulo: Martins, 1947.
Saramago, Alfredo. *Doçaria conventual do Alentejo*. 2. ed., Sintra: Colares, 1994.
Souto Maior, Mário. *Comes e bebes do Nordeste*. 3. ed. ampl., Recife: Fundação Joaquim Nabuco/Massangana, 1985.
Souza, Gabriel Soares de. *Tratado descritivo do Brasil em 1587*. Recife: Fundação Joaquim Nabuco/Massangana, 2000.
Spix, J. B. von e **Martius**, Carl Friedrich. *Viagem pelo Brasil*. Belo Horizonte/São Paulo: Itatiaia/Edusp, 1981.
Valle, Paulo (atrib.). *Cozinheiro nacional*. Rio de Janeiro: Garnier, 1890 (circa).
Vlana, Hildegardes. *A cozinha baiana*. Salvador, 1955.
Viveiros de Castro, Eduardo. *Araweté, os deuses canibais*. Rio de Janeiro: Zahar, 1980.

Dicionários consultados

Almoyna, Julio Martinez. *Dicionário de espanhol–português*. Porto: Porto, 1988.
Caldas Aulete, F. J. *Dicionário contemporâneo da língua portuguesa*. 2. ed., Lisboa: Parceria António Maria Pereira, 1948.
Cascudo, Luís da Câmara. *Dicionário brasileiro de folclore*. Rio de Janeiro: INL/MEC, 1962.
Corrêa, M. Pio. *Dicionário das plantas úteis do Brasil e das exóticas cultivadas*. Rio de Janeiro: IBDF/Ministério da Agricultura, 1947.
Cruz, G. L. *Dicionário das plantas úteis do Brasil*. Rio de Janeiro: Civilização Brasileira, 1979.
Cunha, Antonio Geraldo da. *Dicionário histórico das palavras portuguesas de origem tupi*. São Paulo: Melhoramentos/Edusp, 1978.
Ferreira, Aurélio Buarque de Holanda. *Novo dicionário brasileiro da língua portuguesa*. 1. ed., Rio de Janeiro: Nova Fronteira, 1975.
Figueiredo, Candido. *Grande dicionário da língua portuguesa*. 24. ed., Lisboa: Bertrand, 1991.
Michaelis. *Moderno dicionário da língua portuguesa*. São Paulo: Melhoramentos, 1998.
Morais Silva, António de. *Novo dicionário compacto da língua portuguesa*. Lisboa: Confluência, 1990.
Peralta, A. Jover & **Osuna**, Tomas. *Diccionario guaraní–español*. 3. ed., Buenos Aires: Tupã, 1952.

Restaurantes visitados

Belém (PA) *Avenida*, Av. Nazaré, 1086 – 1º (Nazaré), tel. (91) 223-4015; *Capone*, Av. Visc. de Sousa Franco, 455 (Umarizal), tel. (91) 241-1476; *Curupira*, Av. Tavares Bastos, 1400 (Marambaia), tel. (91) 243-1549; *Don Giuseppe*, Av. Conselheiro Furtado, 1420 (Batista Campos), tel. (91) 241-1146; *Lá em Casa*, Av. Gov. José Malcher, 247 (Nazaré), tel. (91) 223-1212; *Restô do Parque*, Av. Magalhães Barata, 830 (Parque da Residência), tel. (91) 229-8000.

Caicó (RN) *Churrascaria do Galileu*, tel. (84) 421-1992.

Canoa Quebrada (CE) *Tenda do Cumbe*, tel. (88) 416-1045.

Campo Grande (MS) *Casa do Peixe*, Rua João Rosa Pires, 1030 (Amambaí), tel. (67) 782-7121; *Pantanal*, Rua Rui Barbosa, 1111, tel. (67) 784-5672.

Fortaleza (CE) *Alfredo, Rei da Peixada*, Av. Beira Mar (Macuripe); *Faustino*, Rua Pereira Valente, 1569 (Meireles), tel. (85) 267-5348.

Goiânia (GO) *Aroeira*, Rua 146, 570 (Setor Marista), tel. (62) 241-5975; *Pamonharia da Vovó*, Rua 83 esq. Rua 82 (Setor Sul), tel. (62) 223-77963.

Joinville (SC), *Galeteria Brasil*, Rua Edgard Schneider, 29, tel. (47) 422-2974.

Lorena (SP), *Centro de Tradições Tropeiras*, Via Dutra, km. 54, tel. (19) 553-3377.

Manaus (AM) *Moronguetá*, Rua Jaith Chaves, 30 (Vila da Felicidade), tel. (92) 614-7103; *Taj Mahal*, Av. Getúlio Vargas, 741 (Centro), tel. (92) 633-1010; *Village*, Rua Recife, 984 (Adrianópolis), tel. (92) 234-3296.

Natal (RN) *Tábua de Carne*, Av. Eng. Roberto Freire, 3242 (Capim Macio), tel. (84) 642-1236.

Porto Alegre (RS) *Dom Nicola*, Rua Eng. Veríssimo de Matos, 310, tel. (51) 331-5464; *Mamma Mia*, Rua Anita Garibaldi, 1246 (Mont Serrat), tel. (51) 328-8000.

Porto Feliz (SP) *Belini*, Pça. Duque de Caxias, 66 (Largo da Penha), tel. (15) 262-2108.

Recife (PE) *Buraco de Otília*, Rua da Aurora, 1231 (Santo Amaro), tel. (81) 231-1528; *Parraxaxá*, Av. 17 de Agosto, 807 (Casa Forte), tel. (81) 231-1528.

Rio de Janeiro (RJ) *Amarelinho*, Pça. Floriano, 55 (Cinelândia), tel. (21) 240-8434; *Bar do Luiz*, Rua da Carioca, 39 (Centro), tel. (21) 262-6900; *Cabaça Grande*, Rua do Ouvidor, 12, (Centro), tel. (21) 509-2301; *Caesar Park*, Av. Vieira Souto, 460 (Ipanema), tel. (21) 525-2525; *Colombo*, Rua Gonçalves Dias, 32 (Centro), tel. (21) 232-2300; *Cosmopolita*, Travessa do Mosqueira, 4 (Lapa), tel. (21) 224-7820; *Mistura Fina*, Av. Borges de Medeiros, 3207 (Lagoa), tel. (21) 537-2844; *Penafiel*, Rua Senhor dos Passos, 121 (Centro), tel. (21) 224-6870.

Salvador (BA) *Maria Mata Mouro*, Rua Inácio Accioly, 8 (Pelourinho), tel. (71) 321-3929; *Paraíso Tropical*, Rua Edgard Loureiro, 98-B (Cabula), tel. (71) 384-7464; *Senac*, Largo do Pelourinho, 13, tel. (71) 341-8700; *Sorriso da Dadá*, Rua Frei Vicente, 5 (Pelourinho), tel. (71) 321-9642; *Trapiche Adelaide*, Pça. Tupinambás, 2 (Comércio), tel. (71) 326-6211.

São Luís (MA) *Base da Diquinha*, Rua João Luís, 62 (Diamante), tel. (98) 221-1568; *Base da Lenoca*, Av. D. Pedro II, 181 (Centro), tel (98) 231-0599; *Chico Noca*, Av. Jerônimo de Albuquerque, 24-A (Angelim), tel. (98) 246-9186.

São Paulo (SP) *Capim Santo*, Rua Arapiraca, 152 (Vila Madalena), tel (11) 813-9103; *Moraes*, Pça. Júlio de Mesquita, 175 (Centro), tel. (11) 221-8060; *Parreirinha*, Rua Gal. Jardim, 284 (Centro), tel. (11) 259-6838.

Serro (MG) *Itacolomi*, Pça. João Pinheiro, 20, tel. (38) 541-1227.

Trancoso (BA) *O Cacau*, Quadrado de Trancoso, s/n, tel. (73) 668-1269; *Silvana & Cia.*, Quadrado de Trancoso, s/n, tel. (73) 668-1049; *Taioba*, Quadrado de Trancoso, s/n.

Créditos das fotos CICERO VIEGAS (foto maior da capa, Amazonas, Pará, Bahia, São Paulo (páginas 186 e 188); WALTER MORGENTHALER (Pernambuco, Rio Grande do Norte, Ceará, Maranhão, Mato Grosso do Sul, Goiás, Minas Gerais, Santa Catarina, Paraná, Rio Grande do Sul); RODRIGO LOPES (Rio de Janeiro); MARCELO RIBEIRO (São Paulo); JOÃO FARKAS (páginas 26 e 30); BETO RICARDO (página 36); LUIZ GARRIDO (página 120 – a.); ÍSIO BACALEINICK (página 141 – a.e.). **Produção fotográfica** MARIA CECÍLIA ROXO PY (Rio de Janeiro), BETH BELLINI e MARINA MORGENTHALER (Santa Catarina e Paraná). **Ilustrações** ÁLVARO NUNES (páginas 55, 66, 81, 103 e 150); MAURO LOPES (páginas 76 e 77). **Imagens** Páginas 10 e 11: *Preparo do cauim*, gravura de autor não identificado a partir da coleção "L'Univers Pittoresque", Firmin Didot Frères, Paris, 1838. Página 12: *O brasileiro*, gravura de Nieuhof, 1681, Mapoteca do Itamarati, Rio de Janeiro, fotografado por Pedro Oswaldo Cruz. Página 13: pormenor da gravura de autor não identificado *Caboclos, índios civilizados*, "L'Univers Pittoresque". Página 15: *Os puris na sua cabana*, gravura de M. G. Eichler / Maximilan Wied-Neuwied, séc. XIX, Biblioteca Mário de Andrade, São Paulo, SP, fotografada por Walter Morgenthaler / Editora Metalivros. Página 16: *Nau portuguesa*, gravura do século XVI, a partir do livro *A colonização portuguesa do Brasil*, Porto, 1923. Página 17: *Martim Afonso de Sousa*, segundo seu retrato na "Ásia", de Faria de Sousa, gravura do século XVI. Páginas 18 e 19: pormenores de *Paulistas*, gravura de H. Lalaisse, "L'Univers Pittoresque". Página 20: pormenor de *Preparação da farinha de mandioca*, gravura de H. Lalaisse, "L'Univers Pittoresque". Página 21: pormenor *Negros caçadores voltando à cidade*, gravura de J. B. Debret, "L'Univers Pittoresque". Páginas 22 e 23: pormenores de *Negros e negra da Bahia*, gravura de H. Lalaisse, "L'Univers Pittoresque". Página 41: *Engenho de carne seca*, aquarela de J. B. Debret, Museus Castro Maya – IBPC, Rio de Janeiro, fotografada por Walter Morgenthaler / Editora Metalivros. Página 44: *Café*, aquarela de J. B. Debret, Museus Castro Maya – IBPC, Rio de Janeiro. Página 203: *Índios charruas*, gravura de Danvin, "L'Univers Pitoresque". Página 211: *Urucu, uma vagem estranha do Paraná*, aquarela de William Lloyd, 1974, Mapoteca do Itamarati, Rio de Janeiro, fotografada por Pedro Oswaldo Cruz.

AGRADECIMENTOS

À Fundação Nestlé de Cultura, viabilizadora deste projeto através da Lei de Incentivo à Cultura, que teve a paciência de entender os vários atrasos sofridos no decorrer da preparação deste livro.

A Victor Mike, em cujas asas cheguei a lugares onde seria impensável chegar, e a Gilda e Ísio Bacaleinick, amigos e companheiros de viagem que, aos poucos, tornaram-se pesquisadores indispensáveis para as futuras aventuras que planejamos juntos.

A Ana Paula e Almir Sater, Bebê e Roberto Brotero de Barros, Belkiss Carneiro de Mendonça, Célia Contreiras Copq, Chloë Loureiro, Eliana e José Maria Muniz de Castro, Maria de Almeida, Neka Menna Barreto, Lia e Dakir Lourenço Duarte Filho, Giselle e Dario Bernardes, Nice e Estrigas (Mini Museu Firmeza), Rita de Souza Leão Barreto Coutinho, Rita e Totonho Martins Costa, Solange Morelli, Vera e Ronaldo Acatauassu, Yeda e Gilberto Sá, que me guiaram por feiras e mercados, apresentaram as suas quituteiras e fornecedores, seus açougueiros de confiança, seus restaurantes de eleição e ainda interromperam o seu cotidiano para nos abrir as portas das suas cidades, suas casas, salas e cozinhas transformando-as em verdadeiros estúdios fotográficos; a Bettina Orrico e ao seu trabalho arqueológico na restauração dos fartes quinhentistas.

E às seguintes pessoas e instituições que acreditaram neste trabalho, oferecendo a sua generosidade, a sua confiança, e mais além, o seu próprio tempo e a sua amizade:

Amazonas: Aldenei Campelo Gomes, Ana Quadros, Antonio Carvalho, Antonio José Souto Loureiro, Aurélio Michilles, Coordenadoria de Hotelaria do Senac Amazonas, Custódio Rodrigues Silva, Eliana Loureiro, Helena de Brito, Hotel Taj Mahal, Ieda Michilles, João Prestes, Manaustur, Marcio Misael de Castro Silva, Museu Amazônico, Orlando Câmara, Restaurante Moronguetá, restaurante Village, Roberio da Costa, Vânia Tadros Yndira Assayag. **Bahia**: Ademário Sacerdote de Andrade, Aldeci dos Santos, Anderson Christian de Almeida, Antonio Sacerdote de Andrade, Beto Pimentel, Clarice Souza dos Anjos (Associação das Baianas de Acarajé), Dora Éthève, Elaine Azim, Epaminondas Costa Lima, Indústria de Óleo Opalma, Jarbas Araújo Filho, João da Silva Paixão, José Carlos Costa Gomes, Maria de Fátima Morais Miranda, Padre Hélio Rocha (Igreja Nossa Senhora do Rosário dos Pretos), Restaurante O Cacau, Restaurante Paraíso Tropical, Restaurante Senac-Pelourinho, Restaurante Silvana, Restaurantte Sorriso da Dadá, Restaurante Uauá, Roque Sacerdote de Andrade, Sylvia Athayde, Trapiche Adelaide, Vivaldo Costa Lima. **Ceará**: Alfredo Lousada dos Santos, Diva Barreto, Glória Giovanna de Mont'Alverne Sabóia, José Faustino Paiva, Maria do Socorro Ferraz Pinto, Olga Paiva, Prof. Gilmar de Carvalho, Restaurante Alfredo Rei da Peixada, Restaurante Chico do Caranguejo, Restaurante Faustino, Rita de Cássia Cunha, Tenda do Cumbe, Toinho Correia. **Goiás:** Bariani Ortencio, Cida Mendonça, Cleusa Borges Ramos Jubé, Elba Sarmento Ferreira, Fazenda São Domingos, Lorena de Freitas Noleto, Luisa de Marillac de Freitas Noleto, Maria Alice Rodrigues Siqueira, Maria Nailde J. M. de Carvalho, Neusa Gonçalves Cardoso Chaves, Nilza Sarmento Garcia, Restaurante Aroeira, Rita

Ferreira de Aguiar, Wagner Noleto. **Lisboa**: Carlos Consiglieri, Irene Buarque, Marcelo Buaianin, Maria Rolim, Marilia Abel, Teresa Moura-George. **Mato Grosso do Sul**: Batatinha, Fazenda Barra Mansa, Gilberto Rondon, Maria Helena da Costa, Maristela Yule de Queiróz, Moacir Barbosa Rodrigues Silva, Rosa Maria Felix Bezerra. **Maranhão**: Araken Nascentes Alves, Fábio Gomes, Joaquim Campelo Marques, Paula Ferguson Marques. **Minas Gerais**: Benedita Figueiredo dos Anjos, Carlito Pereira dos Anjos, Emilia Rosa de Oliveira, Eurídice Magalhães Porto, Família Alfredo Ribeiro da Fazenda Boa Vista do Curral de Pedra, Grace Gradin, Iracy Neves Nascimento, Marcelo Almeida, Marcelo Ribeiro, Maria Aparecida Pereira da Silva, Maria Celeste Moreira, Mariade Almeida, Prefeitura Municipal do Serro. **Pará**: Alípio Martins Jr., Américo Filho, Ana Claudia Martins, Ana Maria Martins, Ana Cristina Leite, Any Oliveira, Armando Acatauassu, Armínia Souza, Associação Comercial do Pará, Bufê Champagne, Buffet La Pomme D'Or, Cea Klautau, Celeste Klautau, Conselho da Mulher Empresária, Fábio Resende Sicilia, Fernando Ferreira, Giselle Morelli, Hotel Manacá, Ilda Acatauassu, Ivani Ramos Figueiredo, Júlio Alexandre Recski, Lúcia Carvalho, Marcelo Acatauassu, Maria Clara Buffet, Maria Clara Pena de Carvalho, Maria Oneide, Marlene Melo, Marilena Bastos, Meire Saboya, Paulo Martins, Paulo Morelli, Restaurante Avenida, Restaurante Bistrô, Restaurante Capone, Restaurante Curupira, Restaurante Don Giuseppe, Restaurante Lá em Casa, Restaurante Restô do Parque, Só Mariscos, Suzane Sena, Vânia Martins, Zuíde Conceição dos Santos. **Pernambuco**: Biblioteca Central Blanch Knof (Fundação Joaquim Nabuco), Biblioteca da Fundação Gilberto Freyre, Casa dos Frios, Fernanda Maria Monteiro Dias, Izabel de Souza Leão Veiga, Manuel de Souza Leão Veiga, Prof. Mário Souto Maior, Restaurante Buraco de Otília. **Rio de Janeiro**: Bar Luiz, Bar e Restaurante Amarelinho, Confeitaria Cavê, Confeitaria Colombo, Hotel Caesar Park Ipanema, José Martins da Silva, Mário Santino Ferreira, Restaurante Cabaça Grande, Restaurante Cosmopolita, Restaurante Penafiel, Ricardo José Torres da Silva, Samuel Cartaxo Filipe. **Rio Grande do Norte**: Fazenda Feitosa, Francisco Garcia de Araújo, José da Silva, Maniberto Brás de Medeiros, Manivaldo Gregório dos Santos, Pedro Queijeiro, Prefeitura Municipal de Caicó, Ricardo Torres, Secretaria de Turismo Estadual, Vera Bezerra. **Rio Grande do Sul**: Dakir Lourenço Duarte, Jacqueline Menna Barreto, Pomar Cisne Branco, Restaurante Dom Nícola, Rodrigo de Sousa Teles, Vera Lúcia Lourenço Duarte. **Santa Catarina**: Carlos Alberto Santana, Galeteria Brasil. **São Paulo**: Condomínio Prédio Martinelli, Donizetti Vieira Furtado, Ge Marques, Helena Carvalhosa, Prof. Ocílio Ferraz, Centro Nacional de Tropeirismo de Lorena, Rei do Filet, Reinaldo Trípoli, Restaurante Capim Santo, Restaurante Parreirinha.

Agradecimentos especiais a Lourdes Brandão, proprietária do meu *Cozinheiro nacional*, atribuído a Paulo Valle, edição Livraria Garnier, Rio de Janeiro; a Elba Ramalho, que me indicou os caminhos da melhor carne de sol; a Maria Marlene de Sousa e à Mapoteca do Itamarati. Um ciber-agradecimento ao www.torque.com.br que, graças ao trabalho do jornalista Avelar Lívio dos Santos, web-editor do www.an.com.br, do jornal A *Notícia*, ensina o segredo nada virtual do barreado autêntico do Paraná.

E a Serena Pignatari, que levou este projeto ao caminho da sua realização.

ÍNDICE DAS RECEITAS

SALGADOS

Acarajé	106
Aipim frito	172
Angu de milho	163
Arroz com guariroba	141
Arroz com origone	199
Arroz de brócolos	91
Arroz de carreteiro	198
Arroz de cuxá	84
Arroz de leite	101
Arroz de pequi	150
Arroz de puta rica	154
Arroz de hauçá	114
Atolado de caranguejo	92
Barreado	193
Bertalha refogada	179
Beiju	65
Beiju de folha	133
Bobó de camarão da Dadá	112
Bobó do Maranhão	87
Bolinho de arroz caseiro	143
Bolinhos de bacalhau	172
Bolo de quibebe	187
Buchada	122
Cabrito a pé de serra	91
Caldo de camarões	196
Caldo de peixe	89
Caldo de piranhas	136
Camarão ensopado com chuchu	177
Camarão marajoara	62
Canapés de pupunha	81
Caracóis do Ceará (escargots)	90
Caribéu	143
Carne-seca com purê de jerimum e aipim palha	109
Carne de sol com pirão de leite	119
Caruru	117
Caruru do Maranhão	87
Caruru do Pará	59
Cearense	190
Chipas	139
Conserva de bilimbi	125
Creme de camarão ao leite de castanha	63
Creme de milho-verde	179
Cuscuz de carimã	131
Cuscuz de milho	132
Cuscuz paulista	181
Cuxá	83
Dandá de camarões	120
Efó	108
Empadão goiano	146
Escabeche de pacu	135
Farnel	186
Farofa	179
Farofa amarela	113
Farofa de içás	189
Feijão	160
Feijoada carioca	170
Filé do Moraes	182
Filé Oswaldo Aranha	174
Frigideira de bacalhau	118
Frito marajoara	60
Galeto "al primo canto"	204
Galinha de cabidela	100
Iscas com elas	176
Linguiça de Maracaju	140
Lombo assado	163
Maniçoba	53
Mojica de aviú	58
Moqueca de camarões	110
Moqueca capixaba	156
Moqueca de peixe	110
Nhoque de pupunha	80
Ora-pro-nóbis refogada	161
Paçoca de carne	101
Pamonha	148
Pastéis de palmito	185
Patinhas de caranguejo com molho tártaro	90
Pato do imperador	51
Pato no tucupi	49
Peixada do Alfredo	89
Picadinho	178
Picadinho de tambaqui	76
Pirarucu de casaca	77
Queijo caseiro	169
Rãs à moda de Inezita Barroso	183
Saltenhas	139
Sopa Leão Veloso	175
Sopa paraguaia	138
Tacacá	61
Tainha na telha	197
Torresmo	161
Torta capixaba	157
Torta de camarões	86
Tutu de feijão	162
Vatapá	113
Vatapá paraense	58

DOCES

Alfenins	153
Ambrosia	205
Bala de cupuaçu	70
Banana frita	179
Beijos de dama	70
Biscoito do céu	144
Biscoito holandês (ou meia-lua)	166
Bolo de carimã	131
Bolo de fuba secreto	167
Bolo de pupunha	81
Bolo de rolo	99
Bolo Souza Leão	98
Brigadeiro de açaí	71
Broinhas de milho da Dita	164
Caburé	144
Casadinhos	71
Cuscuz de tapioca	130
Doce de cupuaçu	71
Doce de limõezinhos (Bahia)	123
Doce de limõezinhos (Minas Gerais)	165
Doces de espécie	84
Fartes de Sobral	29
Fartes quinhentistas	27
Flores de coco	155
Furrundum	145
Galhinhos do jardim	167
Geléia de bilimbi	125
Goiabada cascão	191
Jacuba	190
Mingau de carimã	133
Musse de açaí	55
Pãezinhos de tapioca	64
Pastelinho	147
Pão delícia	132
Pingos de ovos	126
Pudim de tapioca	65
Queijadinha	95
Quindins de Iaiá	126
Torta de cupuaçu com merengue	67
Torta tradicional de cupuaçu	66

BEBIDAS

Caipirinha	172
Vinho quente	205

ÍNDICE DOS INGREDIENTES

Açafrão-da-terra	141
Açaí	55
Alfavaca	196
Aviú	58
Bertalha	179
Bilimbi	125
Carimã	131
Castanha-do-pará	63
Caxandó	31
Chicória	58
Cupuaçu	66
Dendezeiro	103
Frutos da cuieira	61
Guariroba	141
Jambu	49
Língua-de-vaca	108
Maniçoba	52
Óleo de babaçu	86
Ora-pro-nóbis	161
Pacu	137
Palmeira tucum	137
Pequi	150
Pimenta-de-cheiro	60
Pimentas do Maranhão	86
Piraputanga	137
Pirarucu	77
Pitomba	101
Pupunha	81
Quiabo	117
Tambaqui	76
Urucu	211
Urucum	157
Vinagreira	83